Key Technologies of Intelligent Vehicle

智能车辆关键技术

徐友春　朱愿　等 编著

化学工业出版社
·北京·

内 容 提 要

本书以智能车辆所涉及的环境感知与识别技术、精确定位与导航技术、路径规划与决策技术、智能运动控制技术等关键技术为主线，系统介绍了智能车辆的平台架构和工作原理。本书注重理论与实践相结合，力求将科研和学术成果总结提炼、归纳梳理成完整的知识结构体系，便于读者由浅入深地领会基本理论知识，培养技术应用能力。

本书可作为从事智能车辆设计、开发和测试的工程技术人员的参考书，也可作为高等院校智能车辆工程、车辆工程、交通运输工程和载运工具运用工程等专业的教材，还可作为控制科学与工程、机械电子工程类专业的参考教材。

图书在版编目（CIP）数据

智能车辆关键技术/徐友春等编著. —北京：化学工业出版社，2020.10
ISBN 978-7-122-37432-5

Ⅰ.①智… Ⅱ.①徐… Ⅲ.①智能控制-汽车 Ⅳ.①U46

中国版本图书馆 CIP 数据核字（2020）第 131989 号

责任编辑：辛　田　　　　　　　　文字编辑：冯国庆
责任校对：刘　颖　　　　　　　　装帧设计：王晓宇

出版发行：化学工业出版社（北京市东城区青年湖南街 13 号　邮政编码 100011）
印　　装：大厂聚鑫印刷有限责任公司
787mm×1092mm　1/16　印张 15　字数 360 千字　2020 年 10 月北京第 1 版第 1 次印刷

购书咨询：010-64518888　　　　　　售后服务：010-64518899
网　　址：http://www.cip.com.cn
凡购买本书，如有缺损质量问题，本社销售中心负责调换。

定　　价：88.00 元　　　　　　　　　　　　　　　　　　　　版权所有　违者必究

前言

　　中华人民共和国国家发展和改革委员会于 2020 年 2 月发布的《智能汽车创新发展战略》中"战略愿景"：到 2025 年，中国标准智能汽车的技术创新、产业生态、基础设施、法规标准、产品监管和网络安全体系基本形成。实现有条件自动驾驶的智能汽车达到规模化生产，实现高度自动驾驶的智能汽车在特定环境下市场化应用。智能交通系统和智慧城市相关设施建设取得积极进展，车用无线通信网络（LTE-V2X 等）实现区域覆盖，新一代车用无线通信网络（5G-V2X）在部分城市、高速公路逐步开展应用，高精度时空基准服务网络实现全覆盖。展望 2035~2050 年，中国标准智能汽车体系全面建成、更加完善。安全、高效、绿色、文明的智能汽车强国愿景逐步实现，智能汽车充分满足人民日益增长的美好生活需要。要实现这一宏伟目标，人才是关键，大力培养从事智能车辆研究、开发和测试的工程技术人才已迫在眉睫。为此，近年来许多高校新开设了与智能车辆相关的本科专业和课程。机械电子工程、计算机科学与工程、控制科学与工程等学科也纷纷开辟智能车辆技术、无人驾驶车辆技术等硕士生或博士生的研究方向，旨在培养从事智能车辆领域急需的高层次工程技术人才。

　　本书以陆军军事交通学院智能车辆创新团队多年的科研成果及长期积累的相关资料为基础，参考近年来国内外公开发表的文献资料编写而成。陆军军事交通学院智能车辆创新团队从事智能车辆研究工作 20 多年来，团队从小变大，由弱变强，先后五次获得"中国智能车未来挑战赛"第一名。团队在智能车辆平台构建、环境感知与识别技术、精确定位与导航技术、路径规划与决策技术、智能运动控制技术等关键技术上有较深入的研究，并取得了较好的成果，还积累了丰富的实践经验。因此，本书不仅内容丰富，而且具有较强的实践性、针对性，能够较好地满足智能车辆技术人才培养的需要。

　　本书以智能车辆所涉及的环境感知与识别技术、精确定位与导航技术、路径规划与决策技术、智能运动控制技术等关键技术为主线，系统阐述了智能车辆的平台架构和工作原理。全书共分十章，包括：绪论、智能车辆体系结构、智能车辆基础平台、智能车辆环境感知技术、高精度地图、智能车辆定位导航、智能车辆实时路径规划、智能车辆决策与控制、智能车辆人机交互系统及智能车辆发展阶段与应用前景。

　　本书由陆军军事交通学院智能车辆创新团队完成。主要由徐友春、朱愿编著。参加编写的人员还有：娄静涛、章永进、冯明月、李建市、赵凯、张志超、李华、李永乐、袁

一、陆峰、王任栋、潘世举、张大鹏、赵建辉。另外，研究生苏致远、谢德胜、齐尧、穆炜炜等参加了部分章节的编写及部分文字、图表的修订工作。本书由张宪教授主审。

本书可作为从事智能车辆设计、开发和测试的工程技术人员的参考书，也可作为高等院校智能车辆工程、车辆工程、交通运输工程和载运工具运用工程等专业的教材，还可作为控制科学与工程、机械电子工程类专业的参考教材。

本书在编写过程中参考了大量国内外公开发表的相关资料，在此特向相关资料的作者表示衷心的感谢。由于智能车辆发展迅猛，新技术、新算法层出不穷，加之作者水平和能力有限，书中不妥之处，敬请广大读者批评指正。

编著者

目录

第一章 绪论 ·········· 1
- 第一节 智能车辆概述 ·········· 2
- 第二节 智能车辆研究现状 ·········· 7
- 第三节 智能车辆技术分级 ·········· 14
- 第四节 智能车辆发展前景与研究重点 ·········· 16

第二章 智能车辆体系结构 ·········· 19
- 第一节 常规体系结构的类型 ·········· 20
- 第二节 智能车辆体系结构实例 ·········· 22
- 第三节 主要厂商智能车辆系统简介 ·········· 26

第三章 智能车辆基础平台 ·········· 33
- 第一节 智能车辆先进感知设备 ·········· 34
- 第二节 智能车辆线控操纵系统 ·········· 56
- 第三节 智能车辆中央处理系统 ·········· 58
- 第四节 智能车辆车载网络系统 ·········· 61
- 第五节 智能车辆基础平台的实现途径 ·········· 77

第四章 智能车辆环境感知技术 ·········· 79
- 第一节 环境感知系统 ·········· 80
- 第二节 视觉感知技术 ·········· 82
- 第三节 激光雷达感知技术 ·········· 104
- 第四节 毫米波雷达感知技术 ·········· 111
- 第五节 听觉感知技术 ·········· 113
- 第六节 超声波测距技术 ·········· 116
- 第七节 车身状态感知技术 ·········· 118
- 第八节 感知信息融合技术 ·········· 120

第五章 高精度地图 ·········· 123
- 第一节 高精度地图的概述 ·········· 124

第二节	高精度地图的背景	129
第三节	高精度地图的生产流程	131
第四节	高精度地图的格式	135
第五节	高精度地图的应用	140
第六节	高精度地图的挑战	143

第六章　智能车辆定位导航　147

| 第一节 | 智能车辆精准定位技术 | 148 |
| 第二节 | 智能车辆导航技术 | 158 |

第七章　智能车辆实时路径规划　163

| 第一节 | 常用实时路径规划方法 | 164 |
| 第二节 | 智能车辆典型驾驶行为实时路径规划 | 172 |

第八章　智能车辆决策与控制　181

第一节	驾驶行为决策方法	182
第二节	智能车辆的运动控制	185
第三节	智能车辆状态监测与错误修复机制	206

第九章　智能车辆人机交互系统　209

第一节	概述	210
第二节	本地交互	212
第三节	无线交互	214
第四节	脑机交互	218

第十章　智能车辆发展阶段与应用前景　223

第一节	高速公路行驶	224
第二节	城市道路的行驶	229
第三节	非结构化道路行驶	231

参考文献　234

第一章

绪　论

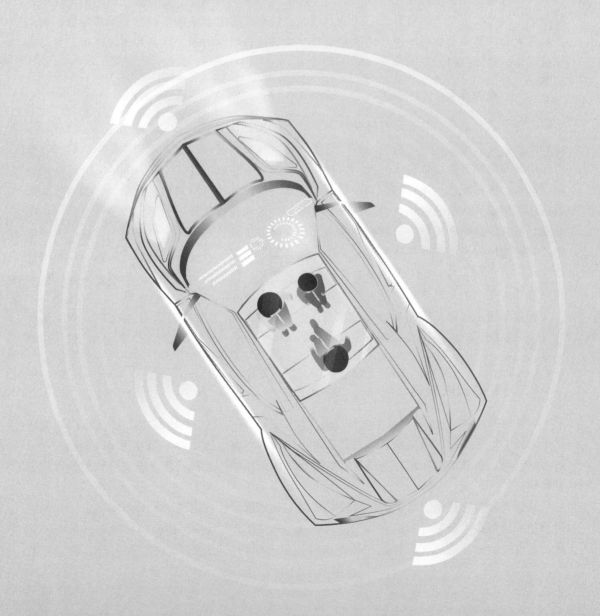

第一节　智能车辆概述

一、智能车辆的相关概念

汽车是人类文明的结晶，自1886年第一辆汽车发明以来，经过了100多年的发展，到目前为止，汽车所需要的机械、电气、液压系统已经发展到非常完善的程度，20世纪70年代以来，电子技术的快速发展给汽车带来自动化技术，各种传感器、智能计算单元越来越多地应用到汽车上，不断增强汽车的自身感知能力和操纵控制能力。在汽车功能日趋完善、性能稳步提高的同时，尝试利用先进的传感器实现对汽车行驶周围的感知，利用车载强大的计算单元对汽车行驶环境、运动状态进行实时控制，通过智能手段从本质上提升汽车的安全性，是下一步汽车工业的发展方向。

智能车辆就是在这种情况下提出的汽车未来发展方向的概念。与传统汽车不同，在于智能车辆不仅可以感知车辆自身，它还能利用先进的车载传感器系统实时感知外界环境，利用车载强大的计算能力实时处理环境感知信息，能够进行科学的路径规划和驾驶决策，并自动完成车辆的操纵控制。

（一）智能车辆

智能车辆的定义：具备车身感知能力，如发动机油门开度、发动机转速、发动机温度、行驶速度、各轮轮速、转向角度、转向速度、制动状态、制动减速度、挡位信息、灯光、车门、雨刮等信息；执行机构线控能力（Drive by Wire），如通过CAN总线实现执行机构转向、制动、加速减速、换挡和灯光控制等线控能力；行驶环境感知和定位能力，如通过毫米波雷达、摄像头、激光雷达、卫星接收装置等传感器实现行驶环境交通动静态信息的分析和提取；具备信息融合规划决策和控制能力，能够根据自身状态和环境情况制定合理的驾驶策略，并控制执行机构完成正确的驾驶操作；具备人机交互能力，通过移动通信设备，利用移动网络与云平台，与人或上级控制系统进行信息交互，使车辆获得所需要的目标位置、行驶线路和任务要求，实现车辆的各种智能化应用。

智能车辆是智能交通的重要组成部分，智能车辆的初级阶段是具有先进驾驶辅助系统（Advanced Driver Assistance System，ADAS）的汽车，终极目标是全自主的无人驾驶汽车。

（二）智能网联车辆

智能网联车辆（Intelligent Connected Vehicle，ICV）是一种跨技术、跨行业领域的新兴车辆体系。从不同的角度和背景对其有着不一样的理解，每个国家对智能网联车辆的定义是不相同的，名称也不相同，但是它们的最终目的是相同的，都是能上路安全行驶的无人驾驶车辆。

从狭义来讲，智能网联车辆是搭载先进的车载传感器、控制器、执行器等装置，并与现代通信和网络技术相融合，实现V2X（V to X，即人、车、路等的互联）。智能信息交换共享，具有复杂的环境感知、智能决策、协同控制和执行等功能。最终实现安全、舒适、节能、高效行驶，还可以代替人来控制的新一代车辆。

从广义来讲，智能网联车辆是把车辆作为主体和主要节点，将现代通信和网络技术融合在一起，使车辆与外部节点实现信息共享和协同控制，来达到车辆安全、有序、高效、节能行驶的新一代多车辆的控制系统，如图 1-1 所示。

图 1-1　智能网联车辆

智能车辆与智能网联车辆、无人驾驶车辆、车联网、智能交通系统有密切的相关性，但是没有具体的分界线，它们的关系如图 1-2 所示。

智能网联车辆是智能交通系统中的智能车辆与车联网交集的产品。智能网联车辆是车联网的重要组成部分，智能网联车辆的技术进步和产业发展有利于支撑车联网的发展。车联网系统是智能网联车辆、智能车辆的最重要载体，只有充分利用互联技术才能保障智能网联车辆真正拥有充分的智能和互联。智能网联车辆更加重视解决安全、节能、环保等制约产业发展的核心问题。

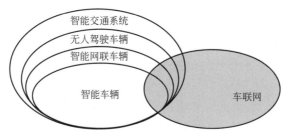

图 1-2　系统关系图

智能网联车辆与车联网应并行推进，协同发展。智能网联车辆依托车联网，不仅要通过技术创新连接互联网，还能使 V2X 之间实现多种方式信息的交互与共享，提高智能网联车辆的行驶安全性。

智能网联车辆本身具备自主的环境感知能力，也是智能交通系统的核心组成部分，是车联网体系的一个结点，通过车载信息终端实现与车、路、行人、业务平台等之间的无线通信和信息交换。智能网联车辆的焦点是在车上，发展重点是提高车辆安全性，其终极目标是无人驾驶车辆；而车联网的聚焦点是建立一个比较大的交通体系，发展重点是给车辆提供信息服务，其终极目标是智能交通系统。智能车辆是车辆智能化与车联网的完美结合。

（三）无人驾驶车辆

无人驾驶车辆（简称无人车）是通过车载环境感知系统感知道路环境，自动规划和识别行车路线并控制其到达预定目标地的智能车辆。它是利用环境感知系统来感知车辆周围环境，并根据感知所获得的道路状况、车辆位置和障碍物信息等，控制车辆的行驶方向和速度，从而使车辆能够安全、可靠地在道路上行驶。无人驾驶车辆是传感器、计算机、人工智能、无线通信、导航定位、模式识别、机器视觉、智能控制等多种先进技术融合的综合体。

与一般的智能车辆相比，无人驾驶车辆需要具有更先进的环境感知系统、中央决策系统以及底层控制系统。无人驾驶车辆能够实现自动控制，全程检测交通环境，完成所有的驾驶操作。驾驶者只需提供目的地或者输入导航信息，在任何时候均不需要对车辆进行操控。

无人驾驶车辆是车辆智能化、网络化的终极发展目标。

二、智能车辆的关键技术

智能车辆涵盖宽广的技术领域，包括自主行为技术领域（无人系统特有的相关技术）、支撑技术领域（并非无人系统特有的相关技术）以及技术集成领域（为组件和子系统的设计与集成寻求系统工程的方法）。自主行为技术领域主要包括感知技术、导航技术、规划技术、行为与技能技术及学习与自适应技术等；支撑技术领域主要包括人机交互、通信技术、动力/能源技术、机动性技术、维护保养技术等；技术集成领域主要包括全生命周期支持、软件工程与计算机硬件、评估方法、建模与仿真等。其中，环境信息感知与智能决策控制是车辆实现无人驾驶的关键环节，更是依赖于许多高新技术的有力支持，其关键技术包括如下几个方面。

（一）感知技术

人类在驾驶汽车时所接收的信息几乎全部来自视觉，交通信号、交通标志、交通图案、道路标志等均可以看作环境对驾驶者的视觉通信语言。同时，人类在驾驶汽车时，通过对周围路面场景的观测来决定采取什么样的操作。因此，选择机器视觉作为感知路面场景的传感器是一种很自然的方式。

视觉系统在智能车辆中主要用来识别车辆周围的交通环境，如确定车辆在车道中的位置和方位、车道的几何结构、检测车辆周围的障碍物（如车辆和行人）、识别交通标志和交通信号等。当机器视觉用于智能车辆时必须具备实时性、鲁棒性和实用性三方面的技术特点。实时性是指视觉处理系统的数据处理必须与车辆的高速行驶同步进行。鲁棒性是指智能车辆对不同的道路环境，如高速公路、市区标准公路、普通公路等；对不同的路面环境，如路面状况及车道标线的宽度、颜色、纹理等；对动态环境，如动态随机障碍及车流等；对不同的光照，如黄昏与夜晚、阴天与雨雪及景物阴影等，均具有良好的适应性，能够为普通车辆用户所接受。实用性是指智能车辆在体积和成本等方面是否合适。智能车辆系统可靠运行的前提是通过各种传感器准确地捕捉环境和车辆自身的状态信息，并加工处理，随后发出预警或者自动操控车辆。研究如何将传感器传来的信息加以有效的处理、分析，并准确确定环境和车辆自身的状态是非常重要的。然而到目前为止，没有任何一种传感器能保证在任何情况下都能提供完全可靠的信息。采用多传感器融合技术，即将多个传感器采集的信息进行合成，形成对环境特征的综合描述的方法，能够充分利用多传感器数据间的冗余和互补特性，获得我们需要的、充分的信息。目前，在智能车辆领域，除了视觉传感器外，常用的还有激光雷达、毫米波雷达、声呐、红外探测、磁导引、GPS（全球定位系统）等。

（二）决策技术

在辅助驾驶或者无人驾驶技术中，需要依据感知系统获取的信息来进行决策判断，进而向驾驶者发出警告或者对车辆进行控制。例如，在车道偏离警告系统和碰撞警告系统中，需要预测主车辆和其他车辆未来一定时间内的状态。先进的决策技术包括模糊推理、强化学习、神经网络和贝叶斯网络等技术。

（三）控制技术

智能车辆利用环境感知信息进行规划决策后需要对车辆进行控制，比如对路径的自动跟踪等。此时性能优良的控制器成为智能车辆必不可少的部分，是智能车辆的关键。智能控制代表着自动控制的最新发展阶段，是应用计算机模拟人类智能，实现人类脑力和体力劳动自动化的一个重要领域。智能控制是一个新兴学科，包括递阶控制系统、专家控制系统、模糊控制系统、神经控制系统和学习控制系统等方面。

（四）车辆定位与路径规划

车辆定位导航系统应用了车辆自动定位技术、数字地图、通信技术，为车辆提供路径引导、无线遥控等功能。在车辆定位导航系统中，定位是实现导航功能的前提和基础。车辆定位技术大致上可分为三类：惯性导航、无线电定位和卫星定位。路径规划是智能车辆信息感知和车辆控制的桥梁，是智能车辆自主驾驶的基础，可分为全局路径规划和局部路径规划。全局路径规划是在已知地图的情况下，利用已知局部信息如障碍物位置和道路边界，确定可行和最优的路径，它把优化和反馈机制很好地结合起来。局部路径规划是在全局路径规划生成的可行驶区域指导下，根据传感器感知到的局部环境信息来决策车辆前方路段所要行驶的轨迹。与移动机器人路径规划相比，车辆的行驶环境具有非结构化、动态性、不确定性等特点，因此研究人员在借用移动机器人路径规划成果的同时，也在深入研究智能车辆路径规划问题。

（五）其他技术

智能车辆的关键技术还包括车辆状态随机估计和体系结构等方面的研究。为了对车辆进行有效的控制，必须全面准确地获取车辆的自身状态参数，如车辆横摆角速度的估计、车辆轮胎与路面之间摩擦系数的估计以及车辆侧面碰撞模型的非线性动力学参数辨识等。由于智能车辆系统复杂程度高、综合性强，一般需要一组研究人员共同研究开发。同时为了使系统能够在有限的时间和计算资源内完成各功能，计算经常需要并行运行，将计算资源有效地分布在一组处理器上，这就需要构建合理的、优化的体系结构。这是智能车辆控制器体系机构所要研究的问题。

三、智能车辆与智能交通系统

（一）智能交通系统的概念

智能交通的概念于 1991 年由美国智能交通学会［ITS America（Intelligent Transportation Society of America），当时名为 IVHS America（Intelligent Vehicle-Highway Society of America）］提出，并在世界各国大力推广。其基本思想是从系统的观点出发，利用现有宏观交通设施（道路、桥梁、隧道等）将道路和车辆综合起来考虑以解决交通问题。智能交通系统是将先进的信息技术、数据通信技术以及计算机技术等有效地综合运用于整个交通管理体系和车辆，从而建立起一种大范围、全方位发挥作用的实时、准确、高效、先进的运输系统。智能交通系统的主要目的是提高道路的通行能力、提升交通的安全性和快捷性，并在此基础上节约能源等。在智能交通系统的具体实施上，美国智能交通学会在 1992 年 5 月制定了《美国智能交通系统战略规划》，描述了美国 20 年的智能交通设计蓝图。该规划完整地包括了智能交通的各个方面，并将智能交通系统划分为六个领域：高级交通管理系统（Advanced Transportation Management System，ATMS）、先进出行信息系统（Advanced Travel Information System，ATIS）、先进车辆控制与安全系统（Advanced Vehicle Control and Security System，AVCSS）、商用车辆操作系统（Commercial Vehicle Operation，CVO）、高级公共交通系统（Advanced Public Transportation System，APTS）和农区交通系统（Rural Transportation System，RTS）。

（二）智能交通系统对智能车辆技术的推动作用

智能车辆是智能交通系统的重要组成部分，对应于智能交通系统的 AVCSS 子系统。客观上说，智能交通系统的发展大大促进了智能车辆的发展。智能交通系统的发展大致经历了三个阶段。20 世纪 60～70 年代为第一个阶段，主要成果有日本的综合车辆交通控制系统、电子线路引导系统以及德国的类似系统。1980～1994 年为第二个阶段，日本 1984 年开始了道路车辆通信系统（Road and Automobile Communication System，RACS）项目的研究，它是车辆自动导航系统的基础。与此同时，欧洲开始了两项研究计划：一是在 1986 年启动的，以车辆制造商为主导，涵盖 13 个车辆制造商、几个政府研究机构、19 所大学的 PROMETHEUS 计划（PROgraM for a European Traffic with Highest Efficiency and Unprecedented Safety），即欧洲高效安全道路交通计划；二是由欧共体 1989 年发起 DRIVE 计划（Dedicated Road Infrastructures for Vehicle safety in Europe），即欧洲交通安全和道路系统计划。1990 年开始美国开始实施 IVHS 计划（Intelligent Vehicle/Highway System），即智能车/路系统计划。在这个阶段，智能车辆技术取得了突破性的发展，如美国 CMU 开发的 Navlab 系统、意大利 Parma 大学开发的 ARGO 车辆、德国开发的 VaMP 都在这一阶段得到大力的发展。从 1994 年到现在为第三个阶段，美国从 1994 年起由联邦高速公路局（Federal Highway Administration，FHWA）组成国家高速公路系统联盟（National Advanced Highway System Consortium，NAHSC）推动了为期八年的先进高速公路系统（Advanced Highway System，AHS）计划，1997 年，该计划被 NHTSA（National Highway Traffic Safety Administration）所主导的智能车辆开发 IVI（Intelligent Vehicle Initiatives）计划所取代，继续推动智能车辆的研发工作。这个阶段的特点是将先进的信息技术、数据传输技术、控制技术以及计算机处理技术等有效地综合运用于整个运输管理体系，使人、车、路及环境密切配合，从而建立起一种在大范围内、全方位发挥作用的实时、准确、高效的综合管理系统。

四、智能车辆与物联网技术

"物联网"被认为是继互联网、移动通信网之后的世界信息产业第三次浪潮，它的意思是通过智能、网络、信息等高科技手段使得"物物相连"，让入网之物皆有感知、有思想。"车联网"在国外最初叫作"智能交通"网。车联网技术占到物联网技术应用的20%～30%。车联网将是最易于"落地"的物联网产业。车联网是通过装载在车辆上的电子标签，利用无线射频等识别技术，在信息网络平台上实现对车辆属性信息和静态、动态信息的提取及有效利用的网络系统。

看似遥不可及的"车联网"，其实部分技术已在应用。高速公路收费站的ETC（电子不停车收费）系统是车联网技术的一个应用。安装ETC车载系统后，将IC卡插入车载系统，通过收费站ETC通道时，将自动扣减通行费。这样就省去了停车、收费的环节，通行效率大大提高。未来智能交通管理中最重要的一环是车辆的智能通信技术的实现。尤其是其中的车对车通信系统，几乎每一个车辆生产商都在这方面有自己的技术产品。而这也是在迈向终极的无人驾驶车辆中至关重要的技术组成部分，更是最热门的技术应用领域——物联网的重要组成部分。

联网车辆将在未来交通运输中发挥关键作用。预计到2025年，道路上60%的车辆将会联网，这将提高车辆的安全性能，促进车辆软件保护的升级，并推进无人驾驶车辆的不断普及。而随着更多的车辆配备蓝牙功能，以及与移动设备交互的能力，车辆制造商已经开始提供车辆连接的技术。

联网车辆在提高车辆安全性和便利性方面也将发挥关键作用。例如，在使用同一种技术时可以支持人与人之间的沟通，通过车间通信，车辆就可以在更近的车距下以更快的速度行驶。同时自动改道功能可以帮助车辆避开灾害性天气和堵塞的路段。通过这些功能，几乎能够完全避免驾驶中的人为错误，开车将变得更安全、更愉悦。

随着对联网设备依赖性的增强，以及联网车辆的兴起，表明消费者将提高对自动化系统的信任和依赖。这一趋势将促使智能车辆的普及，IEEE（电气和电子工程师协会）预测：到2040年，75%的车辆将实现无人驾驶。对自动化技术系统的信任是实现无人驾驶车辆普及的关键因素。消费者养成的依赖性将成为无人驾驶车辆普及的催化剂，引导人们相信自动化技术。未来五年内，将会出现专门为智能车辆而设的车道。

第二节 智能车辆研究现状

一、国外智能车辆研究现状

（一）国外智能车辆发展历程

在智能驾驶技术的研究方面，国外起步较早，已经论证了技术的可行性并进行了实际道路测试。早在1939年纽约世界博览会上，美国通用车辆公司首次展出了无人驾驶概念车

Futurama。自 20 世纪 80 年代起,掀起了新一轮智能车技术研究热潮。

美国 DARPA 在 2004 年和 2005 年举办了"Grand Challenge"挑战赛;于 2007 年举办了"Urban Challenge"挑战赛,检验并促进智能驾驶技术的发展水平。2004 年的比赛,要求参赛车辆在 10h 内成功地穿越 200mile(1mile＝1609.344m,下同)长的崎岖多变的地形,但是没有一支队伍跑完全程。2005 年的比赛,在美国西南部的内华达沙漠中举行,与上届规则一致,要求无人驾驶车辆在规定的 10h 内完成比赛规定的路线,整个比赛路线除了自然的地形之外,还将会人为地增加一些障碍。来自斯坦福大学的"Stanley"无人驾驶车辆 [图 1-3(a)] 最终以 9h55min 的最好成绩成功穿越了 132mile 的崎岖沙漠,成为本届大赛的冠军;来自卡耐基梅隆大学的两个参赛队伍 Red Team 及 Red Team Too,分别以 9h59min 和 10h4min 的成绩位居第二和第三。另外一支成功穿越的队伍是 TerraMax,它的成绩是 27h15min。2007 年的比赛,要求参赛车辆能够完全自动地在城市道路环境中行驶,并自动遵守交通规则,做到红灯停、绿灯行,最终卡耐基梅隆大学的"Boss"无人驾驶车辆 [图 1-3(b)] 夺得冠军。

(a) 2005年冠军"Stanley"　　　　　　　　(b) 2007年冠军"Boss"

图 1-3　国外智能车

"Stanley"无人驾驶车辆由大众途锐 R5 改装而成,其整个硬件系统主要包括五个 SICK 激光雷达传感器、一个彩色摄像头、两个全球定位系统、IMU 惯性导航系统和操作执行机构等。整个软件系统主要在三台计算机上运行,其中一台专门用于处理视频数据,另外两台用于运行其他软件,其处理传感器数据的频率可达 100Hz,而实施纵向(油门和制动)、横向(转向)控制的频率可达 20Hz。"Boss"无人驾驶车辆由雪佛兰 Tahoe 改装而成,主要装备了 SICK LMS 291-S05/S14 雷达、Continental ISF 172 雷达、IBEO Alasca XT 雷达、Velodyne HDL-64 三维全景雷达、摄像头、全球定位系统和 IMU 惯性导航系统等。它的整个软件系统由四个子系统组成:运动规划系统(Motion Planning Subsystem)、感知系统(Perception Subsystem)、任务规划系统(Mission Planner Subsystem)和行为系统(Behavioral Subsystem)。"Boss"无人驾驶车辆的线控系统基于通用发动机控制加机电传动,多进程系统通过千兆以太网通信层协调。在城市道路环境下,"Boss"无人驾驶车辆能够实现避障、自动驶入泊车点等功能,其最高车速可达 48km/h。

美国电气与电子工程师协会(IEEE)预计,2040 年美国路上行驶的车辆有 3/4 是无人驾驶车辆。

(二) 世界主要研究机构智能车辆研究情况

卡耐基梅隆大学的"NavLab-5"智能车使用 RALPH 视觉系统进行环境感知，于 1995 年 6 月进行了穿越美国的实验，行程 4587km，其中自主驾驶部分占 98.2%，最长自主驾驶距离为 111km，全程平均速度为 102.72km/h。密歇根大学研发的道路边界检测系统 AR-CADE，成功地将整体信息引入检测过程，具有良好的鲁棒性，并在 Demoll 车上进行了实验。

意大利帕尔马大学于 20 世纪 90 年代初开始研制无人驾驶车辆，在 1998 年的测试实验中，在高速公路上实现了 2000km 的长途驾驶。该项测试持续了一个星期，其中 94% 的路途是无人驾驶。该车参加了在美国举行的前三届智能车大赛，并在第二届比赛中成为唯一一个以视觉为主要传感器并完成比赛的车辆。该车于 2010 年 10 月 28 日完成了从意大利到上海 13000 多千米的无人驾驶实验，这是至今为止距离最远的无人驾驶车辆挑战项目，如图 1-4 所示。

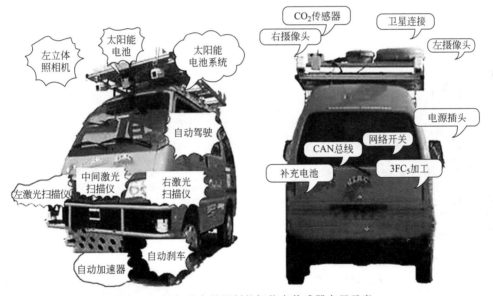

图 1-4　帕尔马大学研制的智能车传感器布置示意

该智能车应用了 5 个激光扫描仪、7 个摄像机、GPS、惯性测量设备、3 台 Linux 计算机和线控驾驶系统等，全程应用太阳能电池板供电。

德国联邦国防军大学的 VaMP 智能驾驶系统，主要基于视觉检测道路和障碍物，于 1995 年进行了从德国慕尼黑到丹麦欧登塞的长途实验，共行驶了 1600 多千米，其中 95% 的路途是自动驾驶。

(三) 国外主要公司智能车辆研究情况

如图 1-5 所示为谷歌公司研发的智能车 "Google Driverless Car"，其安装了摄像机、雷达等传感器，置于车顶的激光雷达能够扫描半径约 70m 全方位范围内的环境。其采用贝叶斯方法实现对移动目标的检测与追踪，具备良好的越障能力，车辆的工作原理如图 1-6 所示。谷歌目前拥有丰田普锐斯、雷克萨斯 RX450 等智能车型。截至 2012 年 9 月，谷歌自动

智能车辆关键技术

驾驶车辆已经安全行驶了 480000km。

图 1-5 谷歌公司研发的智能车 "Google Driverless Car"

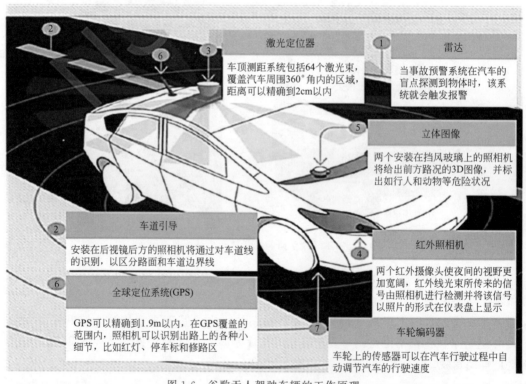

图 1-6 谷歌无人驾驶车辆的工作原理

欧洲于 20 世纪 80 年代启动了世界上规模最大的智能地面车辆 Eureka-PROMETHEUS 研究项目及 CarSence 项目、欧盟第五框架的 CyberCars 和 CyberMove 研究项目、第六框架 的 CyberCars-Ⅱ 项目等。几乎所有的轿车生产厂商和多数著名高校、研究机构都分别参与了 这一系列项目。目前在理论和实用方面都取得了突破性进展,设计并实现了车辆可在各种环境下自主行驶。同时，沃尔沃等 7 家欧洲公司联合启动 SARTRE（Safe Road Trains for the Environment）项目（2009 年 9 月～2012 年 9 月），首次成功让 3 辆无人驾驶车辆和 1 辆无人驾驶卡车在西班牙一条高速公路上行驶了 124mile。德国汉堡 Ibeo 公司推出了其研制的无人驾驶车辆，可以在错综复杂的城市公路系统中实现无人驾驶。在产业化方面，美国和德国走在前列。

（四）欧洲和美国对智能车辆的支持态度及相关政策

2012 年 5 月 8 日，谷歌的智能车辆在美国内华达州上路测试。内华达州是允许谷歌智能车辆上路测试的第一个州，该州的机动车辆管理局（DMV）向谷歌发出首张许可证，测试的内容是检测谷歌的智能车辆如何在拥挤的街道和高速公路上行驶及做出各种反应。内华达州一直领导着允许智能车辆上路的立法工作。2011 年，内华达州立法委员会通过了美国第一部允许测试智能车辆的法案。据该法案规定：在对智能车辆进行测试时，车内必须搭载两名测试人员，一人坐在驾驶位，另一人坐在副驾驶位。2012 年 9 月，由美国谷歌公司注入无人驾驶技术的车辆已获美国加利福尼亚州法案通过，2015 年起可以在加利福尼亚州内的道路上行驶，这标志着智能车辆已被合法化。

德国作为大众、戴姆勒和宝马等多家全球知名车辆厂商的发源地，也是世界上较早重视无人驾驶车辆并对其进行测试实验的国家之一。早在 2013 年，德国就允许博世公司的无人驾驶技术在国内进行路试，之后又有梅赛德斯-奔驰等公司相继得到政府批准，在德国高速公路、城市交通和乡间道路等多种环境下开展无人驾驶车辆的实地测试。2017 年 5 月，德国联邦参议院通过了首个无人驾驶相关法律，允许无人驾驶在特定条件下代替人类驾驶。

2015 年英国政府创建了联网和自动驾驶车辆中心 CCAV（Centre for Connected and Autonomous Vehicles），并且英国在格林威治（Greenwich）、布里斯托尔（Bristol）、考文垂（Coventry）和米尔顿·凯恩斯（Milton Keynes）进行的三项总价值达 3200 万英镑（包括 1900 万英镑政府拨款）的"无人驾驶车"试验项目。英国政府于 2017 年开始在高速公路上测试无人驾驶车辆。2016 年 7 月 11 日，英国商务部和运输部大臣公开表示，该国将清除束缚自动驾驶车的法规，其中包括交通规则，以及驾驶员必须遵守的政策法规。同时，英国政府还指出——高速交通法律法规将得到适当的修改，以确保在高速路上改变车道、远程遥控停泊车辆的先进的驾驶辅助系统被安全使用。

二、国内智能车辆研究现状

（一）国内智能车辆主要研究机构情况

吉林大学是我国最早开展智能车辆研究的单位之一。吉林大学智能车辆课题组从 20 世纪 90 年代开始一直开展智能车辆自主导航研究，先后开发出 JLUIV-Ⅰ、JLUIV-Ⅱ、JLU-IV-Ⅲ三代视觉导航智能车。清华大学计算机系智能技术与系统国家重点实验室在视觉导航系统和临场感知遥控系统等方面有较深入的研究，研制出智能移动机器人 THMR-V（Tsing Hua Mobile Robot V）智能车。2003 年，THMR-V 在结构化道路上跟踪车道的平均速度达到 100km/h，最高车速达到 150km/h。1992 年国防科技大学研制成功了我国第一辆真正意义上的无人驾驶车辆。2003 年该校与中国第一车辆集团公司历时一年半合作研制的红旗 CA7460 自动驾驶轿车实验成功，曾达到 170km/h 的车速，并具备安全超车功能。上海交通大学研制了首辆城市无人驾驶电动车,该车可由远程遥控指挥中心通过无线传输对车辆进行控制,实现自主导航和避让周围车辆及行人。同济大学研制的无人驾驶电动车辆,最高时速50km,其特色是采用光电传感器探测反射信号自动寻迹行驶。西安交通大学研制的Spring robot智能车辆,能够进行稳定的横向和纵向控制,其特色是通过视觉完成道路检测、行人检测、车辆检测。湖南大学研究了基于城市道路环境的智能车辆,在多源信息的适配采集与认知机理、提高控制的准确性、实车实路测试等方面开展了卓有成效的研究工作。北京理工大学智能车辆研究得到了"985工程"和"211工程"的支持,开始进行无人驾驶车辆的研究。陆军军事交通学院的猎豹、猛士及长城智能车平台具有良好的视觉感知计算能力,并采用先进的拟人控制法实现车辆的横向和纵向控制。此外,还有由国防科技大学、南京理工大学、清华大学、浙江大学和北京理工大学联合研制的ATB系列智能车,如图1-7所示。其基于多传感器的自主导航技术,采用传统的"感知-建模-规划-执行"方式完成导航、避障。

(a) ATB-1系统

(b) ATB-2系统

图1-7　ATB系列智能车

自2009年起国内连续举办了"智能车未来挑战赛",旨在以智能车为平台检验视觉和听觉信息的认知计算能力。第一届比赛的测试环境为西安浐灞生态区凯宾斯基酒店院内的水泥路面。比赛要求无人驾驶车辆从起点无碰撞地自主行驶到终点。所有参赛车辆均完成了全程,湖南大学获得冠军。第二届比赛的测试环境为长安大学校内场地,包括基本能力测试和复杂环境综合测试,没有一支队伍完成复杂环境综合测试。第三届比赛的测试环境为鄂尔多斯城市道路,比赛环境首次从封闭道路过渡到真实道路。比赛在长约10km的真实城区道路上进行,设有交通标志识别、障碍物避让、汇入有人驾驶车流和U形转弯等自主驾驶行为测试内容,国防科学技术大学获得冠军。第四届比赛的测试环境为赤峰真实城区道路和乡村道路,包括城区道路(6.9km)和乡村道路(15.8km)两个赛段,军事交通学院夺得冠军。第五届比赛在江苏常熟举办,包括城郊道路测试(约18km)和城区道路测试(约5km)两部分,按照4S[即安全性(Safety)、智能(Smartness)、平稳性(Smoothness)和速度(Speed)]标准评价无人驾驶车辆完成测试任务的情况。道路环境更加复杂和多样化,除行驶过程中常遇的障碍车、缓行车以及道路临时阻塞和前方施工等场景外,还增加了拱桥、隧道、匝道口、学校门口等场景,重点考核无人车智能感知交通标志、人、车、物以及自主决策和正确行为的控制能力,北京理工大学夺得总冠军。与往届相比,比赛中各参赛车辆对环境的感知能力、智能性、驾驶平稳性和安全性方面都有很大提高。

(二) 国内主要车辆公司智能车辆研究情况

在欧洲和美国车企加快无人驾驶技术应用的同时，中国自主车企也已开始涉足这一领域。现阶段国内已有五家自主车企开始研发无人驾驶技术，其中一汽集团在研发无人驾驶技术的进展在国内处于领先地位，先后在国内进行了多次无人驾驶车的道路试验。与海外车企普遍采用自主研发无人驾驶技术的方式不同，国内自主车企主要采取与国内的科研院所、海外车企以及外国研究院所三种合作方式，共同研发无人驾驶技术。有业内人士分析称：相比海外车企而言，中国在无人驾驶技术的研发领域要落后5~10年，但通过合作研发的方式有望加快这一技术领域的研发速度。

1. 一汽集团：研制国内首辆智能车

早在2003年一汽集团与国防科技大学联合研制出中国首辆配备无人驾驶技术的红旗轿车。随后在2011年这款自主研发的红旗HQ3无人驾驶车，首次在复杂路况下公开进行无人驾驶的测试，并完成了从长沙至武汉286km的高速路段行驶。整个途中配备无人驾驶技术的红旗HQ3自主超车67次，遇到雾霾、降雨等复杂天气，依然顺利完成整个测试路段。这也标志着一汽集团已具备研制智能化车辆的能力。

2. 上汽集团：与中航科工集团共同研发智能车辆

与一汽集团相比，上汽集团在无人驾驶技术方面的研发起步更晚。2013年8月，上汽集团才正式与中航科工集团签署了战略合作协议，协议中双方将在无人驾驶等多个领域展开合作。据悉，双方将先从主动安全系统领域着手，进行自适应巡航、自动泊车、智能刹车辅助等技术的快速普及，为无人驾驶技术奠定基础，随后在环境感知、智能识别等技术领域进行共同研究。

3. 广汽集团：携手中科院合作研发无人驾驶技术

继一汽集团、上汽集团之后，国内六大国有车企之一的广汽集团也正式宣布与中国科学院共同研发无人驾驶技术。广汽集团宣布：广汽集团股份有限公司车辆工程研究院与中国科学院合肥物质科学研究院先进制造所已签订相关合作事项，未来双方将共同研发无人驾驶技术并应用于新能源车上。

此次合作双方将车辆行业发展的两个重要方向"新能源"和"自动驾驶"相结合，通过车载传感器感知外部环境，进行自主智能决策，以实现新能源车辆的自动驾驶。车辆的自动驾驶集体系结构、智能传感、智能决策、自动控制于一体，对提高车辆驾驶的智能化、安全性、舒适性有一定帮助。

4. 吉利汽车：依托沃尔沃进行智能车辆研发

除上述提及的三家国有车企外，国内的知名自主车企——吉利汽车也已开始涉足无人驾驶领域。由于此前吉利集团并购沃尔沃汽车，双方在技术领域开展全面共享，同时进行众多新科技的共同研发。吉利集团董事长李书福曾公开表示：在未来的几年内吉利汽车也将推出无人驾驶车辆。据悉，沃尔沃品牌将在全新一代XC90车型上，实现无人自动泊车技术，随后在该车上应用无人驾驶技术。

对于吉利品牌而言，由于沃尔沃无人驾驶系统过高的成本，若匹配到吉利车型上会导致售价大幅增加。对此李书福曾透露，沃尔沃位于瑞典的研发中心将会针对吉利推出一套无人驾驶系统。

5. 比亚迪：与海外研究所合作研发自动驾驶技术

自动驾驶技术作为未来车辆发展的重要方向，自主品牌中的"技术派"比亚迪也不甘落后，开始着手研发。近日，比亚迪携手新加坡科技研究局通信研究院（I2R）开始共同研发自动驾驶技术。除此之外，双方的合作还涉及智能交通系统。比亚迪与新加坡科技研究局通信研究院（I2R）合作研发的自动驾驶技术，包括利用电子线控系统实现对车辆的刹车、转向以及对其他车辆系统的操控。

第三节　智能车辆技术分级

一、美国关于智能车辆的分级

美国国家高速公路交通安全管理局（NHTSA）将车辆的自动化等级分为5级。

1. 无自动驾驶阶段（0级）

在无自动驾驶阶段，驾驶者拥有车辆的全部控制权，在任何时刻，驾驶者都单独控制车辆的运动，包括制动、转向、加速和减速等。

2. 驾驶者辅助阶段（1级）

在驾驶者辅助阶段，驾驶者拥有车辆的全部控制权。车辆具备一种或者多种辅助控制技术，例如倒车影像与倒车雷达、电子稳定控制系统、车道偏离报警系统、正面碰撞报警系统、定速巡航系统以及车辆并线辅助系统等，这些辅助控制系统独立工作，在特定的情况下，通过对车辆的运行情况以及运行环境的检测，提示驾驶者相关信息或警告驾驶者在驾驶中可能出现的危险，方便驾驶者在接到提示或警告后及时做出反应。相对于其他发展阶段，这一阶段的技术发展已经很成熟，已经成为一些车辆的标准配置，随着成本的降低，其应用范围将逐步扩大。

3. 半自动驾驶阶段（2级）

在半自动驾驶阶段，驾驶者和车辆共享对车辆的控制权。车辆至少有两种先进驾驶辅助系统，而且这些系统能同时工作，例如自适应巡航控制系统和车道保持辅助系统的功能结合，在一定程度上协助驾驶者控制车辆。这一阶段也是当前正在快速发展的阶段，未来几年中，将有更多的先进驾驶辅助系统应用在量产车上。

2级和1级的主要的区别是，2级在特殊情况时，自动操纵模式下可以让驾驶者脱离对车辆的操纵，而1级在任何条件下都不能离开驾驶者对车辆的操纵。

4. 高度自动驾驶阶段（3级）

在高度自动驾驶阶段，车辆和驾驶者共享对车辆的控制权。在特定的道路环境下（高速公路、城郊或市区），驾驶者完全不用控制车辆，车辆完全自动行驶，而且可以自动检测环境的变化以判断是否返回驾驶者驾驶模式。现阶段已经提出的高度自动驾驶技术有堵车辅助系统、高速公路自动驾驶系统和泊车引导系统等。目前，高度自动驾驶的技术尚未应用在量产车型上，在未来几年的时间，部分技术将会在量产车型上应用。

3级和2级的主要区别是，3级在自动驾驶条件下，驾驶者不必时常监视道路，而且以自动驾驶为主，驾驶者驾驶为辅；2级在自动驾驶条件下，驾驶者必须监视道路，而且以驾驶者驾驶为主，自动驾驶为辅。

5.完全自动驾驶阶段（4级）

在完全自动驾驶阶段，车辆拥有全部的控制权，驾驶者在任何时候都不能获得控制权。驾驶者只需提供目的地信息或者进行导航输入，整个驾驶过程无须驾驶者参与。车辆能在全工况、全天候环境下完全掌控所有与安全有关的驾驶功能，并监视道路环境。完全自动驾驶的实现将意味着自动驾驶车辆真正驶入了人们的生活，也将使驾驶者从根本上得到解放。完全自动驾驶车辆还要受到政策、法律等相关制度的约束，真正量产还任重而道远。

驾驶级别越高，应用的先进驾驶辅助系统越多，车辆系统的集成与融合度越高，软件控制的重要性越大。

二、德国关于智能车辆的分级

德国联邦公路研究院把智能车辆发展划分为三个阶段，即部分自动驾驶、高度自动驾驶以及完全自动驾驶。

1.部分自动驾驶阶段

在部分自动驾驶阶段，驾驶者需要持续监控车辆驾驶辅助系统的提示，车辆无法做出自主动作。

2.高度自动驾驶阶段

在高度自动驾驶阶段，驾驶者不再需要对驾驶辅助系统持续监控，驾驶辅助系统可以在某些状态下暂时代替驾驶者做出一定的动作，并且能由驾驶者随时接管对车辆的操纵。

3.完全自动驾驶阶段

在完全自动驾驶阶段，真正实现无人驾驶的状态。

三、中国关于智能车辆的分级

中国把智能车辆发展划分5个阶段，即辅助驾驶阶段（Driver Assistance，DA）、部分自动驾驶阶段（Partial Automation，PA）、有条件自动驾驶阶段（Conditional Automation，CA）、高度自动驾驶阶段（High Automation，HA）和完全自动驾驶阶段（Full Automation，FA）。

1.辅助驾驶阶段（DA）

通过环境信息对车辆行驶方向和加减速中的一项操作提供支援，其他驾驶操作都由驾驶者完成。适用于车道内正常行驶、高速公路无车道干涉路段行驶、无换道操作等。

2.部分自动驾驶阶段（PA）

通过环境信息对行驶方向和加减速中的多项操作提供支援，其他驾驶操作都由驾驶者完成。适用于变道、泊车、环岛绕行、拥堵跟车等市区工况，还适用于高速公路及市区无车道干涉路段进行换道。

3.有条件自动驾驶阶段（CA）

由无人驾驶系统完成所有驾驶操作，根据系统请求，驾驶者需要提供相应的干预。适用于高速公路正常工况行驶，还适用于市区无车道干涉路段工况下进行换道、泊车、环岛绕行、拥堵跟车等操作。

4.高度自动驾驶阶段（HA）

由无人驾驶系统完成所有驾驶操作，特定环境下系统会向驾驶者提出响应请求，驾驶者

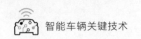

可以对系统请求不进行响应。适用于有车道干涉路段（交叉路口、车流汇入、拥堵区域、人车混杂交通流等市区复杂工况）进行的全部操作。

5. 完全自动驾驶阶段（FA）

无人驾驶系统可以完成驾驶者能够完成的所有道路环境下的操作，不需要驾驶者介入。适用于所有行驶工况下进行的全部操作。

无论怎样分级，从驾驶者对车辆控制权角度来看，可以分为驾驶者拥有车辆全部控制权、驾驶者拥有部分车辆控制权、驾驶者不拥有车辆控制权三种形式，其中驾驶者拥有部分车辆控制权时，根据车辆 ADAS（Advanced Driving Assistance System）的配备和技术成熟程度，决定驾驶者拥有车辆控制权的多少，ADAS 装备越多，技术越成熟，驾驶者拥有车辆控制权越少，车辆自动驾驶程度越高。

第四节 智能车辆发展前景与研究重点

智能化、互联化已经成为未来车辆技术的发展趋势，只有智能驾驶与互联驾驶相结合，才能更有效地实现车辆安全、舒适、节能、高效行驶。

《中国制造 2025》规划中，提出了智能车辆的发展目标和发展重点。

一、发展目标

2025 年，初步形成以企业为主体、市场为导向、"政产学研用"紧密结合、跨产业协同发展的智能车辆自主创新体系。车辆信息化产品自主份额达 50％，DA、PA 整车自主份额超过 40％，掌握传感器、控制器关键技术，掌握执行器关键技术，供应能力满足自主规模需求，产品质量争取达到国际先进水平。实现车辆全生命周期的数字化、网络化、智能化，初步完成车辆产业转型升级。

提出车辆相关的智慧交通解决方案，普通道路的交通效率提高 80％，交通事故数减少 80％，交通事故死亡人数减少 90％，车辆 CO_2 排放大约减少 20％。

二、发展重点

基于网联的车载智能信息服务系统在现有远程信息服务系统基础上，为驾驶和出行提供交通、资讯、车辆运行状态及智能控制等信息服务，突出信息化和人机交互升级。逐步普及远程通信功能，部分实现 V2X 短程通信功能，信息可用于智能化控制。

1. 驾驶辅助级智能化车辆

制定中国版智能驾驶辅助标准，基于车载传感器实现智能驾驶辅助，可提醒驾驶者、干预车辆，突出安全性、舒适性和便利性，驾驶者对车辆应保持持续控制。

2. 部分或高度自动驾驶级智能车辆

制定部分或高度自动驾驶标准，乘用车逐步实现部分自动或高度自动驾驶，突出舒适性、便利性、高效机动性和安全性，实现网联信息的安全管理；制定中国版商用车城郊智能驾驶标准和高速公路智能驾驶标准，商用车逐步实现部分自动或高度自动驾驶，以网联智能管理和编队控制技术突破为主，提高运输车辆的运行效率、经济性、安全性和便利性。

3. 完全自主驾驶级智能车辆

制定中国版完全自主驾驶标准,基于多源信息融合、多网融合,利用人工智能、深度挖掘及自动控制技术,配合智能环境和辅助设施实现自主驾驶,可改变出行模式、消除拥堵、提高道路利用率。

4. 车载光学系统

光学摄像头、夜视系统等具有图像处理和视觉增强功能,性能与国际品牌相当并具有成本优势。

5. 车载雷达系统

开发高性价比的车载雷达系统,包括车载激光雷达系统和毫米波雷达系统。

6. 高精度定位系统

基于北斗系统开发,实现自主突破,车载定位精度可达到亚米级精度,实现对 GPS 的逐步替代与升级。

7. 车载互联终端

自主开发车载信息娱乐系统、远程通信模块和近距离通信模块。

8. 集成控制系统

开发域控制器,实现对各子系统的精确控制及协调,并形成技术、成本优势。

9. 多源信息融合技术

突破环境感知与多传感器信息融合,V2X 通信模块集成,车载与互联信息融合技术。

10. 车辆协同控制技术

突破整车集成与协同控制技术。

11. 数据安全及平台软件

突破信息安全、系统健康智能监测技术,并搭建中国版车载嵌入式操作系统平台软件。

12. 人机交互与共驾技术

突破人机交互、人机共驾与失效补偿技术。

13. 基础设施与技术法规

形成中国版先进智能驾驶辅助、V2X 及多网融合的技术标准体系和测试评价方法,完善基于 V2X 通信标准体系的道路基础设施。

第二章

智能车辆体系结构

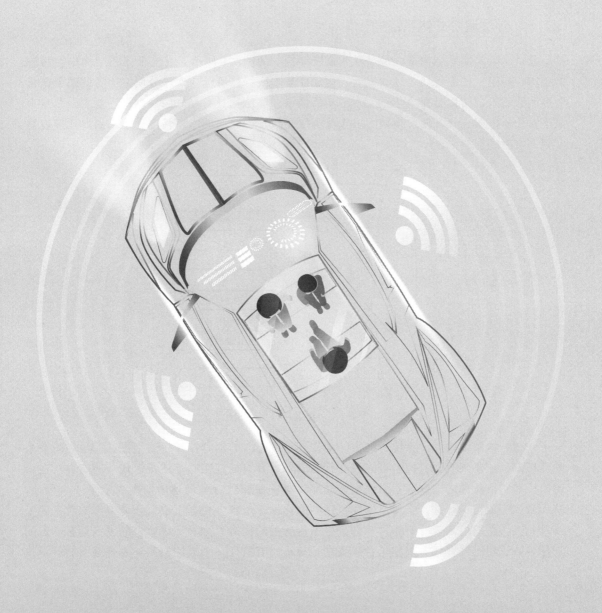

体系结构是一个系统的"骨架",它描述了系统各个组成部分的分解和组织,各组成部分之间的交互关系,定义系统软硬件的组织原则、集成方法及支持程序。比较经典的体系结构有分层递阶式体系结构、反应式体系结构和两者结合的混合式体系结构。应用于 Demo 的四维实时控制系统(4-Dimensional Real-time Control System,4D/RCS)是一种混合式体系结构;而被美国车辆工程师协会采纳的无人系统联合体系(Joint Architecture for Unmanned System,JAUS)则是基于分层递阶式体系结构。体系结构在无人驾驶车辆系统中占据十分重要的地位,用于确定系统的各组成模块及其输入、输出方式;确定系统的信息流和控制流,并组织面向目标的体系构成;提供总体的协调机制,并按工作模型进行总体协调指挥。本章首先对常用体系结构进行介绍,然后介绍无人驾驶车辆的体系结构实例和主要厂商智能车辆体系结构简介。

第一节 常规体系结构的类型

一、分层递阶式体系结构

分层递阶式体系结构是一种串联式系统结构,如图 2-1 所示。在这种体系结构中,传感器感知、建模、任务规划、运动规划、运动控制和执行器等模块次序分明,前者的输出结果为后者的输入,又称感知-模型-规划-行动的结构。该结构具有良好的规划推理能力,及自上而下对任务逐层分解,使得模块的工作范围逐层减小,问题的求解精度逐层增高,比较容易实现高层次的智能化。

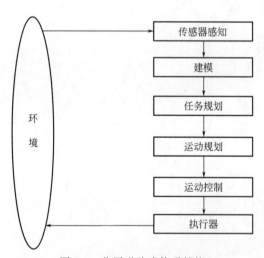

图 2-1 分层递阶式体系结构

在这种体系结构下,系统所产生的动作不是传感器数据直接作用的结果,而是经历一系列从感知、建模到规划、控制等阶段之后的结果,具有处理明确描述特定任务的能力。在给定目标和约束条件之后,规划模块根据局部环境模型和已有全局环境模型决定下一步行动,从而依次完成整个任务。全局环境模型建立的依据,一部分根据用户对环境中已知对象的了解及相互关系的推测与分析;另一部分根据传感器的构造。全局环境模型的表示具有一定的通用性,适用于许多任务规划场合;反之,如果没有这样一个通用模型,系统就不能获得执行任务规划时所需要的一些特征。

分层递阶式体系结构对通用环境模型的要求比较理想化。它对传感器提出了很高的要求，并且认知过程和环境模型的建立存在计算瓶颈，即传感器到执行器的控制环路中存在延时，缺乏实时性和灵活性。另外，这种依序排列的结构导致系统的可靠性不高，一旦某个模块出现软件或硬件故障，就可能导致整个系统瘫痪。这种实时反应功能只有将感知、规划和控制三者紧密地集成在一个模块中才能实现。

二、反应式体系结构

反应式体系结构中常用的是基于行为的反应式体系结构，这种体系结构又称包容结构。基于行为的反应式体系结构是并联体系结构，如图 2-2 所示。它针对各个局部目标设计各种基本行为，形成各种不同层次的能力。每个控制层直接基于传感器的输入进行决策，可以适应完全陌生的环境。尽管高层次会对低层次施加影响，但低层次本身具有独立控制系统运动的功能，而不必等待高层次处理完成。它突出了"感知-动作"的行为控制。

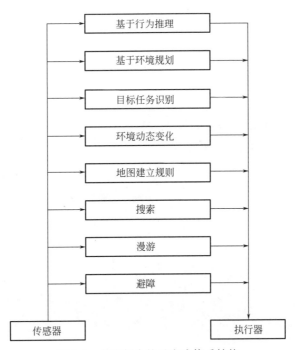

图 2-2 基于行为的反应式体系结构

这种体系结构集合了控制中应具备的感知、探测、避障、规划和执行任务等能力。系统中存在着多个并行控制回路，构成各种基本行为。传感器数据根据需求以一种并行方式给出。各种行为通过协调配合后作用于驱动装置，产生有目的动作。基于行为的反应式体系结构中许多行为仅设计成一个简单的特殊任务，占用的内存不大，故可以产生快速的响应，实时性强；整个系统可以方便、灵活地实现从低层次的局部定位到高层次的障碍规避，再到漫游等，逐步提高和扩展；系统的鲁棒性和灵活性也得到很大提高。每一层负责系统所需执行的一个行为，而每个行为包含一个从感知到动作的完整路径，且执行方式可以并行，即使某一层模块出现故障，其他层次仍然能够产生有意义的动作。

基于行为的反应式体系结构需要克服的最大难点是，需要设计一个协调机制来解决各个控制回路对同一执行器争夺控制的冲突，更重要的是各种行为需要相互协调，以获得有意义的结果。不仅如此，随着任务复杂程度以及各种行为之间的交互作用的增加，预测一个体系整体行为的难度将会增大，这也是这种体系结构的主要缺点。

分层递阶式体系结构的系统缺乏实时性和灵活性，且可靠性不高；以"感知-动作"结构为代表的基于行为的反应式体系结构的系统虽然实时性和可靠性得到提高，但是缺乏较高等级的智能化。两种结构都存在各自的问题，因此越来越多的业内人士开始研究混合体系结构，将分层递阶式体系结构和反应式体系结构的优点有效地结合在一起。

第二节 智能车辆体系结构实例

一、卡耐基梅隆大学"BOSS"智能车辆体系结构

卡耐基梅隆大学的机器人研究所研发了 NavLab 系列智能车辆，早在 1995 年 6 月进行了穿越美国的实验，行程 4587km，其中自主驾驶部分占 98.2%，最长自主驾驶距离为 111km，全程平均速度为每小时 102.72km。卡耐基梅隆大学开发的"BOSS"智能车辆在 2007 年美国举行的智能车辆挑战赛中获得了冠军，如图 2-3 所示。

图 2-3 卡耐基梅隆大学研发的"BOSS"智能车辆

该系统结构基于自动驾驶的任务被划分成五大模块。

任务规划模块：任务规划模块的主要功能是根据路网文件（RNDF）所提供的知识信息来估算无人驾驶车所承担的时间成本和风险成本，并且计算出车辆要达到的下一个检测点。这些信息还会包含车辆所选择行驶路径的交通拥堵状况、限速情况等。

行为决策模块：行为决策模块是通过状态机的方法实现的。它首先将无人驾驶车自主驾驶任务分解成一系列的自主驾驶行为（如车辆跟随行驶、换道行驶、路口行驶、自主停车等），然后根据车辆当前的行驶状态通过状态机来触发不同的驾驶行为。

动作执行模块：动作执行模块即车体运行的控制，车辆驾驶行为的实现最终表现为车体运行的控制，主要包括车辆运行姿态的调整与控制、遇到障碍物的处理行为等。

环境感知与空间建模模块：该模块通过对多种传感器（GPS、雷达、相机等）的信息的融合处理，对车辆行驶的道路环境进行三维重构，为其他模块的运行提供丰富的信息参考。

机械电子模块：机械电子模块是无人驾驶车的硬件组成，机械设计和电子设计是实现无人驾驶的基础。无人驾驶车所有硬件部分（中央处理器、各种传感器、执行机构等）的连接是通过电路设计实现的，而无人驾驶车的每一个驾驶动作也离不开机械的设计。

二、斯坦福大学智能车辆体系结构

世界上第一辆智能车辆还要追溯到斯坦福大学在 20 世纪 60～70 年代研制的机器车，1979 年 Hans Moravec 机器车实现了移动性的标志性成就："机器车花费了 5h，在无人为干预的情况下成功穿过了一间充满椅子的房间"；2005 年斯坦福大学研制的 "Stanley" 智能车辆在美国智能车辆挑战赛中取得了第一名；2007 年斯坦福大学研制的 "Junior" 智能车辆在城市挑战赛中以优秀的表现摘取了第二名，如图 2-4 所示。

图 2-4　斯坦福大学研制的 "Junior" 智能车辆

"Junior" 智能车辆系统由大约 30 个并行执行的模块构成。系统分为六层，分别为传感器接口层、环境感知层、决策控制层、车辆接口层、用户界面层与全球服务层，如图 2-5 所示。

传感器接口层：传感器接口层包含了一系列传感器信息接收模块，不同种类传感器接收频率有所不同。比如所有雷达数据的接收频率为 75Hz，摄像头数据的接收频率约为 12Hz，GPS 与罗盘的接收频率为 10Hz，而 CAN 总线频率为 100Hz。这一层还包含一个软件模块，这个模块与标记所有传感器数据的接收和时间有关。这一层还包含一个具有道路坐标信息的数据库服务器（RDDF 文件）。

环境感知层：环境感知层将传感器数据映射到内部模型上。这一层的基本模型是基于无迹卡尔曼滤波的车辆状态检测器，它可以计算出车辆的坐标、方向和速度。基于激光、相机和雷达系统的三种不同的映射模块建立出二维环境地图，寻路模块用激光源地图检测道路的边界，使车辆可以通过横向控制保持在道路中央。最后，路面评估模块通过提取当前路面的相关参数以确定车辆行驶的安全速度。

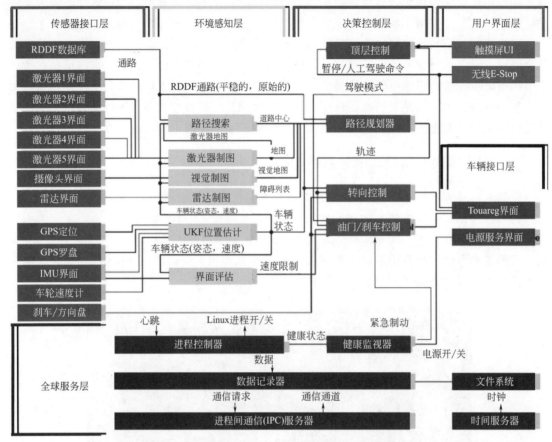

图 2-5 斯坦福大学 Junior 智能车辆体系结构

决策控制层：决策控制层负责调节车辆的转向、油门和刹车。路径规划模块是一个重要模块，它可以确定车辆的行驶轨迹，这个轨迹传递给两个闭环轨迹跟踪控制器：一个用于转向控制；另一个用于制动和油门控制。这两个控制器都将控制命令发送到执行机构用于驾驶动作的执行。控制层有一个高级控制模块，作为一个简单的有限状态控制机，这一层根据接收到的用户指令决定车辆行驶的基本模式，指令来自车载触摸屏或者紧急停车遥控装置。

车辆接口层：车辆接口层作为无人驾驶车的线控系统的接口，它包括通向车辆制动、油门和转向轮的所有接口，还包括车辆许多系统的电源接口。

用户界面层：用户界面层包括远程紧急停车和远程启动的触摸屏模块。

全球服务层：全球服务层提供所有软件模块的基本服务。通信服务通过卡耐基梅隆大学的进程间通信工具包（Simmons & Apfelbaum，1998 年）提供。参数服务器维持一个包含所有车辆参数的数据库并以标准的协议更新所属车辆。各个系统组件的动力由动力服务器进行调节。系统异常检测模块监控所有系统组件的运行状况并在必要时重新启动个别子系统。时钟的同步通过时间服务器实现。数据日志服务器时时记录传感、控制和诊断数据以便回顾与分析。

三、清华大学智能车辆体系结构

清华大学智能技术与系统国家重点实验室智能车辆课题组在智能车辆系统结构上采取了

一种模块化的设计思想，其功能及布置如图 2-6 所示。

图 2-6　清华大学智能车辆系统结构的功能及布置

四、陆军军事交通学院智能车辆体系结构

陆军军事交通学院的 JJUV-Ⅲ智能车辆系统的设计与开发，旨在研究基于视觉和听觉信息的多车交互协同驾驶关键技术。JJUV-Ⅲ智能车辆系统感知决策与控制系统框图设计如图 2-7

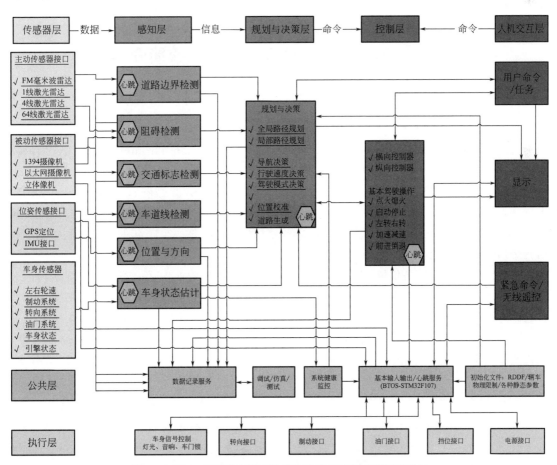

图 2-7　JJUV-Ⅲ智能车辆系统感知决策与控制系统框图设计

所示，包括传感器层、感知层、规划与决策层、控制层、人机交互层、公共层、执行层。

传感器层：由雷达传感器、视觉传感器、GPS、车身传感器等组成，主要完成采集传感器数据任务。其中为实现传感器即插即用，需要规范各类传感器的标准数据格式，即将传感器特有的数据格式转换为智能车辆能处理的标准格式。这一层将采集到的传感器数据送入感知模块处理。

感知层：主要完成分析传感器数据，实现道路边界检测、障碍检测、交通标识检测、车身状态估计等，为无人驾驶车规划决策做准备。

规划与决策层：主要完成路径规划和导航。通过分析从感知模块得到的环境数据和自身数据，决策出无人驾驶车自主驾驶模式。在精细电子地图上确定车辆位置，并根据目标点坐标生成行驶轨迹。但人为干预和障碍物情况会影响轨迹的生成。

控制层：依据轨迹数据和当前车辆状态，控制车辆按轨迹行驶。同时，接收人为干预指令，进行加、减速和转向操作。该层直接将控制指令输出至车辆的油门、制动和转向控制器。

人机交互层：接收驾驶者的触摸指令和紧急制动指令，输出至控制层。同时，也可以通过声音和图像反馈环境及车辆自身信息，供驾驶者参考。

公共层：为以上各层服务，包括数据通信、数据记录、地图文件读写等。

执行层：直接连接车辆的电控模块，接收控制指令，完成驾驶动作，如加减油门、电动转向操作、电源控制等。

第三节　主要厂商智能车辆系统简介

一、谷歌智能车辆系统

谷歌无人驾驶车项目是由 Sebastian Thrun 主导，Sebastian Thrun 是斯坦福 AI 实验室的主任，是谷歌街景的合作发明人，他的团队设计了 Stanley 无人驾驶车（2005 年参加 DARPA 挑战赛）和 Junior 无人驾驶车（2007 年参加 DARPA 挑战赛）。2011 年 6 月 29 日，内华达州第一个通过了法律允许谷歌无人驾驶车试验，2012 年 5 月颁发了许可证；2012 年 4 月，佛罗里达州第二个通过了法律允许谷歌无人驾驶车试验；2012 年 9 月，加利福尼亚州第三个通过了法律允许谷歌无人驾驶车试验。

谷歌无人驾驶车设备价值 15 万美元，其主要传感器如图 2-8 所示，前挡风玻璃内侧装有视觉传感器，车轮上装有微型位置传感器，车辆前方装有三个测距雷达，后方装一个测距雷达，车顶装一个激光雷达。其中激光雷达价值 7 万美元，使用的是 Velodyne 的 64 线激光雷达。谷歌无人驾驶车项目已经装备了至少 10 辆，包括 6 辆丰田普锐斯、1 辆奥迪 TT 和 3 辆雷克萨斯 RX450h。

二、奔驰智能车辆系统

2013 年法兰克福车展上，梅赛德斯-奔驰推出研发的智能驾驶（Intelligent Drive）试验车 S500，2020 年后对外发售。2013 年 8 月，这辆奔驰 S500 成功地实现了从曼海姆开到普福尔次海姆的"自主驾驶"，共计 125km。

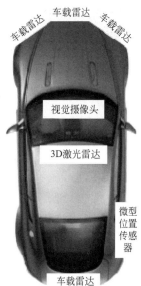

图 2-8　谷歌无人驾驶车主要传感器

与谷歌等公司正在研究的自动驾驶车辆使用的那些昂贵的特制设备不同，奔驰的 S500 试验车上使用的传感器多是现已应用在 S 级量产车上的产品。S500 试验车上不仅装了立体相机，还装了多达 10 个雷达或摄像头，如图 2-9 所示。

立体相机（奔驰研发）安装在后视镜前方的挡风玻璃处，相机之间具有较大的间距，用于监视前方道路交通环境。

视觉和雷达传感器主要包括：

① 一个长距雷达（应该是大陆的 ARS30X 系列），安装在车辆正前方，用于识别正前方的车辆；

② 一个长距雷达（应该是大陆的 ARS30X 系列），安装在车辆正后方，用于监视后方的交通；

③ 两个长距雷达（应该是大陆的 ARS30X 系列），安装在车辆侧前方，用于提前识别左侧和右侧的车辆；

④ 四个短距雷达安装在车辆四个角上（应该是大陆的 SRR20X 系列），以更清晰地检测近处的障碍物；

⑤ 一个彩色相机，安装在前挡风玻璃后，90°的视角，用于检测交通信号灯；

⑥ 一个彩色相机，安装在车辆正后方，用于分析车辆行驶过的交通环境。

三、通用智能车辆系统

通用公司开发的智能车辆 Super Cruise 强调的是安全而不是制造发明一个"私人司机"，将协助驾驶员进行车辆的某些行驶功能的控制，以提高车辆的行驶安全性。

Super Cruise 智能车辆中包含了摄像头、雷达、GPS 导航。2016 年已可以通过自动控制油门和制动保持与前车的距离。此外，还结合摄像头、雷达、GPS 数据使车辆保持在车道的中央，同时还可以适应驾驶者的驾驶特性。它通过安装短波、中波、长波雷达来检测周围活动、静止的物体，如图 2-10 所示。当遇到恶劣天气时，Super Cruise 智能车辆无法完全发挥功能，此时安装在中央座椅上的传感器发生振动，提醒驾驶者重新掌握方向盘。

(a) 奔驰智能车辆

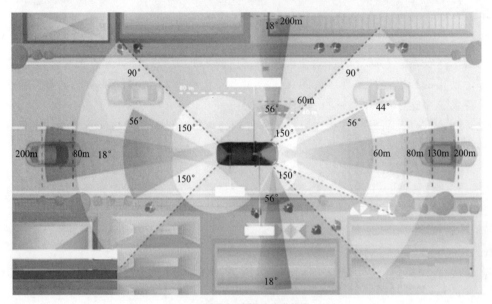

(b) 雷达及摄像头安装位置

图 2-9　奔驰智能车辆

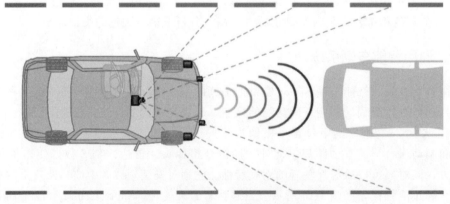

图 2-10　Super Cruise 智能车辆的雷达

四、博世智能车辆系统

虽然谷歌有完整的街景地图、人工智能等技术,但在安全辅助驾驶系统和车联网技术方面博世公司更具优势,且更善于优化成本,注重简单化和低成本。

2013 年 6 月,博世公司在德国进行了博世智能车辆的路试工作。博世公司正在集中各个部门的优势开发自动驾驶车辆,试验车如图 2-11 所示。

图 2-11　博世公司自动驾驶试验车

该公司主要完善驾驶者辅助系统和传感器技术,同时进行车联网技术的实现。

在环境感知系统中,雷达传感器是核心部件之一。博世公司目前可能采用的两种雷达如下。

一种为中距离雷达(MRR),可以探测 160m 的距离,最高巡航速度为 150km/h。相对于长距雷达(LRR)来说,价格合适且可升级。MRR 能够形成基本的安全范围,比较适合作为智能车辆的全景传感器,其频率为 76~77GHz 且视角可达到 45°。

另一种为长距离雷达(LRR),可以探测 250m 的距离,可支持最高巡航速度为 200km/h(两个 LRR 的价格在万元左右)。主要测量速度和位置,其频率范围为 76~77GHz,能够达到 30°的视角。同时,博世还用了两个 CMOS(互补性金属氧化物半导体)立体摄像头,彩色成像仪具有高像素的分辨率,探测 45°水平视线范围,提供超过 50m 的 3D 测量范围,对光高度敏感,覆盖人类可见光的波长范围。

五、日产智能车辆系统

2013年8月27日,日产宣布在2020年后推出无人驾驶车辆并表示日产无人驾驶车辆价格会比较合理,预计一辆豪华轿车升级为无人驾驶豪华轿车只需1000美元。

日产Autonomous Drive车并不像谷歌无人驾驶车将很多传感器装在车顶上,而是将传感器集成在车身当中。而且谷歌主要依赖预先汇编好的3D地图,使用传感器来处理和应对突发情况。而日产则主要依赖传感器来应对相关情况。

日产电动无人驾驶车聆风(Leaf)依靠GPS、摄像头、雷达传感器、声波定位器、激光传感器等进行环境感知和监测,如图2-12所示。其车顶棚上面装有求救按钮,当按这个按钮时,无人驾驶车会选择一个安全的地点停下,打开危险报警灯并直接联系警察或者日产客户服务中心。但这辆装载无人驾驶技术的车辆偶尔需要驾驶者发出指令,比如超车、加速等。

图2-12 日产电动无人驾驶车聆风(Leaf)

日产无人驾驶车的周围有6束激光,这些激光会从左右、上下、前后进行三维扫描,对急速行驶的物体进行检测并建立3D图像,提供车辆分析数据。该车还使用3个雷达,1个在前面、2个在后面。周身还有5个摄像头,可进行交通信号灯的检测和识别,如图2-13所示。

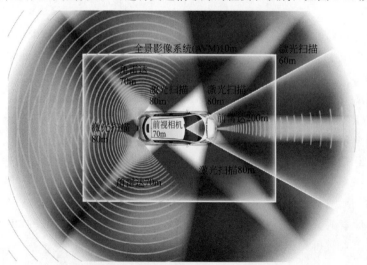

(a) 传感器感知范围示意

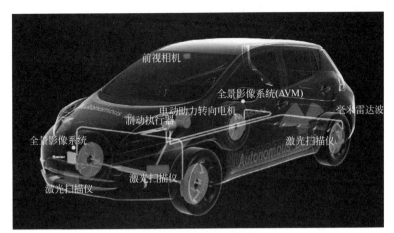

(b) 传感器与执行机构布置示意

图 2-13　日产无人驾驶车

第三章

智能车辆基础平台

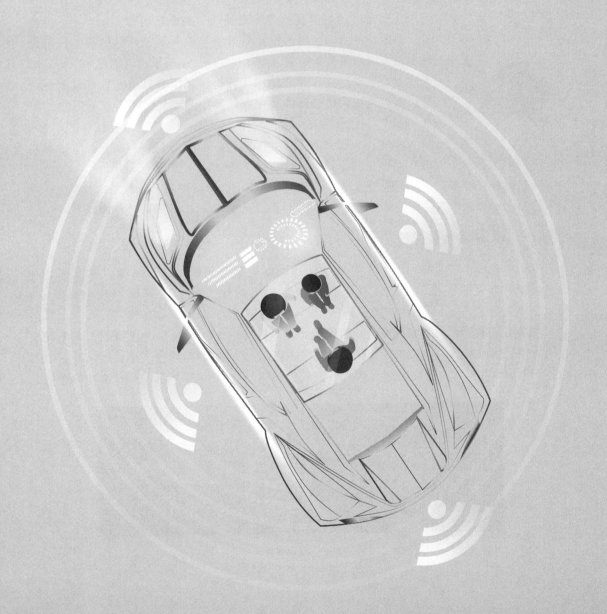

车辆平台是智能车辆必须具备的硬件基础，总体来讲包括机械平台和电子电气平台两方面，两方面紧密结合，密不可分。具体包括转向系统、制动系统、发动机控制系统、换挡控制系统、信号控制系统、中央处理系统、电源系统、全车网络与布线等内容。

这些内容构成了智能车辆能够实现自主控制的基础，其性能的优劣、可靠性的高低直接决定了智能车辆的功能实现和性能情况。目前，国内外的智能车辆大都在现有成熟车型的基础上进行改装或整合，这样做可以使智能车辆的研制建立在成熟车辆的动力性、制动性和操纵稳定性等各项性能之上，无须考虑和研究车辆本身的性能，从而减小研究的难度及工作量。

第一节　智能车辆先进感知设备

一、视觉传感器

广义的视觉传感器主要由光源、镜头、图像传感器、模数转换器、图像处理器、图像存储器等组成，其主要功能是获取足够的机器视觉系统要处理的最原始图像。把光源、摄像机、图像处理器、标准的控制与通信接口等集成一体的视觉传感器常称为智能图像采集与处理单元，如图 3-1 所示。内部程序存储器可存储图像处理算法，并能使用计算机，利用专用组态软件编制各种算法下载到视觉传感器的程序存储器中，视觉传感器将计算机的灵活性、PLC（Programmable Logic Controller，可编程逻辑控制器）的可靠性、分布式网络技术结合在一起，用这样的视觉传感器和 PLC 可以更容易地构成机器视觉系统。

图 3-1　智能图像采集与处理单元

狭义的视觉传感器是指图像传感器，它的作用是将镜头所获得的图像转变为数字或模拟信号输出，是视觉检测的核心部件，主要有 CCD 图像传感器和 CMOS 图像传感器。

（一）CCD 图像传感器

CCD（Charge-Coupled Device）的中文全称为电荷耦合元件。CCD 图像传感器主要由一个类似马赛克的网格、聚光镜片以及垫于最底下的电子线路矩阵所组成，如图 3-2 所示。

CCD 是一种特殊的半导体器件，能够把光学影像转化为数字信号。CCD 上植入的微小光敏物质称作像素。一块 CCD 上包含的像素数越多，它提供的画面分辨率也就越高。CCD 的作用就像胶片一样，但它是把光信号转换成电荷信号。CCD 上有许多排列整齐的光电二

图 3-2　CCD 图像传感器

极管，能感应光线，并将光信号转变成电信号，经外部采样放大及模数转换电路转换成数字图像信号。

由于CCD的体积小、成本低，所以广泛应用于扫描仪、数码相机及数码摄像机中。目前大多数数码相机采用的视觉传感器是CCD。

（二）CMOS图像传感器

CMOS（Complementary Metal-Oxide Semiconductor）的中文全称为互补性金属氧化物半导体。CMOS图像传感器是利用CMOS的特殊工艺制造的图像传感器，其原理与CCD相同，主要是利用了半导体的光电效应原理，如图3-3所示。

图3-3　CMOS图像传感器

CMOS图像传感器与CCD图像传感器一样，可用于自动控制、自动测量、摄影摄像、视觉识别等各个领域。

（三）图像传感器主要参数

CCD图像传感器和CMOS图像传感器的主要参数有像素、帧率、靶面尺寸、感光度、信噪比和电子快门等。

1．像素

图像传感器上有许多感光单元，它们可以将光线转换成电荷，从而形成对应于景物的电子图像。而在传感器中，每一个感光单元都对应着一个像素。所以，像素越多，代表着它能够感测到的物体细节越多，从而图像就越清晰。

2．帧率

帧率代表单位时间所记录或者播放的图片的数量。连续播放一系列图片就会产生动画效果，根据人的视觉系统，当图片的播放速度大于15幅/s的时候，人眼就基本看不出来图片的跳跃；在达到24～30幅/s之间时就已经基本觉察不到闪烁现象。每秒的帧数或者说帧率表示图形处理器在处理场每秒钟能够更新的次数。高的帧率可以得到更流畅、更逼真的视觉体验。

3. 靶面尺寸

靶面尺寸也就是图像传感器感光部分的大小。一般用英寸（1in＝0.0254m，下同）来表示，通常这个数据指的是这个图像传感器的对角线长度，如常见的有 1/3in。靶面尺寸越大，意味着通光量越好，而靶面尺寸越小则比较容易获得更大的景深。比如 1/2in 可以有比较大的通光量，而 1/4in 可以比较容易获得较大的景深。

4. 感光度

感光度代表通过 CCD 或 CMOS 以及相关的电子线路感应入射光线的强弱。感光度越高，感光面对光的敏感度就越强，快门速度就越快，这在拍摄运动车辆、夜间监控的时候尤其显得重要。

5. 信噪比

信噪比指的是信号电压对于噪声电压的比值，单位为 dB。一般摄像机给出的信噪比值均是 AGC（自动增益控制）关闭时的值，因为当 AGC 接通时，会对小信号进行提升，使得噪声电平也相应提高。信噪比的典型值为 45～55dB，若为 50dB，则图像有少量噪声，但图像质量良好；若为 60dB，则图像质量优良，不出现噪声，信噪比越大说明对噪声的控制越好。

6. 电子快门

电子快门用来控制图像传感器的感光时间，由于图像传感器的感光值就是信号电荷的积累，感光时间越长，信号电荷积累时间也越长，输出信号电流的幅值也越大。电子快门越快，感光度越低，因此适合在强光下拍摄。

（四）CCD 图像传感器和 CMOS 图像传感器的差异

1. 制造上的差异

CCD 和 CMOS 同为半导体，但 CCD 是集成在半导体单晶材料上；CMOS 是集成在金属氧化物的半导体材料上。

2. 工作原理的差异

主要区别是读取视觉数据的方法，CCD 从阵列的一个角落开始读取数据；CMOS 对每一个像素采用有源像素传感器及晶体管，以实现视觉数据读取。

3. 视觉扫描方法的差异

CCD 传感器连续扫描，在最后一个数据扫描完成之后才能将信号放大；CMOS 传感器的每个像素都有一个将电荷转化为电子信号的放大器。

4. 感光度的差异

由于 CMOS 的每个像素都包含了放大器与 A/D 转换电路，过多的额外设备压缩单一像素的感光区域的表面积，因此在相同像素下，同样大小的感光器尺寸，CMOS 的感光度会低于 CCD。

5. 分辨率的差异

CMOS 每个像素的结构都比 CCD 复杂，其感光开口不及 CCD 大，比较相同尺寸的 CCD 与 CMOS 感光器时，CCD 感光器的分辨率通常会优于 CMOS。

6. 噪声的差异

CMOS 的每个感光二极管旁都搭配一个 ADC 放大器，如果以百万像素计，那么就需要百万个以上的 ADC 放大器，虽然是统一制造的产品，但是每个放大器或多或少都有微小差异存在，很难达到放大同步的效果，对比单个放大器的 CCD，CMOS 最终计算出的噪声就比较大。

7. 成本的差异

CMOS 应用于半导体工业中常用的 MOS 制作过程，可以一次将全部周边设施整合于单芯片中，节省加工芯片所需负担的成本和良率的损失；相对地，CCD 采用电荷传递的方式输出信息，必须另辟传输信道，如果信道中有一个像素故障，就会导致一整排的信号壅塞，无法传递，因此 CCD 的良率比 CMOS 低，加上另辟传输通道和外加 ADC 等，CCD 的制造成本相对高于 CMOS。

8. 耗电量的差异

CMOS 的影像电荷驱动方式为主动式，感光二极管所产生的电荷会直接由旁边的晶体管做放大输出；但 CCD 却为被动式，必须外加电压让每个像素中的电荷移动至传输通道，而这外加电压通常需要 12V 以上。此外，CCD 还必须要有更精密的电源线路设计和耐压强度，高驱动电压使 CCD 的电量远高于 CMOS。

CCD 图像传感器和 CMOS 图像传感器的比较见表 3-1。

表 3-1　CCD 图像传感器和 CMOS 图像传感器的比较

项目	CCD 图像传感器	CMOS 图像传感器
设计	单一感光器	感光器连接放大器
灵敏度	同样面积下灵敏度高	感光开口小、灵敏度低
解析度	连接复杂度低、解析度高	解析度低
噪声比	单一放大、噪声低	百万放大、噪声高
功耗比	需外加电压、功耗高	直接放大、功耗低
成本	线路品质影响程度高、成本高	整合集成、成本低

CCD 摄像机和 CMOS 摄像机在使用过程中还涉及诸多工作参数。就当前技术现状，CCD 摄像机的灵敏度和解析度均比 CMOS 高，为了能够确保视觉识别的精度和准确度，一般选用 CCD 摄像机作为图像传感器。

视觉传感器在智能车辆上的应用是以摄像头的方式出现的，主要用于自适应巡航控制系统、车道偏离预警系统、车道保持辅助系统、车辆并线辅助系统、自动制动辅助系统中的道路检测和障碍物检测等。

二、激光雷达

激光雷达是以发射激光束来探测目标位置的雷达系统。其功能是搜索和发现目标；测量其距离、速度、角位置等运动参数；测量目标反射率、散射截面和形状等特征参数。

激光雷达根据扫描机构的不同，有二维和三维两种。它们大部分都是靠旋转的反射镜将激光发射出去并通过测量发射光和从障碍物表面反射光之间的时间差来测距。三维激光雷达的反射镜还附加一定范围内俯仰角，以达到面扫描的效果。

二维激光雷达和三维激光雷达在先进驾驶辅助系统上得到了广泛应用。与三维激光雷达相比，二维激光雷达只在一个平面上扫描，结构简单，测距速度快，系统稳定可靠。但二维激光雷达用于地形复杂、路面高低不平的环境时，由于它只能在一个平面上进行单线扫描，故不可避免会出现数据失真和虚报的现象。同时，由于数据量有限，用单个二维激光雷达也无法完成越野环境下的地形重构，而三维激光雷达能够弥补二维激光雷达的不足。

（一）激光雷达的特点

激光雷达以激光作为载波，激光是光波波段电磁辐射，波长比微波和毫米波短得多。激光雷达具有以下特点：

① 全天候工作，不受白天和黑夜的光照条件的限制；

② 激光束发散角小，能量集中，有更好的分辨率和灵敏度，探测精度高；

③ 可以获得幅度、频率和相位等信息，且多普勒频移大，可以探测从低速到高速的目标；

④ 抗干扰能力强，隐蔽性好，激光不受无线电波干扰，能穿透等离子鞘套，低仰角工作时，对地面的多路径效应不敏感；

⑤ 激光雷达的波长短，可以在分子量级上对目标探测且探测系统的结构尺寸可做得很小；

⑥ 激光雷达具有三维建模功能，能够检测周围360°所有物体。

（二）激光雷达的组成

激光雷达由激光发射系统、光电接收系统、信号采集处理系统、控制系统等组成，其工作原理如图3-4所示。

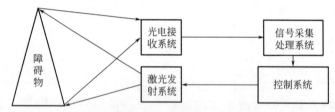

图3-4 激光雷达系统的工作原理

激光发射系统主要负责向障碍物发出激光信息；光电接收系统主要负责接收经障碍物反射回来的激光信息；信号采集处理系统主要负责将接收回来的信号进行处理，使它能够符合下一级系统的要求，是激光雷达系统关键的环节之一，直接影响激光雷达系统的测量精度；控制系统的主要作用是提供信号并且对接收回来的信号进行数据处理。

激光雷达测距的基本原理是通过测算激光发射信号与激光回波信号的往返时间，从而计算出目标的距离。首先，激光雷达发出激光束，激光束碰到障碍物后被反射回来，然后被激光接收系统进行接收和处理，从而得知激光从发射至被反射回来并接收之间的时间差，即激光的飞行时间，根据飞行时间，可以计算出障碍物的距离。

根据所发射激光信号的不同形式，激光测距方式可分为脉冲激光测距和连续波相位激光测距两大类。目前，主要用到的测距方法有脉冲测距法、干涉测距法和相位测距法等。

1. 脉冲测距法

用脉冲测距法时，首先激光器发出一个光脉冲，同时设定的计数器开始计数，当接收系统接收到经过障碍物反射回来的光脉冲时停止计数。计数器所记录的时间就是光脉冲从发射到接收所用的时间。光速是一个固定值，所以只要得到发射到接收所用的时间就可以算出所要测量的距离，如图3-5所示。

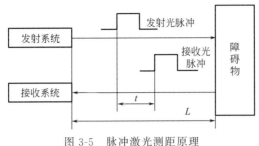

图 3-5 脉冲激光测距原理

设 c 为光在空气中传播的速度，$c=3\times10^8$ m/s，光脉冲从发射到接收的时间为 t，则待测距离为 $L=ct/2$。

脉冲激光测距所测得距离比较远，发射功率较高，一般从几瓦到几十瓦，最大射程可达几十千米。脉冲激光测距的关键之一是对激光飞行时间的精确测量。脉冲激光测距的精度和分辨率与发射信号带宽或处理后的脉冲宽度有关，脉冲越窄，性能越好。

2. 干涉测距法

干涉测距法的基本原理是利用光波的干涉特性实现距离的测量。根据干涉原理，产生干涉现象的条件是两列有相同频率、相同振动方向的光相互叠加，并且这两列光的相位差固定。

干涉测距法原理如图 3-6 所示，激光器发射出一束激光，通过分光镜分为两束相干光波，两束光波各自经过反射镜 M_1 和 M_2 反射回来，在分光镜处又汇合到一起。由于两束光波的路程差不同，通过干涉后形成的明暗条纹也不同，所以传感器将干涉条纹转换为电信号之后，就可以实现测距功能。

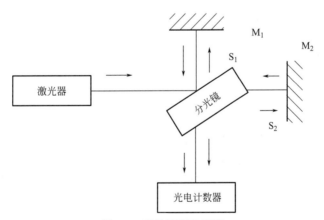

图 3-6 干涉测距法原理

干涉法测距技术虽然已经很成熟，并且测量精度也很好，但因为它一般是用于测量距离的变化，不能直接用于测量距离，所以干涉测距一般应用于干涉仪、测振仪、陀螺仪中。

3. 相位测距法

相位测距法的原理是利用发射波和返回波之间所形成的相位差来测量距离的。首先，经过调制的频率通过发射系统发出一个正弦波的光束，然后，通过接收系统接收经过障碍物之后反射回来的激光。只要求出这两束光波之间的相位差，便可通过此相位差计算出待测距离。相位法激光测距原理如图 3-7 所示。

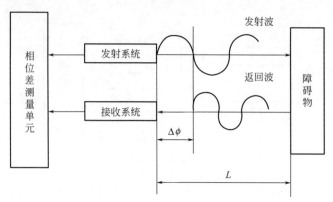

图 3-7 相位法激光测距原理

激光从发射到接收的时间为

$$t = \frac{\Delta\phi}{\omega} = \frac{\Delta\phi}{2\pi f} \tag{3-1}$$

式中 t——激光从发射到接收的时间;
$\Delta\phi$——发射波和返回波之间的相位差;
ω——正弦波角频率;
f——正弦波频率。

待测距离为

$$L = \frac{1}{2}ct = \frac{c\Delta\phi}{4\pi f} \tag{3-2}$$

相位测距法具有精度高、体积小、结构简单、昼夜可用的优点,被公认为是非常有发展潜力的距离测量技术。相比于其他类型的测距方法,相位测距法朝着小型化、高稳定性、方便与其他仪器集成的方向发展。

(三) 激光雷达的主要型号

目前,车辆上应用的激光雷达主要型号见表 3-2。其中 IBEO LUX(4 线)激光雷达是德国 IBEO 公司借助高分辨率激光测量技术,推出的第一款多功能车辆智能传感器。它拥有 110°的宽视角,0.3~200m 的探测距离,绝对安全的一等级激光。

表 3-2 激光雷达主要型号

公司/型号	主要参数			
HDL-64E-Velodyne(64 线)	扫描距离/m	120	分辨率/cm	<2
	水平扫描角度/(°)	360	分辨率/(°)	0.09
	垂直扫描角度/(°)	−24.8~2	分辨率/(°)	0.4
HDL-64E-Velodyne(32 线)	扫描距离/m	70	分辨率/cm	<2
	水平扫描角度/(°)	360	分辨率/(°)	0.16
	垂直扫描角度/(°)	−30.67~10.67	分辨率/(°)	1.33
IBEO LUX(8 线)	扫描距离/m	200	分辨率/cm	10
	水平扫描角度/(°)	110	分辨率/(°)	0.125
	垂直扫描角度/(°)	6.4	分辨率/(°)	0.8

续表

公司/型号	主要参数			
IBEO LUX（4线）	扫描距离/m	200	分辨率/cm	4
	水平扫描角度/(°)	110	分辨率/(°)	0.125
	垂直扫描角度/(°)	3.2	分辨率/(°)	0.8
SICK LMS511（单线）	扫描距离/m	26～80	分辨率/cm	1
	水平扫描角度/(°)	190	分辨率/(°)	0.25
	垂直扫描角度/(°)	—	分辨率/(°)	—

在有限的空间内，集七种功能和低成本于一体，能轻松应对路面上的多种危险交通路况，轻易集成到任何车体并观察到任何角度。因此，LUX（4线）激光雷达不仅保证了使用的便利性，而且提高了安全性。

LUX（4线）激光雷达不仅输出原始扫描数据，同时输出每个测量对象的数据，如位置、尺寸、纵向速度、横向速度等，拥有远距离、智能分辨率、全天候等能力，结合110°的宽视角，在以下7个方面拥有出色的性能。

1. 行人保护

当一个人出现在车辆行驶的前方路面上时，需要车辆提供保护的场合。LUX（4线）激光雷达能检测0.3～30m视场范围内所有行人。通过分析对象的外形、速度和腿部移动来区分行人与普通物体，传感器在启动安全保护措施（如安全气囊）前300ms时发出警告，这样便可在发生碰撞之前保护行人。

2. 自适应巡航控制系统的启和停

基于LUX（4线）激光雷达的自适应巡航控制系统可在0～200km/h的速度范围内实现自动行驶，可在没有驾驶者帮助的情况下自动调整车速，如有必要，制动停止行驶。宽视场范围使得它能及时地检测到并线的车辆，并且快速判断它的横向速度。

3. 车道偏离预警

LUX（4线）激光雷达可以检测车辆行驶前方的车道线标识和潜在的障碍，同时也可以计算车辆在道路中的位置。如果车辆可能会偏离航线，系统会立即发出预警。

4. 自动紧急制动

LUX（4线）激光雷达实时检测车辆行驶前方的所有静止的和移动的物体，并且判断它们的外形，当要发生危险时，自动紧急制动。

5. 预碰撞处理

通过分析所有的环境扫描数据，不管即将发生何种碰撞（如擦碰等），预碰撞功能都会在碰撞发生前100ms发出警告。LUX（4线）激光雷达能计算出碰撞的初始接触点并且采取措施以减小碰撞，提前启动安全系统。

6. 交通拥堵辅助

针对城市拥堵路况，LUX（4线）激光雷达能够在上下班路上消除频繁启停而带来的烦恼，驾驶者只需掌握好车辆方向盘即可，该功能在速度小于30km/h的路况下显得尤为重要。缓和的加/减速度和可靠行人保护功能，使车辆驾驶既安全又省心。

7. 低速防碰撞功能

行驶途中，哪怕是瞬间的分神也有可能导致事故的发生，引入低速防碰撞功能，使得以前在30km/h的速度下时常发生的类似事故不再发生，LUX（4线）激光雷达检测并分析前方的路况，车辆会在发生碰撞前自动停驶。

三、毫米波雷达

毫米波雷达是指工作频率介于微波和可见光之间，选在30～300GHz频域（波长为1～10mm，即1mm波段）的雷达。

（一）毫米波雷达的特点

1. 优异的探测性能

毫米波波长较短，并且车辆在行驶中的前方目标一般都是由金属构成，这会形成很强的电磁反射，其探测不受颜色与温度的影响。

2. 快速的响应速度

毫米波的传播速度与光速一样，并且其调制简单，配合高速信号处理系统，可以快速地测量出目标的角度、距离、速度等信息。

3. 对环境适应性强

毫米波具有很强的穿透能力，在雨、雪、雾等恶劣天气依然可以正常工作。

4. 抗干扰能力强

毫米波雷达一般工作在高频段，而周围的噪声和干扰处于中低频区，基本上不会影响毫米波雷达的正常工作。因此，毫米波雷达具有抗低频干扰特性。

毫米波雷达最主要的缺点是毫米波在空气中传播时会受到空气中的氧分子和水蒸气的影响，这些气体的谐振会对毫米波频率产生选择性吸收和散射，大气传播衰减严重。因此，实际应用中，应找到毫米波在大气中传播时，由气体分子谐振吸收所致衰减为极小值的频率，尽可能地避开此频率。

（二）毫米波雷达的测量原理

车载毫米波雷达根据测量原理的不同，一般分为脉冲方式和调频连续波方式两种。

毫米波雷达脉冲测距的原理是通过判断发射脉冲信号与目标反射波之间的时间差，结合从发射脉冲到接收脉冲之间的时间差来计算雷达与探测物体之间的距离。毫米波雷达采用波长更长的毫米波波段，进而提高穿透空气中微小干扰物体的能力。脉冲方式测量原理简单，但由于受技术、元器件等方面的影响，实际应用中很难实现。

目前，大多数车载毫米波雷达采用调频连续波方式，其测量原理如图3-8所示。

采用调频连续波方式的毫米波雷达结构简单，体积小，可以同时得到目标的相对距离和相对速度。它的基本原理是当发射的连续调频信号遇到前方目标时，会产生与发射信号有一定延时的回波，再通过雷达的混频器进行混频处理，而混频后的结果与目标的相对距离和相对速度有关。

毫米波雷达测距和测速的计算公式为

$$s=\frac{c\Delta t}{2}=\frac{cTf}{4\Delta f} \tag{3-3}$$

$$u=\frac{cf_d}{2f_0} \tag{3-4}$$

式中　s——相对距离；
　　　c——光速；
　　　T——信号发射周期；
　　　f——发射信号与反射信号的频率差；
　　　Δf——调频带宽；
　　　f_d——多普勒频率；
　　　f_0——发射信号的中心频率；
　　　u——相对速度。

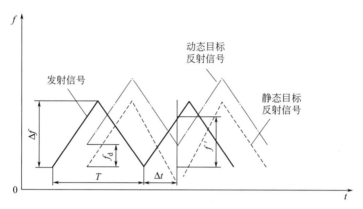

图 3-8　调频连续毫米波雷达测量原理

f' 表示时间增加 Δt，发射信号频率差的变化量

（三）毫米波雷达的主要型号

目前，车辆上应用的毫米波雷达主要型号及参数见表 3-3。

表 3-3　毫米波雷达主要型号及参数

公司/型号	主要参数				
Continental ASR308	远距离	探测距离/m	200	分辨率/m	2
		视角/(°)	56	分辨率/(°)	1
	中距离	探测距离/m	60	分辨率/m	0.25
		视角/(°)	17	分辨率/(°)	0.1
Delphi ESR	远距离	探测距离/m	175	分辨率/m	0.5
		视角/(°)	±10	分辨率/(°)	±0.5
	中距离	探测距离/m	60	分辨率/m	0.25
		视角/(°)	±45	分辨率/(°)	±0.2

美国德尔福公司开发的 ESR 高频电子扫描毫米波雷达采用连续调制方式，应用多普勒测试原理，能够扫描最远范围 175m 以内的 64 个目标。

ESR 毫米波雷达能够提供目标的相对距离、角度和速度等信息。它从 CAN 总线获取所需的车速、横摆角速度、方向盘转角等本车信息，扫描后将目标的信息，如距离、相对速度等同样通过 CAN 总线传递给车载计算机。

ESR 毫米波雷达同时具有中距离扫描和远距离扫描的功能，并将所扫描的目标数据存入相应的内存地址，其性能参数见表 3-4。

表 3-4　ESR 毫米波雷达性能参数

参数		长距离	中距离
系统特性	频段/GHz	76～77	
	尺寸/mm	130×90×39	
	刷新率/ms	50	
	可检测的目标数	通过长距离和中距离目标的合并，总共 64 个目标	
覆盖范围	距离/m	1～175	1～60
	相对速度/(m/s)	−100±25	−100±25
	水平视角/(°)	±10	±45
精确度	距离/m	±0.5	±0.25
	相对速度/(m/s)	±0.12	±0.12
	角度/(°)	±0.5	±0.2

目前，毫米波雷达被广泛应用在智能车辆先进驾驶辅助系统或无人驾驶车辆上。

四、超声波传感器

超声波传感器可发出频率高于人类听觉上限频率（约 20kHz）的声波（称为超声波）。超声波传感器是利用超声波的特性研制而成的传感器，是在超声频率范围内将交变的电信号转换成声信号或者将外界声场中的声信号转换为电信号的能量转换器件。

（一）超声波传感器的特点

① 超声波的传播速度仅为光波的百万分之一，并且指向性强，能量消耗缓慢，因此可以直接测量较近目标的距离，一般测量距离小于 10m。

② 超声波对色彩、光照度不敏感，可适用于识别透明、半透明及漫反射差的物体。

③ 超声波对外界光线和电磁场不敏感，可用于黑暗、有灰尘或烟雾、电磁干扰强、有毒等恶劣环境中。

④ 超声波传感器结构简单，体积小，成本低，信息处理简单可靠，易于小型化与集成化，并且可以进行实时控制。

超声波方法作为非接触检测和识别的手段，已引起人们越来越多的重视。

（二）超声波传感器的结构

超声波传感器的典型结构如图 3-9 所示，它采用双晶振子（压电晶片），即把双压电陶瓷片以相反极化方向粘在一起，在长度方向上，一片伸长另一片就缩短。在双晶振子的两面涂覆薄膜电极，上面用引线通过金属板（振动板）接到一个电极端，下面用引线直接接到另一个电极端。双晶振子为正方形，正方形的左右两边由圆弧形凸起部分支撑着。这两处的支点就成为振子振动的节点。金属振动板的中心有圆锥形振子，发送超声波时，圆锥形振子有较强的方向性，因而能高效地发送超声波。接收超声波时，超声波的振动集中于振子的中心，所以能产生高效率的高频电压。超声波传感器采用金属或塑料外壳，其顶部有屏蔽栅。

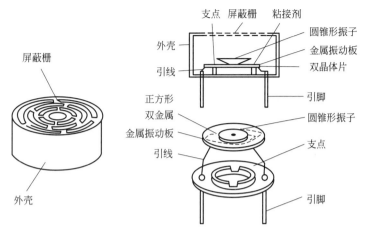

图 3-9 超声波传感器的典型结构

通过超声换能结构，配以适当的收发电路，就可以使超声能量定向传输，并按预期接收反射波，实现超声测距、遥控、防盗等检测功能，如图 3-10 所示。

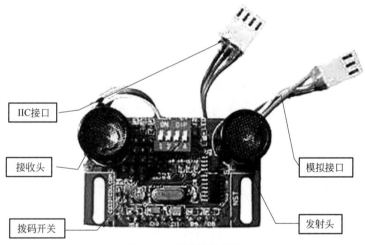

图 3-10 超声波传感器

超声波传感器有一个发射头和一个接收头，安装在同一面上。在有效的检测距离内，发射头发射特定频率的超声波，遇到检测面反射部分超声波。接收头接收返回的超声波，由芯片记录超声波的往返时间，并计算出距离。超声波测距传感器可以通过模拟接口和 IIC（Inter-Integrated Circuit，集成电路总线）接口两种方式将数据传输给控制单元。超声波传感器不仅可以测距，而且可以测量车辆周围的环境温度。因此，硬件系统的结构不仅有超声波发射电路、超声波接收电路、主控芯片，还有测温模块和显示模块。

（三）超声波传感器测距原理

超声波传感器测距原理是超声波发射头发出的超声波脉冲，经介质（空气）传到障碍物表面，反射后通过介质（空气）传到接收头，测出超声脉冲从发射到接收所需的时间，根据介质中的声速，求得从探头到障碍物表面之间的距离。如图 3-11 所示，设探头到障碍物表面的距离为 L，超声波在空气中的传播速度为 v（约为 340m/s），从发射到接收所需的传播

时间为 t，当发射头和接收头之间的距离远小于探头到障碍物之间的距离时，则有 $L=vt/2$。由此可见，被测距离与传播时间之间具有确定的函数关系，只要能测出传播时间，即可求出被测距离。

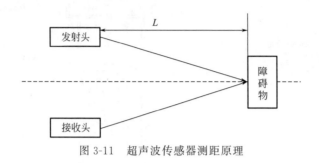

图 3-11　超声波传感器测距原理

（四）超声波传感器的主要参数

1. 测量范围

超声波传感器的测量范围取决于其使用的波长和频率。波长越长，频率越低，检测距离越远，如具有毫米级波长的紧凑型传感器的测量范围为 300～500mm；波长大于 5mm 的传感器测量范围可达 10m。

2. 测量精度

测量精度取决于传感器测量值与真实值的偏差，其偏差越小，精度越高。超声波传感器的测量精度主要受被测物体体积、表面形状、表面材料等影响。被测物体体积过小、表面形状凹凸不平、物体材料吸收超声波等情况都会降低超声波传感器测量精度。测量精度越高，感知信息越可靠。

3. 波束角

超声波传感器产生的超声波以一定角度向外发出，沿传感器中轴线方向上的超声波能量最大，能量向其他方向逐渐减弱。以传感器中轴线的延长线为轴线，到一侧能量强度减小一半处的角度称为波束角。波束角越小，指向性越好。一些超声波传感器具有较窄的 6°波束角，更适合精确测量相对较小的物体。一些波束角为 12°～15°的超声波传感器能够检测具有较大倾角的物体。

4. 工作频率

工作频率直接影响超声波的扩散和吸收损失、障碍物反射损失、背景噪声，并直接决定传感器的尺寸。工作频率一般选择在 40kHz 左右，这样超声波传感器方向性尖锐，且避开了噪声，提高了信噪比；虽然传播损失相对低频有所增加，但不会给发射和接收带来困难。

5. 抗干扰性能

超声波为机械波，使用环境中的噪声会干扰超声波传感器接收物体反射回来的超声波，因此要求超声波传感器具有一定的抗干扰能力。

目前超声波传感器被广泛运用于倒车雷达系统及泊车辅助系统中。

超声波传感器、激光雷达、毫米波雷达和视觉传感器作为主要的环境感知传感器，对它们的选择需要综合考虑其性能特点和性价比，它们之间的比较见表 3-5。

表 3-5 环境感知传感器的比较

传感器类型	一般测量性能			环境影响
	测量范围/m	测量精度/m	测量频率	
超声波传感器	0.2~10	±0.1	10~20Hz	不受光照影响,测量精度受测量物体表面形状、材质影响大
激光雷达	1~200	±0.1	10~20Hz	聚焦性好,易实现远程测量,能量高度集中,具有一定危害性
毫米波雷达	0~100	±0.5	20~50Hz	角度分辨率高,抗电磁干扰强
视觉传感器	3~25	0.3	30~50帧/s	测量精度不受物体表面材质、形状等因素影响,受环境光照强度影响大

五、方向盘转角传感器

方向盘转角传感器用于测量车辆转向时方向盘的旋转角度,主要应用于车道保持辅助系统、自适应前照明系统、自动泊车系统等。

方向盘转角传感器根据工作原理可以分为霍尔式转角传感器、磁阻式转角传感器、光电式转角传感器和电阻分压式转角传感器等;根据原始信号编/解码方式的不同,方向盘转角传感器可以分为绝对值转角传感器和相对值转角传感器。目前又出现了一些新型转角传感器,如 GMR(巨磁阻)转角传感器、AMR(各向异性磁阻)转角传感器,应用较为广泛。

(一)绝对值转角传感器

绝对值转角传感器输出方向盘的绝对转动角度,能够直接为控制系统的 ECU 所使用。但是,这种传感器对于安装空间有一定要求。同时,这种传感器的成本高,信号处理电路也比较复杂,限制了绝对值转角传感器的应用。

传统的绝对值转角传感器基于电阻分压原理,通常使用导电塑料作为电阻器来分压。在电阻器的两端施加直流电压,一个滑动接触点随着方向盘的转动在电阻器两端内运动,方向盘转动到 2 个端点位置时,滑动接触点刚好运动到电阻器两端。测量接触点和电阻器一端的电压即可求得方向盘的绝对转角位置。

由于电阻分压式绝对值转角传感器是接触式传感器,在滑动触点和电阻器的相互运动过程中,两者会产生磨损,这影响了传感器的使用寿命。因此,材料的合理选择、润滑的合理使用都是这种传感器设计过程中必须认真考虑的问题。

(二)相对值转角传感器

相对值转角传感器包括光电感应式转角传感器和电磁感应式转角传感器。

1. 光电感应式转角传感器

光电感应式转角传感器包括至少 2 个光敏元件、1 个透光胶片以及对应的信号处理电路。透光胶片指的是在不透光的基片(通常做成圆环形)上均匀分布着一些透光矩形孔的胶片。透光胶片一般固定在方向管柱上,可以随着方向盘的转动而转动。在透光胶片的转动过程中,光线通过矩形孔射入在透光胶片后面固定的光敏元件表面。光敏元件表面光的强度可以通过转换电路转换成不同幅值的输出电压。由于矩形孔均匀分布，因此，输出的电压呈现方波形状。通过合理的设计，让 2 个光敏元件输出的两路电压存在一定相位差（通常为 90°)，通过比较两路信号的相位关系就可以判断方向盘的转动方向。

方向盘转动一周，输出的方波信号数就是矩形孔的数量（个），因此，每个方波周期对应的方向盘转角就可以求出。在 2 个时刻之间，知道了方向盘的转动方向以及方波的数量，就可以知道 2 个时刻之间方向盘转动的相对角度。

因此，这种传感器被称为相对值转角传感器。通过一定的算法判断出方向盘的中间位置，再由相对值转角传感器求出相对于中间位置转动的角度，就可以求出方向盘的绝对转动角度。

2. 电磁感应式转角传感器

电磁感应式转角传感器利用永磁体和电子线路来产生方波信号，使用的原理包括霍尔效应、磁阻效应以及可变磁阻效应。这种传感器需要各种电子线路将传感器原始信号转换为适合应用的信号形式。由于这种传感器内部有比较多的电子部件，因此它们对于温度比较敏感，最高工作温度一般不超过 125℃。同时，由于永磁体的存在，外部磁场可能对于这种传感器造成影响。

（三）AMR 转角传感器

AMR 转角传感器基于各向异性磁电阻效应。磁性薄膜在平行于膜面的外磁场作用下，到达饱和磁化时，薄膜的电阻将随外磁场方向和电流方向变化而变化，这种效应就是各向异性磁电阻效应。AMR 转角传感器是用于测量角度和转速的非接触式传感器，它应用二氧化硅晶体作为载体，传感器元件的电阻随着外加磁场方向的变化而改变，应用测量所得的电阻变化可以求得角度变化或依据电阻变化规律可以求得角速度。这种传感器的量程一般为 180°，经过特殊设计，这种传感器的量程可以满足方向盘转角测量的要求。德国博世公司的方向盘转角传感器 LWS3 系列就是 AMR 转角传感器。

LWS3 型磁阻式方向盘转角传感器的结构如图 3-12 所示。

图 3-12　LWS3 型磁阻式方向盘转角传感器的结构

六、微机械陀螺仪

陀螺仪是一种敏感载体角度或角速度的惯性器件，在姿态控制和导航定位等领域有着非常重要的作用。陀螺仪正朝着高精度、高可靠性、微型化、多轴测量和多功能测量的方向发展。

微机械陀螺仪属于微电子机械范畴，它是利用科里奥利力现象研制而成的。科里奥利力现象是对旋转体系中进行直线运动的质点由于惯性相对于旋转体系产生的直线运动的偏移的一种描述。

科里奥利力来自物体所具有的惯性,在旋转体系中进行直线运动的质点,由于惯性的作用,有沿着原有运动方向继续运动的趋势,但由于体系本身是旋转的,在经历一段时间的运动之后,体系中质点的位置会有所变化,而它原有运动趋势的方向,如果以旋转体系的视角去观察,就会发生一定程度的偏离。

(一) 微机械陀螺仪的分类

微机械陀螺仪可以根据制作材料、振动方式、有无驱动结构、检测方式及加工方式等进行分类。

① 按制作材料可将微机械陀螺仪划分为硅陀螺仪和非硅陀螺仪。

非硅陀螺仪包括压电陶瓷陀螺仪和压电石英陀螺仪,压电陶瓷陀螺仪不采用微加工工艺,但需要微光刻技术来保证陀螺的几何尺寸;压电石英陀螺仪精度高,生产加工工艺复杂,成本高。所以,硅陀螺仪是发展方向,硅材料又分单晶硅材料和多晶硅材料。

② 按振动方式可将微机械陀螺仪划分为角振动陀螺仪和线振动陀螺仪。

角振动陀螺仪是围绕一个轴来回振动,线振动陀螺仪是沿一条线来回振动。

③ 按有无驱动结构可将微机械陀螺仪划分为有驱动结构和无驱动结构两种方式。

有驱动结构方式又根据不同驱动方式分为静电驱动陀螺仪、电磁驱动陀螺仪和压电驱动陀螺仪。静电驱动陀螺仪是采用在驱动电极上施加变化电压产生变化的静电力作为驱动力;电磁驱动陀螺仪是在电场中,给陀螺仪内部的质量块施加垂直于电场方向的变化电流产生的力作为驱动力;压电驱动陀螺仪是在陀螺的驱动电极上施加变化的电压,陀螺的运动随之发生变化。无驱动结构方式主要是利用旋转体自身旋转作为动力来源,省略驱动装置,结构简单,成本低,可靠性高,它是专用于旋转体的陀螺仪。

④ 按检测方式可将微机械陀螺仪划分成压电式陀螺仪、压阻式陀螺仪、电容式陀螺仪和光学陀螺仪。

⑤ 按加工方式可以将微机械陀螺仪划分为体加工微机械陀螺仪、表面加工陀螺仪及微电子工艺陀螺仪。

体加工工艺和表面加工工艺与微电子工艺兼容,是可以与微电子电路实现单片集成制造的工艺,适合低成本的大批量微型零件和微系统器件的加工制造。但可用的材料种类相对比较少,能加工的零件尺寸范围窄,适合尺度在 $0.1\sim100\mu m$ 范围内的零件加工,能制造的零件形状相对简单。形状复杂的结构和部件则需要用微电子等其他加工工艺来制造。

(二) 微机械角速度传感器

微机械角速度传感器是目前市场上能够进行批量生产的最复杂的传感器之一。它由在真空中做复杂运动的惯性质量块和驱动设备、分析其响应的多种复杂电路组成,并集中在一个极狭小的空间内。

以下介绍的是由奥地利 Sensor Dynamics 公司研制的一种微机械角速度传感器,它可以满足现代应用的全部要求,尤其是车辆工业所要求的小尺寸、坚固的机械结构、长期稳定性、无限制的故障自动防护性能和 AEC-Q100 认证(集成电路的车辆级质量认证)。这种角速度传感器特别适合于对车辆的危险情况做出判定,如刹车或翻车等,即使在 GPS 信号接收不到的区域内,也可自动启动自动驾驶功能。

微机械角速度传感器的基本结构如图 3-13 所示。

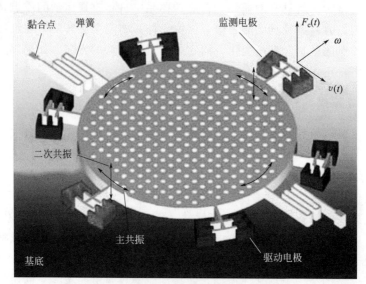

图 3-13　微机械角速度传感器的基本结构

微机械角速度传感器由弹簧支撑的极板质量块组成，它能够在基底上自由移动，传感器工作所必需的梳状驱动电极附着于极板之上。在驱动电极上施加可变电压使极板进入由于静电力而引起的主共振，共振的幅值靠监测电极来测量和修正。在外界旋转的影响下，共振极板在科里奥利力作用下偏离平面，引发二次共振，其幅值和外界角速度有严格的比例关系。二次共振的幅值由位于极板下面的电极测量。

微机械角速度传感器的运动结构非常小，运动极板的直径只有十分之几毫米，厚度只有百分之一毫米。所以必须有效排除外界机械效应的影响才能保证测量的精度，如需要用密封封装来排除灰尘的影响。如图 3-14 所示为微机械角速度传感器的感应部分横截面，在传感器内部必须是绝对的真空，因为残存的空气会在一定程度上阻碍极板质量块的运动，这将导致不能产生合适的共振。

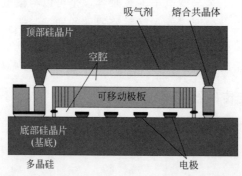

图 3-14　微机械角速度传感器的感应部分横截面

角速度传感器使用一个专用集成电路（ASIC）来驱动，它能够检测到由于极板运动而引起的电容的微小变化。ASIC 的制造过程要求漏电非常小，噪声特性非常好，同时还能提供高于 50V 的电压能力和承受超过 125℃ 的温度。电路元件的这种耐高压特性意味着敏感元件能够接受更高电压的驱动，相应地可以产生高静电力来驱动敏感元件，由此可以设计成更坚固的机械结构，这对于敏感元件的高冲击强度是很重要的。

如图 3-15 所示为 ASIC 简化原理。可以看出，检测电极的输出信号是如何在输入 1 阶段被放大，然后由模数转换器 ADC1 完成数字化的。该信号的频率为质量块的机械共振频率 f_t。PLL 生成一个具有相同频率的规范化幅值信号 f_n，信号 f_t 通过幅值控制与 f_n 进行比较，因此它能够保持等幅值。

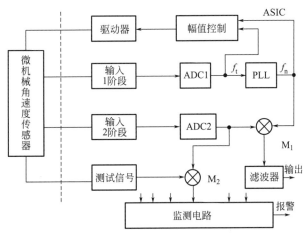

图 3-15　ASIC 简化原理

监测电路监测模拟和数字模块，当有参数超出定义范围时，电路立即产生报警信号。例如当 PLL 超出范围时，极板停止共振，这种情况可以很容易被监测电路检测到。

实际的测量信号通道由基底电极、输入 2 阶段、ADC2 和混合器 M_1 组成。基底电极监测第二极板的偏差，该偏差与角速度存在函数关系。测量信号用 f_r 进行调制，因此能够通过混合 f_n 信号解调。二次极板共振由一个测试信号监测，该信号以接近 f_r 值的频率周期性偏转极板。为了达到这个目的，又增加了与信号通道隔绝的基底电极。因此 ADC2 的输出信号包含测试信号和待测量信号。在 M_2 混合后生成了一个直流信号，对该信号可以很容易地进行连续监测。滤波器在输出端从测量信号中滤掉了测试信号。在 ASIC 中有超过 20 个参数一直处于监测中，以保证从始至终的故障自动防护性。

故障自动防护性不只局限于传感器和 ASIC 等芯片级，也同样支持模块级别。如图 3-16 所示为模块级的故障自动防护。

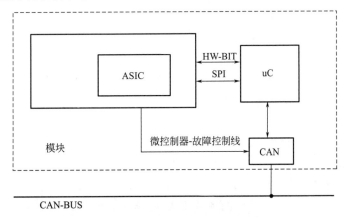

图 3-16　模块级的故障自动防护

当第一次测量时，微控制器 uC 通过 SPI 接口以及硬连接线位（HW-BIT）与 ASIC 进行通信，这种方法通过增加冗余性提高了产品的安全级别。当第二次测量时，就可以执行 SPI 的握手协议。因而，如果微控制器本身出现错误，ASIC 能够通过 SPI 检测到这一情况，并在必要时关闭微控制器故障线路上的 CAN 收发器，这样可以防止有故障的模块干扰 CAN 总线。

SD721 角速度传感器的主要参数见表 3-6。

表 3-6 SD721 角速度传感器的主要参数

主要参数	数值
测量范围/[(°)/s]	±100
敏感轴(平面陀螺仪)	x 轴
分辨率/[(°)/s]	0.0039
信噪比(带宽=25Hz)/[(°)/s]	0.1
总漂移误差(包含老化)/[(°)/s]	±2
相对于其他轴的交叉灵敏度/%	2
相对于加速度的交叉灵敏度/[g·(°)/s]	0.1
线性误差(最佳拟合)/(%FS)	±0.2
灵敏度误差/%	±2
正常工作的耐冲击性/g	±1500
100g 冲击 5ms 后的恢复时间/ms	5
环境温度范围/℃	−40～125

微机械陀螺仪的发展方向是将多位角速度和加速度传感器集成于一个封装中，并进一步提高产品的抗冲击能力，其目标是能够在三维空间里检测任意方向的角速度和加速度。

七、电子罗盘

电子罗盘是利用地磁场固有的指向性测量空间姿态角度，是一种重要的导航器件。

(一) 电子罗盘的类型

电子罗盘的原理是通过测量地球磁场确定方位，按其测量磁场的传感器种类不同，电子罗盘主要分为磁通门式电子罗盘、霍尔效应式电子罗盘和磁阻效应式电子罗盘。

1. 磁通门式电子罗盘

磁通门式电子罗盘根据磁饱和原理制成，输出的可以是电压，也可以是电流，还可以是时间差，主要用于测量稳定或低频磁场的大小或方向。从原理上讲，它通过测量线圈中磁通量的变化来感知外界的磁场大小。为了达到较高的灵敏度，必须要增加线圈横截面积。因而，磁通门式电子罗盘的体积和功耗较大，响应速度较慢，处理电路相对复杂，成本高。

2. 霍尔效应式电子罗盘

霍尔效应是指施加外磁场垂直于半导体中流过的电流,就会在半导体中垂直于磁场和电流的方向产生电动势。霍尔效应式电子罗盘是根据霍尔效应原理制成的,适用于强磁场且精度要求不高的场合。

3. 磁阻效应式电子罗盘

磁阻效应是指某些金属或半导体在磁场中电阻值随着磁场大小的增加而升高的现象,这种现象在横向和纵向磁场中都能观察到。因此,可以通过测量电阻的变化来间接测量磁场的大小。磁阻效应式电子罗盘可利用具有磁阻效应的传感器感知周围磁场变化,这些传感器在线性范围内输出的电压与被测磁场成正比,其灵敏度和线性度等方面优于霍尔器件,同时体积小、功耗低、抗干扰能力强、温度特性好、易于与数字电路匹配。在测量弱磁场以及基于弱磁场的地磁导航、磁航向系统研制、位置检测等方面显示出巨大的优势。在航天、航空、航海、无人驾驶车辆等诸多领域有着广泛的应用前景。

电子罗盘也可以分为平面电子罗盘和三维电子罗盘。

1. 平面电子罗盘

平面电子罗盘要求用户在使用时必须保持罗盘水平,否则当罗盘发生倾斜时,也会给出航向的变化而实际上航向并没有变化。虽然平面电子罗盘对使用水平要求很高,但如果能保证罗盘所附载体始终水平的话,平面罗盘的性价比较好。

2. 三维电子罗盘

三维电子罗盘内部加入了测量倾斜角的传感器,如果罗盘发生倾斜,可对罗盘进行倾斜补偿,保证了航向数据的准确无误。

(二) 电子罗盘的测量参数

电子罗盘的测量参数主要有磁偏角、航向角和姿态角。

1. 磁偏角

磁偏角是指地球表面任一点的磁子午圈与地理子午圈的夹角。磁偏角的测量方法可以根据指北针的指向判断。通常情况下,偏东为正,偏西为负。磁针静止时,磁针所指的北方与真正北方之间的夹角称为磁偏角。磁偏角也是磁场强度矢量在水平方向上的投影与正北方向的夹角,即磁子午线与地理子午线的夹角。根据磁场强度矢量指向的偏向来判断是偏东或偏西,其指向正北方向以西称西偏,指向正北方向以东称东偏。利用磁偏测量仪可以将各个地方的磁偏角测出,它们的磁偏角是不同的,并且某一地点磁偏角也会随时间而改变。在地磁极处的磁偏角是 90°。磁偏角不是计算出来的,而是测量出来的,地球本身是个大磁体,地球内部的稳定磁场决定了地磁的南北极。地理南北极则位于地球自转的轴线上,其两极是地球上经线的汇聚处,以子午线形式在地图上标出。实际上,地磁的南北极与地理南北极并不重合,它们之间存在个夹角,大约为 11.5°,被称为磁偏角。随着用户罗盘的纬度和经度变化,磁偏角也产生变化,可根据地理位置经查表确定。磁偏角如图 3-17 所示。

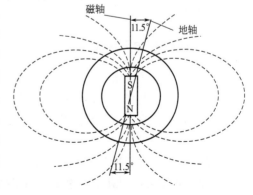

图 3-17 磁偏角

2. 航向角

磁阻式电子罗盘用在载体上时,将载体纵轴方向在水平面的投影与真北(地理北极)的夹角定义为地理航向角,用 α 表示(图 3-18)。载体纵轴方向在水平面上的投影与磁北(地磁北极)的夹角被定义为地磁航向角,用 γ 表示。β 为磁偏角。

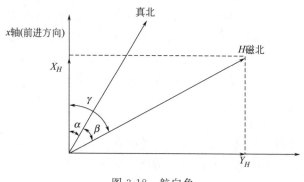

图 3-18 航向角

3. 姿态角

对载体倾斜姿态的描述称为姿态角(图 3-19),它包括横滚角和俯仰角。横滚角是指罗盘在水平面的投影与其前进方向垂直的方向之间的夹角,用 θ 表示,并指定右转为正,左转为负;以水平面为准,电子罗盘载体的前进方向同水平面之间的夹角称为俯仰角,用 φ 表示,并指定上仰为正,下俯为负。

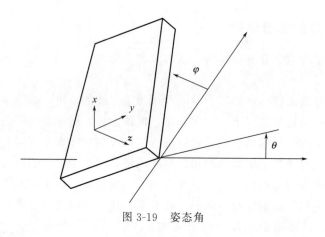

图 3-19 姿态角

(三) 磁阻式电子罗盘

三维磁阻式电子罗盘结构框图如图 3-20 所示。主要由磁阻传感器、加速度传感器、微处理器和显示模块组成。磁阻传感器用于测量罗盘所在区域的磁场情况;加速度传感器用于测量罗盘的姿态信息;微处理器将磁阻传感器及加速度传感器的数据融合,计算并输出方位结果;显示模块用于显示方位结果。

通过三轴重力加速度传感器测出载体在 x、y、z 三个轴的重力加速度分量为 A_x、A_y、A_z,结合空间几何,计算出横滚角 θ 和俯仰角 φ 分别为

$$\theta = \arctan \frac{A_x}{\sqrt{A_y^2 + A_z^2}} \tag{3-5}$$

$$\varphi = \arctan \frac{A_y}{\sqrt{A_y^2 + A_z^2}} \tag{3-6}$$

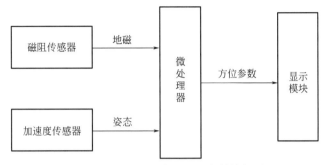

图 3-20 三维磁阻式电子罗盘结构框图

利用三轴磁阻传感器测出载体坐标系下的三个轴的磁场强度分别为 X、Y、Z，将其转化到地球坐标系下的水平磁场强度 X_H 和 Y_H 为

$$X_H = X\cos\varphi + Y\sin\theta\sin\varphi - Z\cos\theta\sin\varphi \tag{3-7}$$

$$Y_H = Y\cos\theta - Z\sin\theta \tag{3-8}$$

航向角为

$$\beta = \arctan \frac{Y_H}{X_H} \tag{3-9}$$

（四）电子罗盘的应用

电子罗盘具有体积小、航向精度高、倾斜范围宽、频响高、功耗低等优点，很适合用于既对航向精度要求较高同时又对功耗、体积有限制的场合，广泛应用于航天、航空、航海、机器人、车辆自主导航等领域。

霍尼韦尔电子数字罗盘如图 3-21 所示，所有部件都被安装在密封盒中，而密封盒被紧紧地粘在车辆上。密封盒能够防水、防雨和防潮。尽量避免将磁性物体包括进去，例如车辆发动机、电动机、音频扬声器、钢铁螺母或螺栓。推荐使用铜、塑料或铝作为罗盘安装和封装的材料。

博世公司推出全新电子罗盘传感器——BMC156，如图 3-22 所示。它是一款整合三轴地磁传感器与三轴加速度传感器于一体的传感器，采用 2mm×2mm 紧凑型封装，能够确定使用设备的精准姿态，具备高精确度和低功耗的特性，能延长使用设备的电池寿命。

图 3-21 霍尼韦尔电子数字罗盘

图 3-22 博世公司 BMC156 电子罗盘传感器

第二节　智能车辆线控操纵系统

一、转向控制系统

电子控制的转向系统是无人驾驶车实现车辆横向控制的硬件条件。无人驾驶车转向系统应该满足以下功能和性能。

1. 转速控制

当车辆以不同的车速通过不同弯道的时候，方向盘角速度 ω 不相同。

2. 转矩控制

控制系统可以通过传感器感知方向盘转矩，从而获得"路感"，实现转向的反馈控制。这种反馈控制可以与车身加速度、轮速信号等一起实现。

电子控制的无人驾驶车转向系统可以是液压助力转向系统或者电动助力转向系统。目前采用电动助力转向系统的方式居多，具体的实现手段有所不同。

对于处于实验阶段或者改装的车辆，通常采用外加方向盘驱动电机的方式。驱动电机可以直接驱动方向盘，也可以驱动转向轴。在方向盘的上方或者下方增加由电机驱动的齿轮传动机构，并将输出齿轮与方向盘相连，从而通过电机驱动方向盘转动，这种方式为驱动方向盘的方式。而驱动转向轴是将原来的转向轴断开，串入转向电机和传感器，从而实现转向控制，其原理与电动助力转向（EPS）相同。

如果原车设计时已经有 EPS 系统，则可以直接使用 EPS 实现无人驾驶车辆的转向控制。不过，EPS 电机的作用是提供助力转矩 N_p，驾驶者还会提供操纵转矩 N_m，两者之和才是方向盘的总转矩 N_w，即 $N_w = N_p + N_m$。因此如果直接使用 EPS 系统实现转向控制，应该加大 EPS 电机的功率。

无论采用哪种转向系统，都可以采用总线控制的方式或者直接线控的方式。

总线控制是指转向系统采用一个独立的控制器，该控制器通过 CAN 或其他总线与无人驾驶车控制系统相连，从而实现转向控制。这种方式连线少，工作可靠，也便于布线。转向过程的决策可以由转向控制器来实现，从而减轻无人驾驶车控制系统的工作量。

直接线控的方式是指无人驾驶车控制系统直接通过功率模块驱动转向电机的控制方式。这种方式需要将传感器信号和控制信号引至控制系统，并且转向过程的控制由控制系统完成，相比之下更为复杂。

转向传感器通常固定在转向轴上，由转矩和转角两种传感器组成。EPS 系统中已经集成了该传感器，对于外加电机的转向系统，则需要在设计时加入该传感器。

二、制动控制系统

为了实现自主控制，智能车辆的制动系统必须采用线控的方式。具体的实现手段有两种：一是控制制动踏板；二是基于 ABS/ASR/ESP 系统加以实现。

（一）控制制动踏板

通过一个电机和钢绳拉动制动踏板从而达到制动控制的目的，称为拉线式。这种方式有明显的优点，如线性好，结构简单，控制方便。但其缺点是响应速度较慢，传动用钢丝绳容易变形，这种方式使用较少。除了拉线式外，工程上也可以采用气压或液压促动装置操纵制动踏板来实现控制。

（二）基于 ABS/ASR/ESP 系统

对于采用液压或气压制动系统的车辆，可以在原车制动系统的基础上加以改进，实现制动控制的线控操作，具体方式有半介入式和深度介入式两种。

对于液压制动系统，是指通过在原车制动系统的基础上增加专门的液压泵和电磁阀以实现制动系统线控操作的模式，叫作半介入式。气压制动系统的实现与此类似。

现在乘用车基本上都已配备 ABS 系统，有的还具有 ASR/ESP 等功能。对于具有 ASR/ESP 功能的车型，可以在此基础上加以改进，借助 ASR/ESP 系统实现制动控制的线控操作，对于这种方法我们称为深度介入式，要想实现此功能，需要满足以下两个条件：制动系统须具备 ABS/ASR/ESP 功能；ABS 出油电磁阀可以长期通电工作（常规 ABS/ASR/ESP 系统出油电磁阀通电工作时间仅能持续数秒）。

三、发动机控制系统

发动机的控制包括转速控制和转矩控制两个方面。这两个方面的控制，智能车辆是通过对加速踏板位置进行控制来实现的，同时需要采集节气门位置信号和发动机转速信号作为反馈。

发动机有机械式节气门和电子式节气门两种，下面分别针对这两种节气门加以描述。

（一）机械式节气门的控制

机械式节气门是由加速踏板通过传动机构（拉杆或钢丝绳）控制的。要实现机械式节气门的线控，可以通过下面两种方式实现：与控制制动踏板的方式相同，可以采用拉线式或其他方式控制加速踏板，称为控制加速踏板，从而控制节气门开度；对于机械式节气门，也可以用电机直接控制节气门的开度，叫作控制节气门，该电机控制机构与加速踏板并联。

（二）电子式节气门的控制

对于采用电子式节气门的发动机电控系统，加速踏板的作用是为发动机 ECU 提供代表其位置的电压信号，这一信号由加速踏板位置传感器 APS 提供。

因此对于采用电子式节气门的电控发动机，只需为发动机 ECU 提供一个模拟的 APS 信号即可，这个信号可由智能车辆控制器通过一个 D/A 转换器输出。

如果由车辆厂家开发发动机的 ECU，也可以在 ECU 的软件中制定电子式节气门的控制协议，从而由智能车辆控制系统通过 CAN 总线直接向其发送控制指令，控制发动机的转速和转矩。

四、换挡控制系统

当前，智能车辆基本都采用具有自动变速器的成熟车型作为平台。采用自动变速器的车辆最大的优点是便于实现挡位控制。自动变速器有液力机械式（AT）、电控机械式（AMT）、连续可变式（CVT）和双离合器式（DCT）等，都可以通过以下三种方式进行控制。

1. 控制换挡杆的方式

这种方式不改变变速器的内部信号和结构，而是使用一个外置双向推动装置控制换挡杆的位置。该方式容易实现，无须掌握变速器内部结构和原理。但由于外加了动力装置，会影响到车辆的外观；在无人驾驶/人工驾驶转换时需要手动连接或者分离控制装置与换挡杆之间的连接。

2. 挡位信号控制的方式

对于 CVT 和一部分 AT，通过换挡杆给 PCU 或者 TCU 一个挡位信号，PCU 或者 TCU 再进行挡位控制。由于变速器可以将挡位信号输入端引出，由智能车辆控制机构模拟给出挡位信号，从而实现对挡位的线控操作。

3. 总线控制方式

自动变速器的 TCU 或者 PCU 由车辆厂家自己开发，在软件 ECU 中制定挡位控制协议，从而通过 CAN 总线直接向智能车辆控制系统发送控制指令，进行换挡操作。

五、声光信号控制系统

智能车辆的信号包括声音和灯光两种。对这些信号进行控制技术实现上很简单，但是由于信号数量多，因此接线和布线是最大的问题。信号的控制可以采用以下两种方式：

① 将各种喇叭、灯光的线束引到智能车辆的控制器上，由智能车辆的控制器直接进行控制；

② 为灯光和喇叭专门设计一个控制器，该控制器与智能车辆控制器或中央处理系统之间通过 CAN 或者其他总线相连的控制。

第三节　智能车辆中央处理系统

一、智能车辆对车载计算机的需求

智能车辆使用了数量众多的传感器和控制机构，这些传感器和控制机构的控制器会通过不同的接口与计算机相连。无人驾驶过程中需要进行大量的实时运算，运行大量的软件，因此对计算机的性能和接口要求都非常高。同时，计算机还必须能够适应车辆恶劣的使用环境，满足车辆电子设备的相关标准。因此，智能车辆所使用的计算机具有以下特征：

① 满足车辆使用环境的结构，抗冲击、振动；

② 满足车辆使用环境对电子设备的要求；

③ 满足温度、湿度等环境应用要求；

④ CPU 性能强大，运算速度快；

⑤ 内存大，总线频率高，尽可能使用双通道内存；

⑥ 图形处理单元强大，具有大的图形内存、宽的总线频率和高速图形处理单元（GPU）；

⑦ 采用抗震的固态硬盘，容量尽可能大（128G 以上）；
⑧ 具有丰富的通信和控制接口，如 GPIO、1394、USB、RJ-45、RS-232、RS-485 等；
⑨ 具有 PCIe 等可扩展插槽，可以扩展 CAN 和其他接口或控制模块；
⑩ 与其他车载电子设备同等的可靠性；
⑪ 功耗低；
⑫ 体积小；
⑬ 维护方便。

二、车载计算机的硬件

根据所需实现功能的多少和难易，计算机的数量不定，但通常会多于一台。

（一）CPU 架构

目前，计算机（含嵌入式）处理器主要有 X86、MIPS 和 ARM 三大架构。

X86 是当前个人计算机、工业计算机和服务器等领域所采用的主流架构，采用的是 CISC 架构，目前有 32 位和 64 位两种总线宽度。中央处理芯片目前由美国英特尔和 AMD 两家公司所垄断。采用 X86 架构 CPU 的计算机在个人计算机（台式机、笔记本、手持电脑等）、服务器、工业控制和超级计算机等领域占据了绝对主导地位。除此之外，英特尔公司还推出了众多面向嵌入式应用的 CPU，世界范围内的相关设计公司则推出了丰富的嵌入式产品。

MIPS 是由斯坦福大学建立的最早的基于精简指令集（RISC）的处理器架构，具有 64 位总线宽度，比 X86 架构更高的指令执行效率。目前广泛应用在高清数字机顶盒、数字电视终端和手机、Pad 等移动终端。中国科学院计算机所开发的龙芯系列芯片即基于 MIPS 架构，目前已经发展到龙芯 3B，主要特点是采用 8 个 64 位超标量处理器核，最高主频 1.5GHz，集成两个 HyperTransport2.0 高速 I/O 控制器和 PCI、LPC、SPI、UART、GPIO 等 I/O 控制器。其主要应用面向高性能计算机、高性能服务器、数字信号处理等领域。

ARM 也是基于精简指令集的架构，目前也有 32 位和 64 位两种架构，主要面向智能手机、Pad 等移动产品领域和各种嵌入式控制领域，占据了移动产品和高端嵌入式控制器的绝大部分份额。

在智能车辆中，这三种架构的处理器均有应用。其中 X86 架构处理器主要用于决策和信号处理计算机上，MIPS 架构处理器主要用于图像处理上，ARM 架构处理器主要嵌入在数字相机、雷达等各种传感器和用于各种控制单元上。

（二）计算机架构

根据用途不同，计算机分为服务器、桌面、工控（含嵌入式）等多种架构。无人驾驶车所采用的架构主要为工控机，在试验阶段也可以采用桌面计算机，如笔记本电脑。

1. 机架式工控机

工控机与桌面计算机本质上具有相同的架构，但为了满足使用条件的需要，在结构上采用了底板+CPU 卡的特殊设计，机箱尺寸也遵循相关的行业标准，有 1U、2U、3U、4U、5U 和 7U 等系列尺寸。

机架式工控机的优点是具有良好的通风散热系统，可以使用高性能的处理器，因此整机性能高，但功耗大，外形尺寸也大，不便于布置。在车辆的使用环境中，抗震动等性能也达不到要求。

2. Compact PCI/PXI 总线结构工控机

Compact PCI 是一种基于标准 PCI 总线的小巧而坚固的高性能总线技术。1994 年 PICMG（PCI Industrial Computer Manufacturers Group，PCI 工业计算机制造商联盟）提出了 Compact PCI 技术，它定义了更加坚固耐用的 PCI 版本。在电气、逻辑和软件方面，它与 PCI 标准完全兼容。该卡安装在支架上，并使用标准的 Eurocard 外形。

Compact PCI 的技术规格如下：

① 业界标准 PCI 芯片组，以低价格提供高性能；
② 单总线 8 个槽，可通过 PCI 桥扩展；
③ 欧式 EuroCard 插卡结构；
④ 高密度气密 2mm 针孔接头；
⑤ 前面板安装和拆卸；
⑥ 板卡垂直安装，利于冷却；
⑦ 强抗冲击和震动特性；
⑧ 支持热插拔。

PXI 结构是由美国 NI 公司在 1997 年发布的一种基于 Compact PCI 的开放性、模块化仪器总线。它将 Compact PCI 规范定义的 PCI 总线技术发展成适合于试验、测量与数据采集场合应用的机械、电气和软件规范。

采用 Compact PCI/PXI 总线的工控机具有高性能、高可靠性等优势，能够在恶劣环境中工作，因而在航空航天、铁路、车辆和其他领域得到广泛应用。

3. 专用工控机

一些厂家针对特殊的应用还推出了一些专用的工控机。如中国台湾集智达公司推出的面向图像处理和医疗的系列工控机，具有性能强、体积小、接口丰富、环境适应性好等特点。如 Nise 3500M2E 型工控机，主要特点如下：

① 支持 Intel® Core® i7/i5 socket 处理器；
② Mobile Intel® QM57 PCH；
③ 双 Intel® 千兆网口；
④ 双 VGA 或 VGA/DVI 或 DVI/HDMI 独立显卡；
⑤ 3×RS232 和 1×RS232/422/485（自动流量控制）；
⑥ 3×IEEE1394b 口，2×eSATA；
⑦ 板载 DC 到 DC 电源设计，支持 9~30V DC 电源输入；
⑧ 支持 ATX 电源模式和 PXE/WOL；
⑨ 1×PCI 扩展槽和 1×PCIe 扩展槽。

4. 嵌入式板卡

嵌入式板卡针对工业控制和特殊用途，将通用计算机主板和各种接口集成在一块小型电路板上，既能运行通用计算机的操作系统和程序，也具有控制所需的各种接口。出于散热考虑，嵌入式板卡的 CPU 几乎都采用低功耗的专用 CPU，并且采用无风扇设计，因此 CPU 的处理性能比桌面计算机和其他工控机要低。由于体积小，只有板卡，因此方便用户增加其他外设和嵌入特定的应用之中。

三、操作系统及软件

目前，面向通用计算机和嵌入式应用的操作系统很多，主要有 DOS、Microsoft Windows、Unix、Linux、µCOSII、VxWorks 等。其中 DOS、Microsoft Windows、Unix 和 Linux 是通用操作系统，µCOSII 和 VxWorks 则是专用的嵌入式操作系统。这两种专用嵌入式操作系统对于无人驾驶车的数据处理和运算不能胜任，更加适合于控制场合。Windows 也衍生出来多个版本的嵌入式操作系统，包括 Windows XPE、WinCE 和 Windows Embedded 7，Linux 本身也直接面向嵌入式应用。

（一）Windows 操作系统

微软的 Windows 操作系统目前在通用计算机领域占据主流位置，支持的软件也非常丰富。基于 Windows 的嵌入式操作系统在通用操作系统的基础上进行了"裁剪"，保留了通用操作系统的特性，通过"裁剪"又更为精简。因此开发相对容易，且可以使用一些专门的软件包用于图像处理和控制功能，比如 Halcon、Matlab 等。但即使是这样，Windows 和基于 Windows 的嵌入式系统依然具有以下主要缺点：

① 体积庞大，对硬件配置要求高；
② 系统运行效率较低，实时性较差；
③ 每一套均需授权，使用成本高。

（二）Linux 操作系统

Linux 是一种以 Unix 为基础的开源性质的操作系统。与 Windows 相比，Linux 具有更高的运行效率，能够更加充分地发挥硬件的性能。与 Windows 一样，Linux 也具有类似于 DOS 的命令行界面和类似于 Windows 的图形界面。由于源代码开放，任何人都可以自由复制、修改、套装分发和销售，但是不可以在分发时加入任何限制，所以任何人都可以无偿取得所有执行文件和源代码。

正是由于 Linux 系统的这种特征，使其无论是在桌面应用领域还是嵌入式应用领域都得到了极为广泛的应用，如当前智能手机和平板电脑所采用的 Android 操作系统就是基于 Linux 核心的。一些商业公司基于 Linux 内核开发和发布了自己的操作系统，当前比较流行的有 Ubuntu、Debian、Arch Linux、Linux Mint、Fedora、OpenSUSE、CentOS 等。早期较知名的还有 Redhat、中科红旗等。目前，几乎所有基于 Linux 的硬件驱动均可以从网上免费获得，应用程序也很丰富。Linux 操作系统和所有驱动、应用均是免费的，可以降低嵌入式应用的成本。

第四节　智能车辆车载网络系统

车载网络主要由以太网、CAN 总线、USB 总线组成。根据实时性要求，设定上位机发给 DSP（Digital Signal Processor，数字信号处理器）的控制命令速率为 32 帧/s，DSP 发给上位机的编码器值为 1000 帧/s，控制参数开始发送一次，数据流量大约为 203kbit/s。CAN

总线的速度已经足够了，CAN总线网络比较灵活，开发的软硬件成本低，所以选择CAN总线作为上位机与控制器之间的主要通信总线。

考虑到通信的安全保障，尤其是上位机与CAN总线之间的连接容易发生断开的故障。将USB通信总线作为备用通信方式。在上位机与驱动控制器之间建立USB通信。在主CAN网络发生故障时，启用USB通信把速度与转角命令发给驱动控制器，再由驱动控制器把转角命令转发给转向控制器。

处理器只提供了CAN总线接口，但是把CAN总线和计算机连起来还需要一个转接卡，USBCAN-Ⅰ是与USB1.1总线兼容的，带有1路CAN接口的智能型数据接口卡。

为了增强CAN总线通信的可靠性，CAN总线网络的两个端点通常要加入终端匹配电阻。终端匹配电阻的大小由传输电缆的特性阻抗所决定。例如双绞线的特性阻抗为120Ω，则总线上的两个端点也应集成120Ω终端电阻。USBCAN-Ⅰ/Ⅱ智能CAN接口卡的每一个CAN通道都集成有120Ω终端电阻。CAN通信线可以使用双绞线屏蔽，若双绞线的通信距离超过1km，应保证线的截面积大于$1.0mm^2$。

一、CAN总线网络

（一）CAN总线定义

CAN（Controller Area Network，控制器局域网络）是德国博世公司在1985年时为了解决车辆上众多测试仪器与控制单元之间的数据传输而开发的一种支持分布式控制的串行数据通信总线。国际化标准组织（ISO）在1993年提出了CAN总线的国际标准——ISO 11898，使得CAN总线的应用更标准化和规范化。目前，CAN总线已经是国际上应用最广泛的网络总线之一，它的数据信息传输速率最大为1Mbit/s，属于中速网络，通信距离（无须中继）最远可达10km，最有可能成为世界标准的车辆局域网。

（二）CAN总线网络特点

CAN总线采用双绞线作为传输介质，媒体访问方式为逐个仲裁法，是一种多主总线。CAN总线为事件触发的实时通信网络，其总线仲裁方式采用基于优先级的载波侦听多路访问冲突检测（CSMA/CD）法。CAN总线网络具有以下特点。

1. 多主控制

多主控制是指在线空闲时，所有的单元都可开始发送消息，最先访问总线的单元可获得发送优先权（CSMA/CD方式）；多个单元同时开始发送时，发送高优先级ID（标识符）消息的单元可获得发送优先权。

2. 消息的发送

在CAN协议中，所有的消息都以固定的格式发送。总线空闲时，所有与总线相连的单元都可以开始发送新信息。两个以上的单元同时开始发送消息时，根据ID决定优先级。ID并不是表示发送的目的地址，而是表示访问总线的消息的优先级。两个以上的单元同时开始发送消息时，对各消息的ID进行逐个仲裁比较。仲裁获胜（被判定为优先级最高）的单元可继续发送消息，仲裁失利的单元则立刻停止发送消息。

3. 系统的柔软性

与总线相连的单元没有类似于"地址"的信息，因此在总线上增加单元时，连接在总线上的其他单元的软硬件及应用层都不需要改变。

4. 高速度和远距离

当通信距离小于 40m 时，CAN 总线的传输速率可以达 1Mbit/s。通信速度与其通信距离成反比，当其通信距离达到 10km 时，其传输速率可以达到约 5kbit/s。

5. 远程数据请求

可通过发送"遥控帧"请求其他单元发送数据。

6. 错误检测功能、错误通知功能、错误恢复功能

错误检测功能是指所有的单元都可以检测错误；错误通知功能是指正在发送消息的单元一旦检测出错误，会强制结束当前的发送，并立即同时通知其他所有单元；错误恢复功能是指强制结束发送的单元会不断反复地重新发送该消息直至发送成功。

7. 故障封闭

CAN 总线可以判断出错误的类型是总线上暂时的数据错误（如外部噪声等）还是持续的数据错误（如单元内部故障、驱动器故障、断线等）。根据此功能，当总线上发生持续的数据错误时，可将引起此故障的单元从总线上隔离出去。

8. 连接 CAN 总线可以同时连接多个单元

可连接的单元总数理论上是没有限制的，但实际上可连接的单元数受总线上的时间延迟及电气负载的限制。降低传输速率，则可连接的单元数增加；提高传输速率，则可连接的单元数减少。

总之，CAN 总线具有实时性强、可靠性高、传输速率快、结构简单、互操作性好、总线协议具有完善的错误处理机制、灵活性高和价格低廉等特点，在车载网络上已经得到广泛的应用。

（三）CAN 总线网络的分层结构

CAN 协议包含了 ISO 规定的 OSI 7 层参考模型中的物理层、数据链路层和传输层。CAN 总线网络分层结构如图 3-23 所示。

7 层参考模型 OSI 是国际标准化组织（ISO）制定的一个用于计算机或通信系统间互联的标准体系，它是一个 7 层的、抽象的模型，不仅包括一系列抽象的术语或概念，也包括具体的协议。

1. 物理层

物理层的主要功能是利用传输介质为数据链路层提供物理连接，实现相邻节点之间比特流的透明传输。尽可能屏蔽具体传输介质和物理设备的差异，使其上面的数据链路层不必考虑网络的具体传输介质是什么。

2. 数据链路层

数据链路层负责建立和管理节点间的链路。其主要功能是通过各种控制协议，将有差错的物理信道变为无差错的、能可靠传输数据帧的数据链路。数据链路层通常又被分为介质访问控制（MAC）和逻辑链路控制（LLC）两个子层。MAC 子层的主要任务是解决共享型网络中多用户对信道竞争的问题，完成网络介质的访问控制。MAC 子层也受一个名为"故障界定"的管理实体监管，此故障界定为自检测机制，以便把永久故障和短时扰动区别开来；LLC 子层的主要任务是建立和维护网络连接，执行差错校验、流量控制和链路控制。数据链路层的具体工作是接收来自物理层的位流形式的数据，并封装成帧传送到上一层。同样，

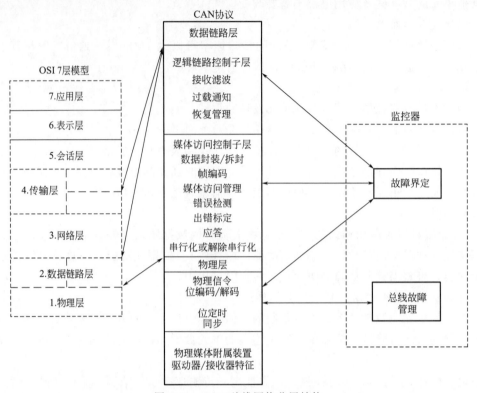

图 3-23 CAN 总线网络分层结构

也将来自上一层的数据帧，拆装为位流形式的数据转发到物理层。并且，还负责处理接收端发回的确认帧的信息，以便提供可靠的数据传输。

3. 网络层

网络层是 OSI 参考模型中最复杂的一层，也是通信子网的最高一层。它在下两层的基础上向资源子网提供服务。主要通过路由选择算法，为报文或分组通过通信子网选择最适合的路径。该层控制数据源链路层与传输层之间的信息转发，建立、维持和终止网络的连接。具体来说，数据链路层的数据在这一层被转换为数据包，然后通过路径选择、分段组合、顺序、进/出路由等控制，将信息从一个网络设备传送到另一个网络设备。一般数据链路层解决同一网络内节点之间的通信，而网络层主要解决不同子网间的通信。例如在广域网之间通信时，必然会遇到路由（即两节点间可能有多条路径）选择问题。

4. 传输层

OSI 下 3 层的主要任务是数据通信，上 3 层的任务是数据处理。传输层是通信子网和资源子网的接口及桥梁，起到承上启下的作用。传输层的主要功能有传输连接管路、处理传输差错和监控服务质量。其中传输连接管理是指提供建立、维护和拆除传输连接的功能，传输层在网络层的基础上为高层提供"面向连接"和不太可靠的"面向无连接"的数据传输服务、差错控制和流量控制。在提供"面向连接"服务时，通过这一层传输的数据将由目标设备确认，如果在指定的时间内未收到确认信息，数据将被重发。

5. 会话层

会话层是用户应用程序和网络之间的接口，具体功能有会话管理、会话流量控制、寻址、出错控制。其中会话管理是指允许用户在两个实体设备之间建立、维持和终止会话，并支持它们之间的数据交换,如提供单方向会话或双向同时会话,并管理会话中的发送顺序,以及会话所占用时间的长短;会话流量控制是指提供会话流量控制和交叉会话功能;寻址是指使用远程地址建立会话连接;出错控制是负责纠正错误。

6. 表示层

表示层是对来自应用层的命令和数据进行解释,对各种语法赋予相应的含义,并按照一定的格式传送给会话层。其主要功能是处理用户信息的表示问题,如编码、数据格式转换、加密和解密等。

7. 应用层

应用层是计算机用户以及各种应用程序和网络之间的接口。其功能是直接向用户提供服务,完成用户希望在网络上完成的各种工作。它负责完成网络中应用程序与网络操作系统之间的联系,建立与结束使用者之间的联系,并完成网络用户提出的各种网络服务及应用所需的监督、管理和服务等各种协议。此外,该层还负责协调各个应用程序间的工作。

由于 OSI 是一个理想的模型,因此一般网络系统只涉及其中的几层,很少有系统能够具有所有的 7 层,并完全遵循它的规定。

(四) CAN 总线网络帧类型

CAN 总线网络传输帧的主要类型包括数据帧、远程帧、错误帧和过载帧。

1. 数据帧

数据帧用于传输数据,主要由帧起始、仲裁域、控制域、数据域、CRC(循环冗余)校验、应答域和帧结束构成,如图 3-24 所示。

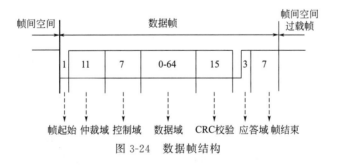

图 3-24 数据帧结构

2. 远程帧

远程帧主要用于接收单元向发送单元请求主动发送数据,包含了数据帧中除了数据段以外的部分,其实质是没有数据段的数据帧,其结构如图 3-25 所示。

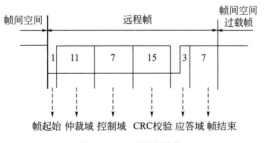

图 3-25 远程帧结构

3. 错误帧

错误帧用于在接收和发送消息时检测出错误并向网络节点通知错误发出的帧。主要包含错误标志和错误界定符，其结构如图 3-26 所示。

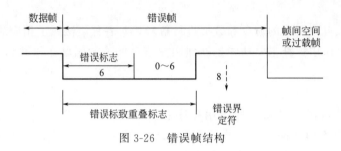

图 3-26　错误帧结构

4. 过载帧

当总线数据传输量过大，接收节点对接收的数据无法及时处理时，会在相邻的两个数据帧之间穿插发送一个过载帧，以告诉发送节点延迟下一帧消息的发送。其由过载标志叠加区和过载界定符组成，其结构如图 3-27 所示。

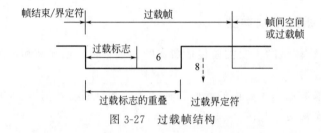

图 3-27　过载帧结构

（五）CAN 总线在车辆上的应用

CAN 总线的最大传输速率可达 1Mbit/s。目前，车辆上的网络连接方式需采用两条 CAN 总线：一条是用于驱动系统的高速 CAN 总线，速率达到 500kbit/s；另一条是用于车身系统的低速 CAN 总线，速率为 100kbit/s。高速 CAN 总线主要连接发动机、自动变速器、ABS/ASR、ESP 等对通信实时性有较高要求的系统。低速 CAN 总线主要连接灯光、电动车窗、自动空调及信息显示系统等，多为低速电动机和开关器件，对实时性要求低而数量众多。不同速度的 CAN 网络之间通过网关连接。对车辆 CAN 总线上的信号进行采集时，需要确定所采集的信号处于哪个 CAN 网络中，以便于设置合适的 CAN 通道波特率。车辆 CAN 总线网络拓扑结构如图 3-28 所示。

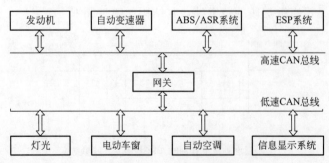

图 3-28　车辆 CAN 总线网络拓扑结构

二、LIN 总线网络

(一) LIN 总线定义

LIN（Local Interconnect Network，局部连接网络）也称为局域网子系统，是专门为智能车辆开发的一种低成本串行通信网络，用于实现车辆中的分布式电子系统控制。LIN 网络的数据传输速率为 20kbit/s，属于低速网络，媒体访问方式为主单多从，是一种辅助总线，辅助 CAN 总线工作，在不需要 CAN 总线的带宽和多功能的场合，使用 LIN 总线可大大降低成本。

(二) LIN 总线网络通信方法

LIN 总线网络的数据通信主要包括主-从通信模式和从-从通信模式，两种通信模式都由主节点控制，有各自优势和劣势。

1. 主-从通信模式

主节点传输信息 ID，进而发送数据传输命令。网上所有 LIN 节点将该信息进行转换，然后进行相应的操作。根据主-从通信模式，主节点内部有一个从节点正在运行。它对正确的 ID 进行响应，然后将规定的比特传输到 LIN 总线。不同 LIN 节点在网络中都拥有完整的 LIN 帧，同时还按照各自的不同应用提供主节点数据和流程。例如主节点可能希望所有门锁都打开，每个门锁节点被设定为对单个信息进行响应，然后完成开锁。或者主节点可能传输 4 条不同信息，然后有选择性地打开门锁。

主-从通信模式将大部分调度操作转移到主节点上，从而简化其他节点操作。因此，LIN 从节点硬件大幅减少，甚至可能减少为单个状态设备。另一个优势是，由于主节点能够同时与所有节点通信，已知信息和要求的 ID 数量都大大减少。主节点将所有数据通信发送到全部节点，然后在所有数据传输到其他设备之前从节点接收该数据，这样可以检查传输数据的有效性。该操作允许主节点对所有通信进行监测，减少并消除潜在错误。

但是，这种通信模式速度缓慢，LIN 节点很难及时地接收和处理数据，并有选择性地将它传输给其他节点。

2. 从-从通信模式

与主-从通信相比，从-从通信方法更迅速。各个信息帧上的节点共用消息，从而极大地提高响应速度。例如单个信息可以打开两扇车窗，关闭一个车门，打开三个车门或者移动车窗玻璃。这样就可以明显减少网上的数据流量。

但是，从-从通信模式有重要的局限性，各个从节点的时钟源未知，因此从节点将数据传输到网络时（根据主节点请求），数据可能发生漂移。主节点有一个精确度很高的时钟，数据漂移有较大的误差范围，但另一个接收数据的 LIN 从节点却没有，这会导致数据误译。这种情况下，主节点不显示从-从通信已经失效。

(三) LIN 总线网络特点

① LIN 总线的通信是基于 SCI 数据格式，媒体访问采用单主节点、多从节点的方式，数据优先级由主节点决定，灵活性好。

② 一条 LIN 总线最多可以连接 16 个节点，共有 64 个标识符。

③ LIN 总线采用低成本的单线连接,传输速率最高可达 20kbit/s。

④ 不需要进行仲裁,同时在从节点中无须石英或陶瓷振荡器,只采用片内振荡器就可以实现自同步,从而降低硬件成本。

⑤ 几乎所有的 MCU(Microcontroller Unit,微控制单元)均具备 LIN 所需硬件,且实现费用较低。

⑥ 网络通信具有可预期性,信号传播时间可预先计算。

⑦ 通过主机节点可将 LIN 与上层网络(CAN)相连接,实现 LIN 的子总线辅助通信功能,从而优化网络结构,提高网络效率和可靠性。

⑧ 总线通信距离最大不超过 40m。

LIN 总线规范中,除定义了基本协议和物理层外,还定义了开发工具和应用软件接口。因此,从硬件、软件以及电磁兼容性方面来看,LIN 总线保证了网络节点的互换性。这极大地提高了开发速度,同时保证了网络的可靠性。

(四)LIN 网络结构

LIN 网络采用单主机多从机模式,一个 LIN 网络包括一个主节点和若干个从节,由于过多的网络节点将导致网络阻抗过低,一般情况下网络节点总数不宜超过 16 个。所有的网络节点都包含一个从任务,提供通过 LIN 总线传输的数据,主节点除了从任务外还包括一个主任务,负责启动网络中的通信。

(五)LIN 报文帧

LIN 总线上传输的数据有确定的格式,称作报文帧,它由报头和响应组成,如图 3-29 所示。其中报头由主任务提供,响应由主任务或从任务提供。可以看出,报头由同步间隔场、同步场和标识符场组成;响应由数据场和校验场组成;报头和响应由帧内响应空间分隔。

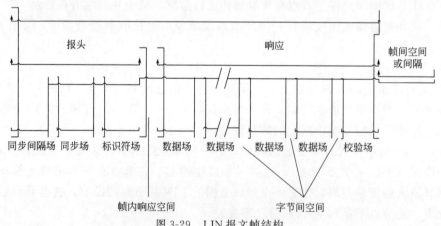

图 3-29 LIN 报文帧结构

同步间隔表示 LIN 报文的开始,是由主任务产生的,告诉从任务为即将传送的帧做好同步准备;同步场包含时钟的同步信息,在 8 位中有 5 位用于信息同步,使得从任务能与主时钟同步;标识符场描述报文的内容和长度数据场由 8 位数据的字节场组成;校验和场是帧的最后一部分,它是以 256 为模的所有数据字节算术和的反码。

(六) LIN 总线网络在车辆上的应用

由于一个 LIN 网络通常由一个主节点、一个或多个从节点组成,所以 LIN 网络为主从式控制结构。各个 LIN 主节点是车身 CAN 总线上的节点,通过 CAN 总线连接成为低速车身 CAN 网络,并兼起 CAN/LIN 网关的作用。引入带 CAN/LIN 网关的混合网络有效地降低了主干网的总线负载率。LIN 网络主要应用于车门、方向盘、座椅、空调系统、防盗系统等。LIN 网络将模拟信号用数字信号代替,实现对车辆低速网络的需求,结构简单,维修方便。如图 3-30 所示为 LIN 总线在车门控制模块中的应用。

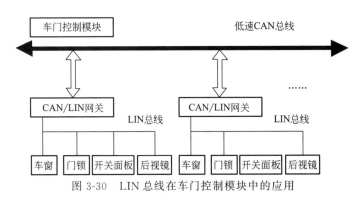

图 3-30 LIN 总线在车门控制模块中的应用

三、FlexRay 总线网络

(一) FlexRay 总线定义

FlexRay 是一种用于车辆高速的、可确定性的、具备各故障容错的总线系统。车辆中的控制器件、传感器和执行器之间的数据交换主要是通过 CAN 网络进行的。然而新的 X-by-wire 系统设计思想的出现,导致车辆系统对信息传送速度尤其是故障容错与时间确定性的需求不断增加。FlexRay 通过在确定的时间槽中传送信息,以及在两个通道上的故障容错和冗余信息的传送,可以满足这些新增加的要求。

(二) FlexRay 总线网络特点

1. 数据传输速率高

FlexRay 的网络最大传输速率可达 10Mbit/s,双通道总数据传输速率可达到 20Mbit/s。因此,应用在车载网络上,FlexRay 的网络带宽可以是 CAN 网络的 20 倍。

2. 可靠性好

FlexRay 能够提供很多 CAN 网络所不具有的可靠性特点,尤其是 FlexRay 具备的冗余通信能力。具有冗余数据传输能力的总线系统使用两个相互独立的信道,每个信道由一组双线导线组成。一个信道失灵时,该信道应传输的信息可在另一条没有发生故障的信道上传输。此外,总线监护器的存在进一步提高了通信的可靠性。

3. 确定性

FlexRay 是一种时间触发方式总线系统,它也可以通过事件触发方式进行部分数据传输。在时间控制区域内,时隙分配给确定的信息,一个时隙是指一个规定的时间段,该时间段对特定信息开放。对时间要求不高的其他信息则在事件控制区域内传输。确定性数据传输用于确保时间触发区域内的每条信息都能实现实时传输,即每条信息都能在规定时间内进行传输。

4. 灵活性

灵活性是 FlexRay 总线的突出特点,反映在以下方面:支持多种方式的网络拓扑结构,点对点连接、串级连接、主动星形连接、混合型连接等;信息长度可配置,可根据实际控制应用需求,为其设定相应的数据载荷长度;双通道拓扑既可用以增加带宽,也可用于传输冗余的信息;周期内静态、动态信息传输部分的时间都可随具体应用而改变。

为了满足不同的通信需求,FlexRay 在每个通信周期内都提供静态和动态通信段。静态通信段可以提供有界延迟,而动态通信段则有助于满足在系统运行时间内出现的不同带宽需求。FlexRay 帧的固定长度,静态段用固定时间触发的方法来传输信息,而动态段则使用灵活时间触发的方法来传输信息。

(三) FlexRay 网络拓扑结构

FlexRay 网络拓扑结构分为总线型拓扑、星型拓扑和混合型拓扑。

1. 总线型拓扑结构

FlexRay 总线型拓扑结构如图 3-31 所示。节点通过总线行双通道冗余或非冗余配置,也可以选择只连接一条通信通道。总线上任意一个节点都可以接收总线数据,且任意节点发出的信息可以被总线上的多个节点接收。

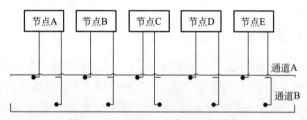

图 3-31　FlexRay 总线型拓扑结构

2. 星型拓扑结构

FlexRay 星型拓扑结构如图 3-32 所示。连接着 ECU 的有源星型设备,具有将一个分支的数据位流传输到所有其他分支的功能,有两个分支的有源星形设备可以被看成继电器或集线器以增加总线长度。

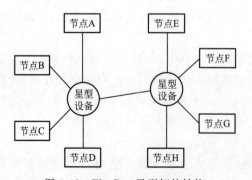

图 3-32　FlexRay 星型拓扑结构

3. 混合型拓扑结构

FlexRay 混合型拓扑结构如图 3-33 所示，由总线型拓扑结构和星形拓扑结构组成。混合型拓扑结构适用于较复杂的车载网络，其兼备总线型拓扑结构和星型拓扑结构的特点，在保证网络传输距离的同时可以提高传输性能。

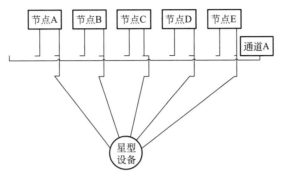

图 3-33　FlexRay 混合型拓扑结构

（四）FlexRay 数据帧格式

FlexRay 数据帧格式如图 3-34 所示，它由头部段、负载段和尾部段组成。

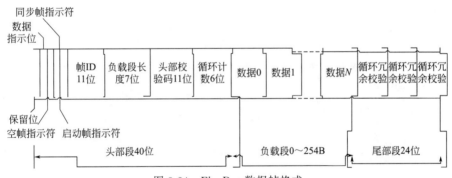

图 3-34　FlexRay 数据帧格式

1. 头部段

头部段包括 1 位保留位，1 位数据指示符表示静态消息帧是否包含 NM Vector 或动态消息帧是否包含信息 ID，1 位空帧指示符表示负载段的数据是否为空，1 位同步帧指示符表示是否为同步帧，1 位启动帧指示符表示是否为起始帧、11 位帧 ID、7 位有效数据长度、11 位 CRC 循环校验码和 6 位循环计数位。

2. 负载段

负载段包含 0～254B 的数据、信息 ID 和网络管理向量。

3. 尾部段

尾部段主要是 CRC 校验域。FlexRay 网络上的通信节点在发送个报文帧时，先发送头部段，再发送负载段，最后是尾部段。

（五）FlexRay 网络在车辆上的应用

FlexRay 网络具有速度快、效率高、容错性强等特点，可用于车辆动力和底盘系统的控制数据传输。

① 替代 CAN 总线。在数据传输速率要求超过 CAN 的应用，会采用两条或多条 CAN 总线来实现，FlexRay 将是替代这种多总线解决方案的理想技术。

② 用作"数据主干网"。FlexRay 具有很高的数据传输速率，且支持多种拓扑结构，非常适合于车辆主干网络，用于连接多个独立网络。

③ 用于分布式测控系统。分布式测控系统用户要求确切知道消息到达时间，且消息周期偏差非常小，这使得 FlexRay 成为首选技术，如用于动力系统、底盘系统的一体化控制中。

④ 用于高安全性要求的系统。FlexRay 本身不能确保系统安全，但它具备大量功能以支持面向安全的系统设计。

如图 3-35 所示是奥迪 A8 中的 FlexRay 总线拓扑结构。奥迪 A8 使用 FlexRay 总线可以实现驾驶动态控制、车距控制、自适应巡航控制和图像处理等功能。FlexRay 总线的拓扑结构可以分为点对点连接的主动星型拓扑结构（支路 3）和总线型拓扑结构（支路 1、2 和 4）。数据总线诊断接口 J533 用作控制器，上面有 4 个支路接口，其他总线用户围绕着数据总线诊断接口 J533 分布在若干支路上。每条支路上最多连接 2 个控制单元，其中主动星型连接器以及支路上的末端控制单元始终接低电阻（内电阻较低），而中间控制单元则始终接高电阻（内电阻较高）。

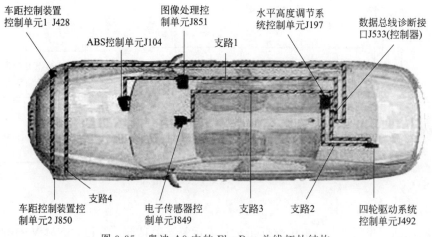

图 3-35 奥迪 A8 中的 FlexRay 总线拓扑结构

冷态启动和同步控制单元有数据总线诊断接口 J533、ABS 控制单元 J104、电子传感器控制单元 J849；非冷态启动控制单元有车距控制装置控制单元 1 J428、车距控制装置控制单元 2 J850、图像处理控制单元 J851、四轮驱动系统控制单元 J492、水平高度调节系统控制单元 J197。

四、以太网

（一）以太网定义

以太网（Ethernet）是由美国施乐（Xerox）公司创建，并由 Xerox、英特尔（Intel）和 DEC（数字装备）公司联合开发的基带局域网规范，是现有局域网采用的最通用的通信协议标准。以太网包括标准以太网（10Mbit/s）、快速以太网（100Mbit/s）、千兆以太网（1000Mbit/s）和万兆以太网（10Gbit/s）。

（二）以太网特点

1. 数据传输速率高

现在以太网的最大传输速率能达到 10Git/s，并且还在提高，比任何一种现场总线都快。

2. 应用广泛

基于 TCF/IP 协议的以太网是一种标准的开放式网络，不同厂商的设备很容易互联。这种特性非常适合于解决不同厂商设备的兼容和互操作的问题。以太网是目前应用最广泛的局域网技术，遵循国际标准规范 IEEE802.3，受到广泛的技术支持。几乎所有的编程语言都支持以太网的应用开发，如 Java、C++、VB 等。

3. 容易与信息网络集成，有利于资源共享

由于具有相同的通信协议，以太网能实现与互联网的无缝连接，方便车辆网络与地面网络的通信。车辆网络与互联网的连接极大地解除了为获取车辆信息而带来的地理位置上的束缚，这个性能是目前其他任何一种现场总线都无法比拟的。

4. 支持多种传输物理介质和拓扑结构

以太网支持多种传输介质，包括同轴电缆、双绞线、光缆、无线等，使用户可根据带宽、距离、价格等因素做多种选择。以太网支持总线型和星型等拓扑结构，可扩展性强。同时可采用多种冗余连接方式，提高网络的性能。

5. 软硬件资源丰富

由于以太网已应用多年，人们对以太网的设计、应用等方面有很多的经验，对其技术也十分熟悉。大量的软件资源和设计经验可以显著降低系统的开发成本，从而可以显著降低系统的整体成本，并大大加快系统的开发和推广速度。

6. 可持续发展潜力大

由于以太网的广泛应用，使其发展一直受到广泛的重视和大量的技术投入。车载网络采用以太网，可以避免其发展游离于计算机网络技术的发展主流之外，从而使车载网络与信息网络技术互相促进，共同发展。

（三）以太网协议分层结构

对应于 ISO 规定的 OSI 7 层通信参考模型，以太网协议在物理层和数据链路层均采用了 IEEE 802.3 规范，在网络层和传输层则采用被称作以太网标准的 TCP/IP 协议簇，它们构成了以太网协议的低 4 层。在高层协议上，以太网通常都省略了会话层、表示层，而在应用层广泛使用简单邮件传送协议 SMTP、域名服务协议 DNS、文件传输协议 F1、超文本传输协议 HTTP。以太网协议分层结构如图 3-36 所示。

物理层是 OSI 的最底层，为设备之间的数据通信提供传输媒介及互联设备，为数据的传输提供可靠的环境，物理层的主要功能是为数据设备提供数据通路、传输数据，并完成物理层的一些管理工作。对于以太网物理层，有各种电缆双效线、多模/单模光纤、光电接收器/发送器、中继器、各类接头和插头等。

数据链路是通信期间收发两端通过建立通信联络和拆除通信联络等过程而建立起来的数

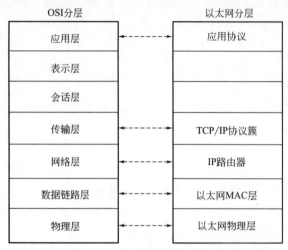

图 3-36 以太网协议分层结构

据收发关系。数据链路层的主要功能是负责销路的建立、拆除和分离，实现帧或分组的界定、同步与收发顺序控制，进而进行差错检测与恢复，并负责链路标识和流量控制等。在以太网中，数据链路层分为逻辑链路控制（LLC）层和媒体访问控制（MAC）层。在 LLC 不变的条件下，只需改变 MAC 便可适应不同的媒体和访问方法。

网络层负责复用、路由、中继、网络管理、流量控制以及更高层次的差错检测、恢复、排序等。网络层设备主要有网关和路由器。在以太网中，网络层的寻址、排序、流量控制和差错控制等功能均可由数据链路层承担。因此，既可以选择三层技术，也可以选择两层技术。

TCP/IP（传输控制协议/网际互联协议）协议簇是指包括 TCP、UDP、IP、HTTP 等在内的一组协议。TCP/IP 协议分为 4 层，每一层负责完成不同的功能。

1. 网络接口层或链路层

通常包括操作系统中的设备驱动程序和嵌入式设备中对应的网络接口卡，它们一起处理通信电缆的物理接口细节。

2. 网络层

处理报文分组在网络中的活动，例如报文分组的路径选择。在 TCP/IP 协议簇中网络层协议包括 ARP 协议、R1ARP 协议、IP 协议、ICMP 协议以及 IGMP 协议。

3. 传输层

要为两台主机上的应用程序提供端到端的通信。在 TCP/IP 协议簇中，有两个互不相同的协议 TCP 和 UDP。

4. 应用层

负责处理特定的应用程序细节。应用层的协议内容包括域名服务协议 DNS、文件传输协议 FTP、简单网络管理协议 SNMP、简单邮件传输协议 SMTP、超文本传输协议 HTTP 等。

（四）以太网数据帧格式

以太网发送数据时，MAC 层把 LLC 层递交来的数据按某种格式再加上一定的控制信息，然后再经物理层发送出去。MAC 层递交给物理层的数据格式称为 MAC 帧格式。IEEE 802.3 规定的 MAC 帧格式如图 3-37 所示，它包含 6 部分，分别是前导域及帧起始定界符、目的地址域、源地址域、长度/类型域、数据域和 FCS 域。

图 3-37 IEEE 802.3 规定的 MAC 帧格式

1. 前导域及帧起始定界符

前 7 个字节都是 10101010，最后一个字节是 10101011。用于将发送方与接收方的时钟进行同步，主要是由于以太网类型的不同，同时发送、接收速率也不会是完全精确的帧速率传输，因此需要在传输之前进行时钟同步。

2. 目的地址（DA）域

DA 标识了目的（接收）节点的地址，由 6 个字节组成。DA 可以是单播地址、多播地址或广播地址。

3. 源地址（SA）域

SA 标识了最后一个转发此帧设备的物理地址，也由 6 个字节组成，但 SA 只能是单播地址。

4. 长度/类型域

该域由 2 字节组成，同时支持长度域和类型域。允许以太网多路复用网络层协议，可以支持除了 IP 协议之外的其他不同网络层协议，或者是承载在以太网帧里的协议（如 ARP 协议）。接收方根据此字段进行多路分解，从而达到分析以太网的目的，将数据字段交给对应的上层网络层协议，这样就完成了以太网作为数据链路层协议的工作。

5. 数据域

数据域是上层递交来的要求发送的实际数据，该域的长度被限制在 46～1500 字节之间。如果超过 1500 字节，就要启用 IP 协议的 1 分片策略进行传输；如果不够 46 字节必须要填充到 46 字节。

6. FCS 域

它是 4 字节的检验域，该域由前面域、源地址域、长度/类型域及数据域，经过 CRC 算法计算得到。接收节点将依次收到的前面域、源地址域、长度/类型域及数据域进行相同的计算，如计算结果与收到的 FCS 域不一致，则表明发生了传输错误。

（五）以太网拓扑结构

以太网拓扑结构有总线型、环型和星型。

1. 总线型

总线型结构简单，实现容易，易于扩展，可靠性较好，总线不封闭，便于增加或减少节点。多个节点共享一条总线，使用广播通信方式，即总线上任何一个节点发送的信息，都能被总线上的其他节点接收，信道利用率高，通信速度快。但由于同一时刻只允许一个设备发送,总线型结构会出现节点之间竞争总线控制权的现象,而降低传输效率,需要软件控制,以消除这种对总线的竞争。节点本身的故障对整个系统的影响较小,但对通信总线要求较高,因为如果通信总线发生故障,所有节点的通信都会中断,总线网络结构通常会采用冗余总线技术来确保通信总线可靠工作。另外,总线型结构的故障诊断、隔离较为困难,接入节点数有限,通信的实时性较差。

2. 环型

环型结构由节点和连接节点的链路组成一个闭合环。所有节点共享一条环形传输总线,以广播方式把信息在一个方向上从源节点传输到目的节点,节点之间也有竞争使用环型传输总线的问题。对此,需用软件协调控制。这种结构的优点是结构简单、信道利用率高、电缆长度短、控制方式比较简单,每个节点只是以接力的方式把数据传输到下一个节点,传输信息误码率低,数据传输效率高。其缺点是当某个节点或某段环线发生故障时,都会导致整个网络瘫痪,可靠性较差,故障诊断、排除困难。为了提高可靠性,可采用双环或多环等冗余措施。

3. 星型

星型结构管理方便,容易扩展。需要专用的网络设备作为网络的核心节点,需要更多的网线,对核心设备的可靠性要求高。此外,星型结构可以通过级联的方式很方便地将网络扩展到很大的规模,因此得到了广泛的应用,被绝大部分的以太网所采用。

(六)以太网在车辆上的应用

以太网在车辆上应用刚刚开始,但它优越的性能得到车辆业界的重视,有望成为重要的车载网络。

东芝公司旗下半导体与存储产品公司推出了面向车载信息娱乐系统(IVI)和其他车辆应用的以太网桥接解决方案 TC9560XBG,它支持 IEEE 802.IAS、IEEE 802.1Qav 等标准,这些标准通常被称作以太网音视频桥接标准。以太网音视频桥接标准支持稳定、可靠的多媒体传输。因此,非常适合 IVI 和远程信息处理。此外,此元件还符合 AEC-Q100 标准的要求,可确保在严苛车辆环境下的性能表现。

博通、飞思卡尔和 OmniVision 推出的三方共同开发的 360°全景停车辅助系统是世界上第一款基于以太网的停车辅助系统。以太网在智能车辆上的应用如图 3-38 所示。

图 3-38 以太网在智能车辆上的应用

随着先进传感器、高分辨率显示器、车载摄像头、先进驾驶辅助系统及其数据传输和控制部件的加入，车辆电子产品正变得更加复杂。采用标准的以太网协议将这些设备连接起来，可以帮助简化布线，减少线束数量，节约成本。

2020 年后，车辆以太网的需求将超过 1.2 亿个节点，这一增长来自更多车载和车内电子设备的推动，包括摄像头、传感器、显示器、安全系统、舒适性和便利性系统等。对自动驾驶系统来说，可靠的高速通信网络是一项基本要求。

五、USB 总线

（一）USB 总线介绍

① 带宽的限制：High Speed 为 480Mbit/s；Full Speed 为 12Mbit/s；Low Speed 为 1.5Mbit/s。

② USB 设备之间不能传输数据。

③ USB 线的距离不能超过 5m。

④ USB 版本：1.0，2.0，OTG。

⑤ USB 传输线构成：一条 USB 的传输线分别由地线、电源线、D＋、D－四条线构成，D＋和 D－是差分输入线，它使用的是 3.3V 的电压（注意：与 CMOS 的 5V 电压不同），而电源线和地线可向设备提供 5V 电压，最大电流为 500mA。

⑥ USB OTG 接口中有 5 条线：2 条用来传送数据（D＋、D－）、1 条是电源线（VBUS）、1 条是接地线（GND）、1 条是 ID 线。

低速外设在 D－端并联一个 1.5kΩ 的接地电阻；全速外设在 D＋端并联一个 1.5kΩ 的接地电阻。

（二）USB OTG

USB 设备分为 HOST（主设备）和 SLAVE（从设备），只有当一台 HOST 与一台 SLAVE 连接时才能实现数据的传输。USB HOST 是指主机。USB OTG 设备既能做主机又能做设备。OTG 技术就是在没有 HOST 的情况下，实现设备间的数据传送。

当 OTG 插到计算机上时，OTG 的角色就是连接计算机的 Device（读卡器），也就是 SLAVE（从设备）。计算机端会有从 VDD 传过来一个 5V 的电压，此时的 ID 脚为高电平，表示设备应该切换到从设备模式。

当 USB/SD Device 插到 OTG 上时，OTG 的角色就是 HOST（主机）。此时的 ID 脚为低电平，MCU 端检测到下降沿中断，切换到 HOST（主设备）模式。

第五节　智能车辆基础平台的实现途径

一、后期改装的方式

后期改装方式适合非车辆生产厂家和研究机构。如谷歌公司的无人驾驶车即是购买其他车辆厂家的车辆进行改装的。这种方式需要对油门、制动、转向、换挡、信号等各种机构进行改造，工作量较大。

二、前期整合设计的方式

前期整合设计的方式适合致力于推出无人驾驶车辆的车辆厂家。如今，梅赛德斯-奔驰、沃尔沃、通用、福特等公司已经推出了自己的无人驾驶车样车。

对于掌握车辆设计技术，尤其是车辆电子控制系统设计技术的车辆厂家，如果能够在设计之初就考虑到电源、油门、制动、转向、换挡、信号等接口和功能，将极大减少后期改装的工作量和难度，同时也可以提高整车的可靠性。

前期整合设计的方式还可以将电子油门、转向、制动、换挡等功能通过总线的方式整合到车辆电控系统中，从而最大限度减少车辆硬件的改动和后期布线。

第四章

智能车辆环境感知技术

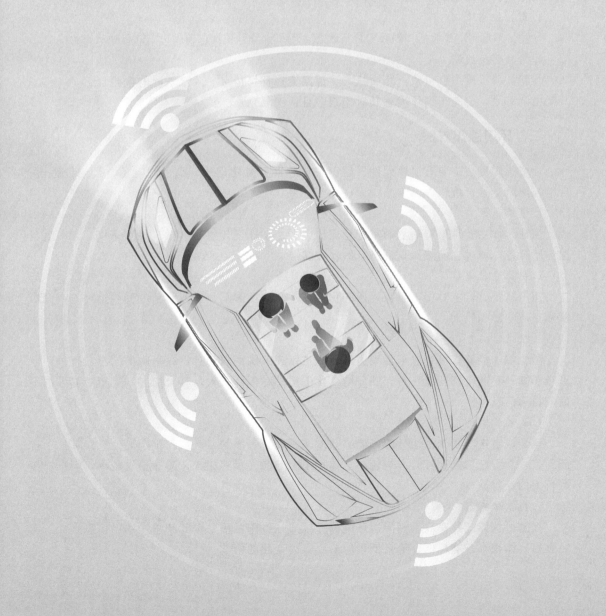

第一节　环境感知系统

一、环境感知对象

智能车辆环境感知对象主要包括以下几个方面。

1. 行驶路径识别

结构化道路的行驶路径识别包括道路交通标线、行车道边缘线、路口导向线、导向车道线、人行横道线、道路出入口标线、道路隔离物识别；非结构化道路的行驶路径识别主要是可行驶路径的确认。

2. 周边物体感知

周边物体感知主要包括：车辆、行人、路面上可能影响车辆通过和安全行驶的其他各种移动或静止物体的识别；各种交通标志的识别；交通信号灯的识别。

3. 驾驶状态检测

驾驶状态检测主要包括：驾驶者自身状态、主车自身行驶状态和周边车辆行驶状态的检测。

4. 驾驶环境监测

驾驶环境检测主要包括：路面状况、道路交通拥堵情况、天气状况的检测。

由此可见，智能车辆环境感知对象很多且情况复杂。

二、环境感知方法

环境感知方法主要有惯性元件、超声波传感器、激光雷达、毫米波雷达、视觉传感器、自组织网络、融合传感等。

1. 惯性元件

惯性元件主要是指车辆上的车轮轮速传感器、加速度传感器、微机械陀螺仪、方向盘转角传感器等，通过它们感知车辆自身的行驶状态。

2. 超声波传感器

超声波传感器主要用于短距离探测物体，不受光照影响，但测量精度受测量物体表面形状和材质的影响较大。

3. 激光雷达

激光雷达能够直接获取车辆周边环境的二维或三维距离信息，通过距离信息对行驶环境进行感知。其测量精度高，对光照环境变化不敏感，但体积大，且无法感知无距离差异的平面内目标信息。

4. 毫米波雷达

毫米波雷达与激光雷达类似，能够获取车辆周边环境的二维或三维距离信息。其抗干扰能力强，受天气情况和夜间影响较小，体积小。与激光雷达相比，传播损失较小，但难以探测行人的反射波。

5. 视觉传感器

视觉传感器能够获取车辆周边环境的二维或三维图像信息。其获得的图像信息量大，实时性好，体积小，能耗低，价格低，但易受光线变化的影响。

6. 自组织网络

通过车载自组织网络可以获取车辆行驶周边环境信息和周边其他车辆行驶信息，也可以把车辆本身的信息传递给周边车辆。通过车载自组织网络能够获取其他传感手段难以实现的宏观行驶环境信息，可实现车辆之间信息共享，对环境干扰不敏感。

7. 融合传感

融合传感是指运用多种不同传感手段获取车辆周边环境多种不同形式信息，通过多信息融合技术对行驶环境进行感知，如视觉与毫米波雷达、视觉与激光雷达、视觉与超声波传感器的融合等。其优点是能够获取丰富的车辆周边环境信息，具有优良的环境适应能力，为安全、快速辅助驾驶提供可靠保障。缺点是系统复杂，成本高。

三、环境感知系统组成

智能车辆环境感知系统由信息采集单元、信息处理单元和信息传输单元组成，如图 4-1 所示。

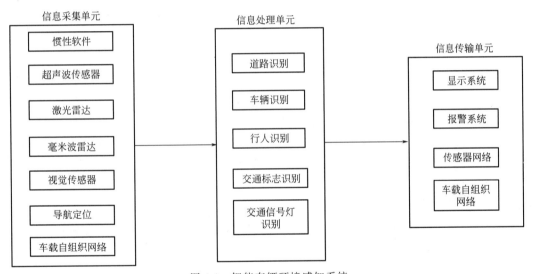

图 4-1 智能车辆环境感知系统

1. 信息采集单元

对环境的感知和判断是智能车辆工作的前提及基础。感知系统获取周围环境和车辆信息的实时性及稳定性，直接关系到后续检测或识别准确性和执行有效性。信息采集技术主要有惯性软件、超声波传感器、激光雷达、毫米波雷达、视觉传感器、导航定位及车载自组织网络技术等。

2. 信息处理单元

信息处理单元主要是对信息采集单元输送来的信号，通过一定的算法对道路、车辆、行人、交通标志、交通信号灯等进行识别。

3. 信息传输单元

信息处理单元对环境感知信号进行分析后，信息送入传输单元，传输单元根据具体情况执行不同的操作。如分析信息后确定前方有障碍物，并且本车与障碍物车辆之间的距离小于安全距离，则将这些信息送入控制执行模块，控制执行模块结合本车速度、加速度、转向角等自动调整智能车辆的车速和方向，实现自动避障，在紧急情况下也可以自动刹车；信息通过自组织网络传输给车辆周边的其他车辆，实现车辆与车辆之间信息共享。

第二节　视觉感知技术

一、基于机器视觉的环境感知流程

机器视觉是环境感知最常用的方法之一，具有以下特点。

① 视觉图像的信息量极为丰富，尤其是彩色图像，不仅包含视野内物体的距离信息，而且还有物体的颜色、纹理、深度和形状等信息。

② 在视野范围内可同时实现道路检测、车辆检测、行人检测、交通标志检测、交通信号灯检测等，信息获取面积大。当多辆智能车辆同时工作时，不会出现相互干扰的现象。

③ 视觉信息获取的是实时的场景图像，提供的信息不依赖于先验知识。

因此，基于视觉的高效、低成本的环境感知将成为智能车辆未来产业化的主要发展方向之一。

基于视觉的环境感知流程如图 4-2 所示。一般包括图像采集、图像预处理、图像特征提取、图像模式识别、结果传输，根据具体识别对象和采用的识别方法不同，感知流程也会略有差异。

图 4-2　基于视觉的环境感知流程

（一）图像采集

图像采集主要是通过摄像头采集图像，如果是模拟信号，要把模拟信号转换为数字信号，并把数字图像以一定的格式表现出来。根据具体研究对象和应用场合，结合车载的实际情况选取合适的摄像头。

（二）图像预处理

1. 图像压缩

图像数据之所以能被压缩，就是因为数据中存在着冗余。图像压缩技术分为有损压缩和无损压缩，可以减少描述图像的数据量，以便节省图像传输、处理时间短并减少所占用的存储器容量。图像压缩的目的是减少图像数据中的冗余信息，从而用更加高效的格式存储和传输数据。压缩既可以在不失真的前提下进行，也可以在允许失真的条件下进行。

常用的数字图像压缩方法有基于傅里叶变换的图像压缩算法、基于离散余弦变换的图像压缩算法、基于小波变换的图像压缩算法、基于 NNT（数论变换）的图像压缩算法和基于神经网络的图像压缩算法等。

2. 图像增强与复原

图像增强和复原的目的都是为了改善图像的质量，如去除噪声，提高图像的清晰度等。图像增强技术通常不考虑图像是如何退化的，只对图像中感兴趣的特征有选择地进行突出，而衰减其不需要的特征，因此改善后的图像不一定要逼近原图像。从图像质量评价观点来看，图像增强的主要目的是改变图像的灰度等级，提高图像对比度；消除边缘和噪声，平滑图像；突出边缘或线状地面物体，锐化图像；合成彩色图像；压缩图像数据量，突出主要信息等。

图像增强有空间域法和频域法两类。空间域法主要在空间域内对像素灰度值直接运算处理，如图像灰度变换、直方图修正、图像空域平滑和锐化处理、伪彩色边处理等；图像增强的频域法就是在图像的某种变换域内，对图像的变换值进行计算，如傅里叶变换等。

图像复原与图像增强不同，需要知道图像退化的机制和过程等先验知识，根据先验知识找出一种相应的逆处理方法，从而得到复原的图像。如果图像已退化，应先做复原处理，再做增强处理。

3. 图像分割

图像分割就是把图像分成若干个特定的、具有独特性质的区域，并提出感兴趣目标的技术和过程。多数分割算法均基于灰度值的两个性质：不连续性和相似性。

现有的图像分割方法主要分以下几类。

(1) 基于阈值的分割方法

灰度阈值分割法是一种最常用的并行区域技术，它是图像分割中应用数量最多的一类。阈值分割的优点是计算简单、运算效率较高、速度快。在重视运算效率的应用场合（如用于硬件实现），它得到了广泛应用。阈值的选择需要根据具体问题来确定，一般通过实验来进行。对于给定的图像，可以通过分析直方图的方法确定最佳的阈值，例如当直方图明显呈现双峰情况时，可以选择两个峰值的中点作为最佳阈值。

(2) 基于区域的分割方法

区域分割方法有：区域生长、区域分裂和合并，其中基础的是区域生长法。区域生长法是根据事先定义的准则将像素或者子区域聚合成更大区域的过程。从一组生长点开始（生长点可以是单个像素，也可以为某个小区域），将与该生长点性质相似的相邻像素或者区域与生长点合并，形成新的生长点，重复此过程直到不能生长为止。生长点和相邻区域的相似性判据可以是灰度值、纹理、颜色等多种图像信息。

在开始时将图像分割为一系列任意不相交的区域，然后将它们合并或者拆分以满足限制条件，这就是区域分裂与合并。通过分裂能够将不同特征的区域拆分，而通过合并也能够将相同特征的区域结合。

(3) 基于边缘的分割方法

图像分割的一种重要途径是通过边缘检测，即检测灰度级或者结构具有突变的地方，这种不连续性称为边缘。不同的图像灰度不同，边界处一般有明显的边缘，利用此特征可以分割图像。图像中边缘处像素的灰度值不连续，可通过求导数检测。

对于阶跃状边缘，其位置对应一阶导数的极值点，对应二阶导数的过零点（零交叉点）。因此常利用模板和图像卷积实现微分运算进行边缘检测，常用的一阶微分算子包括 Roberts 算子、Prewitt 算子和 Sobel 算子等。二阶微分算子包括 Laplace 算子和 Kirsh 算子等。上述微分算子对噪声敏感，只适合于噪声较小、不太复杂的图像。

由于边缘和噪声都是灰度不连续点，在频域均为高频分量时，直接采用微分运算难以克服噪声的影响，因此用微分算子检测边缘前需要对图像进行平滑滤波。

(4）用形态学分水岭的分割方法

分水岭图像分割方法借助地形学概念进行图像分割,近年来广泛使用。分水岭图像分割方法就是通过确定分水岭的位置来进行图像分割。一般考虑到各区域内部像素的灰度比较接近,而相邻区域像素间的灰度差距较大,可以先计算一幅图像的梯度图,再寻找梯度图的分水岭。在梯度图中,小梯度值对应区域内部,大梯度值对应区域的边界,采用分水岭图像分割方法寻找大梯度值像素的位置,即边界位置。

（三）图像特征提取

为了完成图像中目标的识别,要在图像分割的基础上,提取需要的特征,并将某些特征计算、测量、分类,以便于计算机根据特征值进行图像分类、识别和理解。

在图像识别中,常选以下特征。

1. 图像幅度特征

图像像素灰度值、RGB（Red，Green，Blue）、HSI（Hue，Saturation，Intensity）和频谱值等表示的幅值特征是图像的最基本特征。

2. 直观性特征

图像的边沿、轮廓、纹理和区域设计相应的提取算法。

3. 图像统计特征

图像统计特征主要有直方图特征、统计性特征（如均值、方差、能量、熵等）、描述像素相关性的统计特征（如自相关系数、协方差等）。

4. 图像几何特征

图像几何特征主要有面积、周长、分散度、伸长度、曲线的斜率和曲率、凸凹性、拓扑特性等。

5. 图像变换系数特征

如傅里叶变换系数、Hough 变换、Wavelet 变换系数、Gabor 变换、哈达玛变换、K-L 变换（PCA）等。

（四）图像模式识别

1. 基于形状特征的识别方法

基于形状特征的识别方法关键是找到图像中的对象形状及对此进行描述,形成可视特征矢量,以完成不同图像的分类,常用来表示形状的变量有周长、面积、圆形度、离心率等。

2. 基于色彩特征的识别方法

基于色彩特征的识别方法主要针对彩色图像,通过色彩直方图具有的简单且随图像的大小、旋转变换不敏感特点进行分类识别。

3. 基于纹理特征的识别方法

基于纹理特征的识别方法是通过对图像中非常具有结构规律的特征加以分析或者是对图像中的色彩强度的分布信息进行统计来完成的。

（五）结果传输

通过环境感知系统识别出的信息,传输到车辆其他控制系统或者传输到车辆周围的其他车辆,完成相应的控制功能。

二、相机的选型与布置

工业相机又俗称摄像机,与传统民用相机(摄像机)相比,具有高的图像稳定性、高传输能力和高抗干扰能力等特点。

(一) 工业相机的类型

工业相机按照芯片类型可分为 CCD 相机、CMOS 相机;按传感器的结构特性可分为线阵相机、面阵相机;按扫描方式可分为隔行扫描相机、逐行扫描相机;按分辨率大小可分为普通分辨率相机、高分辨率相机;按输出信号方式可分为模拟相机、数字相机;按输出色彩可分为单色(黑白)相机、彩色相机;按输出信号速度可分为普通速度相机、高速相机;按响应频率范围可分为可见光(普通)相机、红外相机、紫外相机等。目前市场上出现的工业相机大多是基于 CCD 或 CMOS 芯片的相机。

在智能车辆上广泛应用的数字摄像机,可直接将图像传入计算机处理。数字摄像机是在内部集成了 A/D 转换电路,可以直接将模拟量的图像信号转化为数字信息,不仅有效避免了图像传输线路中的干扰问题,而且摆脱了标准视频信号格式的制约。对外的信号输出使用更加高速和灵活的数字信号传输协议,可以做成各种分辨率的形式,出现了目前数字摄像机百花齐放的形势。常见的数字摄像机图像输出标准有:IEEE1394、USB2.0、USB3.0、DCOM3、RS-644 LVDS、Channel Link LVDS、Camera Link LVDS、GigE、Ethernet 等,其输出标准比较见表 4-1。

表 4-1 常见的数字摄像机图像输出标准比较

项目	Camera Link	USB2.0	IEEE 1394a	IEEE 1394b	GigE	Ethernet
速度	Base:1.5Gbit/s Medium:3.8Gbit/s Full:5.1Gbit/s	480Mbit/s	400Mbit/s	800Mbit/s	1000Mbit/s	100Mbit/s
距离/m	10	5	4.5	4.5	100	100
优势	(1)带宽高 (2)有带预处理功能的采集设备 (3)抗干扰能力强	(1)易用 (2)价格低 (3)多相机	(1)易用,价格低,多相机 (2)传输距离远,实际线缆可达到 17.5m,光纤传输可达 100m,有标准 DCAM 协议 (3)CPU 占用最低		(1)易用,价格低,多相机 (2)传输距离远,线缆价格低 (3)标准 GigE;Vision 协议	(1)易用,价格低 (2)传输距离远,线缆价格低
缺点	价格高	(1)无标准协议 (2)CPU 占用高	长距离传输线缆价格较高		(1)CPU 占用高 (2)对主机配置要求高 (3)有时存在丢包现象	(1)无标准协议 (2)带宽过低 (3)CPU 占用过高

摄像机在智能车辆上的应用通常是以摄像头的方式出现的,主要用于自适应巡航控制系统、车道偏离预警系统、车道保持辅助系统、车辆并线辅助系统、自动制动辅助系统中的道路检测和障碍物检测等。

(二) 国内外主要工业相机厂商

在国内生产工业相机的厂家主要有维视图像（Microvision）、艾菲特光电（Aftvision）、大恒图像等，这些厂家有较长时间的研发和生产经验，同时又相对专注于工业自动化领域。此外，这些国内的工业相机生产厂家还代理国外品牌工业相机，如维视图像（Microvision）代理德国 AVT 工业相机、日本 Watec 工业摄像机等相关产品。目前国内厂商生产的工业相机在生产工艺与产品性能等方面都与国外著名品牌工业相机存在较大差距。

在世界范围内智能车辆上应用较多的相机品牌有：德国 AVT、美国 Teledyne DALSA、日本 JAI、德国 Basler、瑞士 AOS、加拿大 Point Grey 等。

(三) 工业相机在智能车辆上的应用

意大利帕尔马大学 2009 年推出名为"Braive"的智能车辆，如图 4-3 所示。全车共装备 10 个相机，具有车道线检测、交通标志检测、障碍物检测等功能。在车内后视镜处安装 4 个相机（相机型号：DragonFly2），组成两个基线一长一短的双目视觉系统。同时单个相机还具有检测道路与交通标志的功能。车外后视镜上的相机（相机型号：FireFlyMV）以及车头两侧的相机（相机型号：DragonFly2）用来换道或在十字路口等候时检测车辆。在车辆后方安装一套由两个相机（相机型号：DragonFly2）组成的立体视觉系统，主要用来检测后方近距离障碍。"Braive"相机及其镜头参数见表 4-2 和表 4-3。

图 4-3 "Braive"相机布置方案及视场范围

表 4-2 "Braive"相机参数

型号	分辨率	最大帧率/(f/s)	接口	生产厂商
DragonFly2	1036×776	30	IEEE 1394	Point Grey
FireFlyMV	752×480	60	IEEE 1394	Point Grey

表 4-3 "Braive"相机镜头参数

相机	焦距/mm	视场角(水平/垂直)/(°)
Stereo Front(Short Baseline)	6.4	73.76/58.86
Stereo Front(Long Baseline)	6.4	73.76/58.86

续表

相机	焦距/mm	视场角（水平/垂直）/(°)
Lateral	4	100.43/84.15
Rear	4	96.93/71.54
Stereo Back	2.2	130.81/117.32

意大利帕尔马大学 2010 年推出的新型智能车辆完成了从意大利米兰到中国上海约 13000km 的跨洲无人驾驶试验。这款智能车辆前后各有一套由两个相机组成的双目立体视觉系统（相机型号：AVT Guppy Firewire Color Cameras），如图 4-4 所示。在车内后视镜下方装有三个水平视场角为 65°的相机（相机型号：AVT Guppy Firewire Color Cameras），组成车辆前方 180°的全景图像，可以实现车辆前方任意范围内车辆的检测与跟踪，相机镜头参数见表 4-4。

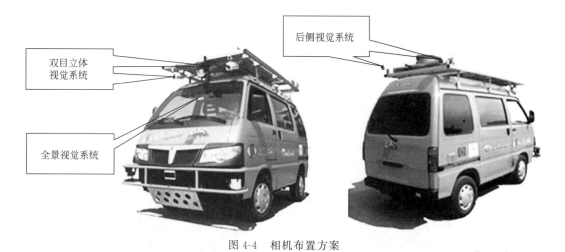

图 4-4 相机布置方案

表 4-4 相机镜头参数

相机	分辨率	焦距/mm	水平视场角/(°)	接口	生产厂商
Panoramic Vison	752×480	3.5	65	IEEE 1394	AVT Guppy Firewire
Stereo Front/Back（基线长 80cm）	752×480	4	60	IEEE 1394	AVT Guppy Firewire

谷歌无人驾驶车辆上安装一个相机，主要应用于检测红绿灯的状态。采用 Point Grey Grasshopper 5 mega-pixel 彩色相机，对感兴趣区域的选择只处理其中 2040×1080 像素的区域，水平视场角为 30°，最远红绿灯的检测距离为 150m，如图 4-5 所示。

牛津大学推出的"Bowler Wildcat"智能车辆平台采用一个 Point Grey Bumblebee2 Stereo Camera 立体视觉系统，水平视场角为 65°，图像分辨率为 512×384（图 4-6）。智能车辆工作时需要预先采集道路的图像生成地图，通过与历史记录的图像比对，定位当前车辆的位置并实现导航。同时立体视觉系统还具有检测障碍物的能力。

2007 年卡耐基梅隆大学（CMU）推出的代号为"BOSS"的智能车辆参加了美国 DARPA 组织的城市挑战赛并取得第一名。该车应用了两台 Point Grey Firefly 彩色相机，主要用于检测道路，估计道路趋势，并检测路面上的静态障碍物，如图 4-7 所示。

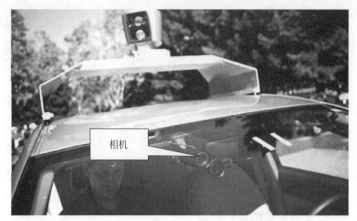

图 4-5 谷歌无人驾驶车辆相机布置方案

图 4-6 牛津大学推出的"Bowler Wildcat"智能车辆相机布置方案

图 4-7 卡耐基梅隆大学"BOSS"智能车辆相机布置方案

三、单目视觉感知技术

理论上可以通过单个相机实现所有路面场景的感知。路面场景识别的主要任务包括：确定车辆自身在车道中的位置和方位；确定车辆行驶周围车道的几何结构；检测车辆周围其他车辆或者行人的活动情况；检测交通标志或者交通信号；检测路面上的障碍物等。

（一）车道信息提取技术

车道信息提取主要完成如下任务：确定车辆在车道中的横向位置；车辆相对于车道中心线的航向；车道的几何形状，如车道的宽度、曲率等。依据检测对象不同，道路检测可分为结构化道路检测和非结构化道路检测。结构化道路具有明显的车道标线或者边界，道路宽度基本不变，非结构化道路没有车道标线和明显的道路边界，而且一般宽度不恒定。

车道信息的提取一般包括车道检测和跟踪两个步骤。车道检测是在没有强的先验知识限制的情况下在单幅图像中决定车道的边界。而车道跟踪是在序列图像中决定车道的位置，此时可以用前一帧图像中关于车道边界位置的信息来限制当前帧车道位置。

由于现实中的道路种类多样，再加上光照、气候等各种环境因素影响，导致道路检测十分复杂。目前不存在通用的检测算法，现有系统基本是针对各类具体道路分别设计相应的检测算法。目前道路检测算法主要有两大类：基于特征的道路检测技术和基于模型的道路检测技术。

1. 基于特征的道路检测技术

基于特征的道路检测技术主要包括两个部分：特征选取和特征聚合。首先分析道路图像，确定选择哪些特征。然后利用这些特征进行图像分割。最后根据一定的准则将分割结果组合成直观的道路表达。

道路特征选取可从区域角度和边缘角度分别考虑。基于区域的特征选取主要是分析道路区域和非道路区域之间的不同之处，两者的相异性可作为特征，例如色彩和纹理。在彩色道路图像中，道路色彩与周围环境具有很大的差别，可以利用这一特性实现道路区域分割。由于光照不均和阴影等其他因素影响，一幅图像中道路的色彩不可能完全一致，仅通过划分道路和非道路两类区域难以准确实现道路分割。一种方法是利用形态学，实现图像中相似区域的局部聚类，然后使用规则完成区域合并，得到完整的道路区域；另一种方法是利用道路图像中的一个显著特征——纹理。路面纹理相对单一，排列有序；而周围环境的纹理则杂乱无章，可以根据这一特征实现道路区域分割。

道路的边缘是道路区域分割方面的重点。一般算法中先求取图像中的边缘梯度，然后对具有较大梯度的边缘按照其梯度方向进行跟踪，最终得到整个边界。由于边界的不连续性，利用断断续续的边缘组合得到整个路边的描述是关键。一般采用拟合的方法实现，有全局直线拟合、分段线性拟合等多种。在强烈的光照下，阴影对边缘提取的影响不可忽视，有时阴影的边缘比道路边界更加强烈，将阴影边缘剔除也是一个难点。可以利用阴影边缘的不规则性和阴影区域的色彩特征来解决这个难题。目前常用同时应用边缘、区域等多种特征进行特征道路检测算法设计。为了减少算法的计算量，通常利用卡尔曼滤波器预测道路在下一帧图像中可能出现的位置，从而缩小图像处理区域，加快道路检测速度。

2. 基于模型的道路检测技术

结构化道路和非结构化道路都具有相对规则的道路标记或路边，根据路边形状建立相应的曲线模型也是道路检测中的热点问题。最简单的是直线模型，在有限长的范围内，假定路边是两条平行直线。在前视图像中，路边则表现为相交于消失点（Vanishing Point）的两条射线。先利用 Hough 变换等方法找到图像中存在的直线，然后将相交于消失点的两条直线确定为路边。也可以先进行逆透视变换，将前视图转换为准俯视图，然后从图像中提取平行直线。

抛物线和多项式模型是一种常见的弧形道路描述，该类模型的参数确定十分关键。为了描述更为广泛的道路结构，可使用 B 样条曲线模型。因为 B 样条能通过一组控制点构成任意形状曲线。首先通过消失点估计算法确定 B 样条的初始位置，然后使用最小均方能量方法在整幅图像中检测 B 样条模型的控制点。该模型能够有效抑制噪声、阴影和光照不均的影响，但其算法复杂度很高。相对于基于特征的道路检测方法而言，基于模型的道路检测可以有效克服路面污染、阴影、光照不均等环境因素影响。但是当道路不符合预先假设时，模型就会失效，因此模型的选择非常关键。为了提高道路模型的鲁棒性，通常根据当前检测结果及时更新道路模型参数，使得道路模型更加符合实际道路描述。

3. 车道跟踪技术

车道跟踪就是依据车道图像序列回归地估计车辆在车道中的横向位置、偏航角、车道宽度和曲率等，它具有对估计结果的平滑作用。

车道跟踪是以从相机获取的道路场景图像序列作为原始输入数据，通过图像处理算法提取道路图像特征作为测量数据，以某种随机状态估计算法为工具对道路模型参数进行迭代估计的过程，实质上是一个随机状态估计问题。

随机状态估计的主要方法有卡尔曼滤波、扩展卡尔曼滤波和粒子滤波器等。由卡尔曼于 1960 年发明的卡尔曼滤波是从噪声数据进行随机状态估计的标准方法，主要针对状态方程和测量方程均为线性，且过程噪声和测量噪声均为高斯噪声的情况。卡尔曼滤波本质上是实现预测校正估计的一种方法，它在最小均方误差（Minimum Mean Square Error，MMSE）意义上是最优的。与维纳滤波相比，卡尔曼滤波不仅能给出状态的最小均方误差估计，更重要的是它能在时域中采用递推的方法进行估计，即它在前一时刻状态估计的基础上，根据当前时刻的测量值，递推得到当前时刻的测量值。由于卡尔曼滤波采用递推算法，使其具有较快的计算速度，便于各种在线实时系统的信号处理，因此它在图像处理、自主导航和数据融合中得到广泛应用。卡尔曼滤波有诸多好处，但是它仅仅在状态方程、测量方程以及噪声为线性的情况下才是最优的。随机状态估计问题中存在大量的状态方程和测量方程中一个或者两个方程为非线性的情况，此时以线性假设为前提的标准卡尔曼滤波进行状态估计存在较大误差，有时甚至是失败的。为此研究者们又提出了扩展卡尔曼滤波来解决非线性随机状态估计问题。扩展卡尔曼滤波是采用一阶泰勒展开逼近非线性函数，线性化均值和协方差的卡尔曼滤波器，其实质是线性化非线性方程，并利用标准卡尔曼滤波进行状态估计。

粒子滤波器采用空间的点簇来逼近后验概率，这些点叫作"粒子"。每一个粒子赋予一个权值，后验密度采用离散空间的粒子逼近，赋予每一个粒子的概率正比于它的权值。不同的粒子滤波算法的区别在于粒子簇进化策略和利用数据方式的差异。

粒子滤波器关键的思想是利用随机样本点及其权值表示后验密度函数并估计其参数。最早的粒子滤波器是由 Gordan 提出的序贯重要重采样滤波器（Sequential Importance Resample，SIR）。此后，大量类似的滤波器在机器视觉、现代信号处理和统计中被提出来。

(二) 障碍物检测技术

障碍物检测是智能车辆安全行驶的重要保证。由于障碍物的出现具有不可预知性，无法根据预先设定的电子地图避开障碍物，只能在车辆行驶过程中及时发现并及时处理。目前关于障碍物的定义还没有统一的标准，一些系统中将障碍物限定为道路上中近距离的行人与其他车辆等。更多系统中则认为障碍物是车辆行驶道路上具有一定高度的物体。有些系统中把道路中可能妨碍车辆行驶的凹坑、水沟等低于道路平面的地形也定义为障碍物。因此，可以认为一切可能妨碍车辆正常行驶的物体和影响车辆通行的局部异常地形都是车辆行驶过程中的障碍物。目前基于单目视觉技术的障碍物检测技术主要用于检测车辆和行人，算法主要有以下两种。

1. 基于特征的障碍物检测技术

车辆和行人具有一些明显的特征。通常，车辆具有阴影，水平/垂直边缘，对称性、拐角、纹理、颜色、灯光等有显著特征。例如，车辆具有规则的水平边界和垂直边界，有良好的对称性。可以通过这些特征在图像中检测并定位车辆，可得到其边界框，便于跟踪。在红外热图像中，行人和车辆的特征更加明显。由于人体、车辆的发动机、排气管等部位的温度比周围环境偏高，在红外图像中呈现出明显的高亮区域，很容易检测。基于特征的障碍物检测方法一般用于单摄像机系统中，快速有效。但大都只能确定障碍物在图像中的位置，难以得到障碍物的实际距离，需要同时借助其他一些测距传感器实现障碍物的实际定位。大致可分为两类，一是基于背景建模的方法，分割出前景，提取其中的运动目标，然后进一步提取特征，分类判别。在存在下雨、下雪、刮风、树叶晃动、灯光忽明忽暗等场合，该方法的鲁棒性不高，抗干扰能力较差，且背景建模方法的模型过于复杂，对参数较为敏感。二是基于统计学习的方法，根据大量训练样本构建行人检测分类器。提取的特征一般有目标的灰度、边缘、纹理、形状、梯度直方图等信息，分类器包括神经网络、SVM、Adaboost等。

2. 基于光流场的障碍物检测技术

一般情况下，由于图像中的光流与运动场一致，可以用来检测运动的障碍物。基于光流场的障碍物检测通常分为三步。首先通过分析图像序列中的相邻帧计算光流场。然后根据光流场估计车辆的主运动方向。最后分析与主运动不一致的光流确定障碍物。在基于光流的检测算法中光流场的计算复杂，通常采用基于梯度、相关性、物体特征和网格计算的方法来估计光流场。基于光流场的障碍物检测无须障碍物的先验知识，可以处理一般高出地面的运动障碍物，但对于相对运动缓慢或静止的障碍物失效，因此在智能车辆中此技术应用较少。

(三) 交通标志的识别技术

交通标志的识别技术主要包括两个基本技术环节：首先是交通标志的检测，包括交通标志定位及必要的预处理；其次是交通标志的判别，包括交通标志的特征提取与分类。其中，交通标志检测是要解决的关键问题，是实现交通标志正确判别的前提。

1. 交通标志检测技术

交通标志大部分都具有明显的颜色特征，相对于交通标志的背景区域，其颜色大都是鲜明醒目的，与周围区域形成了较强的颜色对比。实际上，对于彩色图像的交通标志检测，也就是彩色图像的分割过程。

目前应用于彩色图像处理的颜色空间有很多种。最常见的就是 RGB 颜色空间，但由于 R、G、B 三个分量高度相关，且极易受光照的影响，因此并不适合于图像分割和分析。通常，将 RGB 空间变换到其他的颜色特征空间，再对图像进行处理。交通标志检测最为常用的是 HSI 和 RGB 特征空间。基于颜色特征的检测可以根据交通标志的颜色特征，分割出感兴趣区域（Region of Interest，ROI），但基于颜色分割得到的区域可能是过多的。因此，利用交通标志的形状等其他特征进一步定位交通标志区域也是必不可少的。

基于彩色图像的交通标志检测是一种非常有效的方法，也是目前交通标志识别领域的研究热点。但由于颜色受光线、天气等因素的影响较大，因此也给彩色图像的交通标志检测增加了难度和不稳定因素。

2. 交通标志判别技术

利用交通标志颜色特征检测出的结果是候选交通标志区域，还需要对检测结果进行判别，确定交通标志区域。交通标志判别的方法较多，例如神经网络、决策树、K-最近邻域、马尔可夫随机场、模板匹配、贝叶斯以及拉普拉斯方法等，其中以神经网络和模板匹配方法为主。模板匹配方法简单易行，但由于实景交通标志的变化很大，相同标志的模板与实景图形差别较大，因此鲁棒性不是很好。目前已经有很多研究改进了模板匹配算法，也取得了较好的判别效果。目前主流的交通标志判别方法是应用类似于神经网络的机器学习的方法。

（四）红绿灯识别技术

目前在智能交通和智能车辆领域中对红绿灯检测技术研究相对较少，采用的方法与交通标志检测的方法类似。通过颜色和形状特征找到红绿灯所在的位置，并根据红绿灯颜色判定红绿灯状态。红绿灯的检测能力目前主要受到光照、复杂背景、干扰因素的影响，造成正确检测率低，仅依靠红绿灯自身颜色与形状不能保证正常识别。

谷歌无人驾驶车辆采用一个彩色相机来检测红绿灯状态，如图 4-8 所示。它除了应用常规的红绿灯检测与识别技术外，还应用了其精确定位技术辅助检测。在预先采集的地图上标注每个红绿灯的位置和高度信息，在无人驾驶过程中依靠其自身的精确定位信息，可以计算当前红绿灯与相机的相对位置关系，根据图像的投影关系，在处理图像之前就限定每个红绿

图 4-8　谷歌检测红绿灯限定处理区域示意

灯在图像中位置，从而大大地减少了干扰并提高算法的效率，准确率达到 0.99。

（五）基于视觉的 SLAM 技术

同时定位与建图（Simultaneous Localization And Mapping，SLAM）是指机器人在未知环境中，根据带有噪声的传感器观测结果建立工作环境地图，并根据部分已建地图估计自身在环境中的位置。视觉 SLAM 分为单目、双目和多目。与后两者相比，单目视觉对方向测量的精确度高，但深度信息恢复困难，存在陆标初始化问题。单目视觉计算负荷低、灵活、廉价，目前很多 SLAM 算法基于单目视觉完成。

目前 Harris、KLT、SIFT 特征是视觉 SLAM 中常用的点特征检测方法。然而现实环境中可用的信息丰富，需要进一步挖掘新的陆标表示形式。单目视觉 SLAM 大多基于扩展卡尔曼滤波器的方法。

牛津大学目前已经在智能车辆上实现仅利用视觉 SLAM 方法的定位与导航，并应用于实时的道路试验。

（六）视觉里程计技术

视觉里程计（Visual odometry，VO）是一个仅利用单个或多个相机的输入信息估计智能车辆运动信息的过程。作为基于视觉技术的一种，在最近十几年的时间里已广泛应用于各类机器人的导航定位中。相比传统的里程计技术，视觉里程计更具优势，它仅利用相机完成，无须场景和运动的先验信息；不存在编码器计数不准、传感器精度降低或惯导漂移等因素引起的数据误差。可以运用于非结构化的环境或非常规的任务和平台。视觉里程计技术根据所使用的视觉系统不同，可以分为单目视觉里程计和立体视觉里程计。

单目视觉里程计作为视觉里程计技术的一种形式，主要有全向视觉和非全向视觉两种。两种形式的视觉里程计在具体实现中存在不同，但总的方法都是在相机运动过程中，同步完成相对运动和三维世界计算估计。

立体视觉里程计是视觉里程计的又一种形式。由于配置了多个相机，系统能通过三角方法获得视野的景深信息，从而直接获得图像特征点对应的世界三维坐标。在立体视觉中，系统能通过视差图等方法对环境进行区分和感知，相对于单目视觉，其环境和地形的适应性更好，现也广泛运用于粗糙地形和复杂环境中。

（七）单目视觉技术在车辆上的应用

1. 车道偏离预警系统

提供智能的车道偏离预警，在驾驶者无意识（驾驶者未打转向灯）偏离原车道时，能在偏离车道 0.5s 之前发出警报，或方向盘开始振动以提醒驾驶者目前车辆偏离的状况，为驾驶者提供更多的反应时间，极大减少了因车道偏离引发的碰撞事故，如图 4-9 所示。

车道偏离预警系统已经实现商业化的产品都是基于单目视觉的系统，根据摄像头安装位置不同，可以将系统分为：

① 侧视系统——摄像头安装在车辆侧面，倾斜指向车道；
② 前视系统——摄像头安装在车辆前部，倾斜指向前方的车道。

无论是侧视系统还是前视系统，都由道路和车辆状态感知、车道偏离评价算法及信号显示界面三个基本模块组成。系统首先通过状态感知模块感知道路几何特征和车辆的动态参

图 4-9 车辆检测示意

数,然后由车道偏离评价算法对车道偏离的可能性进行评价,必要的时候通过信号显示界面向驾驶者报警。

欧盟已经立法要求 2014 年起对所有新下线车辆强制加装车道偏离预警功能。奔驰、宝马、沃尔沃、奥迪、起亚、现代、英菲尼迪、大众 CC、纳智捷等车型标配了车道偏离预警功能。

宝马的车道偏离报警系统是一个基于视频传感器的驾驶者辅助系统,它利用集成在后视镜附近的摄像头监控前方道路,夜间监控大灯光束内的道路,监控信息被发送至中央控制单元进行分析。系统会识别出车道标记线,并持续跟踪观察标记线的位置。如果探测到车辆即将要偏离标记线,系统会通过方向盘的振动发出警告,提醒驾驶者及时校正车辆方向。车道偏离报警系统通过多功能方向盘上的按钮启动,主要用于高速公路或者郊外的公路行驶,当车速达到或超过 70km/h 时系统被激活。

沃尔沃的车道偏离警示系统通过中控台上的按钮被激活,如果驾驶者在行车过程中跨越原来的车道,但驾驶者没有打转向灯,系统就会发出警示音提示。该系统通过摄像头检测车辆在车道线之间的位置,当车速超过 60km/h 时,该系统被激活;当车速超过 65km/h 时,车道偏离警示系统可以帮助避免在单车道行驶时的偏离,以及避免因打电话等短时分心造成的偏离碰撞;当驾驶者使用转向灯越过车道标记时,车道偏离警示系统不启动。

雪铁龙的车道偏离警示系统是通过在车辆前保险杠两侧的传感器和驾驶者座椅内的振动器件组成的,传感器能够发射红外线,并通过回收的信号来分析路面状况。当地面反射的红外线光束发生非正常的移动时,控制单元就会控制驾驶者座椅下方的偏向越线方向的振动器振动,驾驶者就可以纠正车辆回到正常的轨道上来。车道偏离辅助系统通过比较路面和路面上的交通标线,分析并识别出车辆前方的分道线。在驾驶者无意让车离开车道的情况下,车道偏离辅助系统会采取措施,如果驾驶者是有意偏离(比如超车),那么车道偏离辅助系统不启动。

国内宇通与金龙客车也开始推广车道偏离辅助系统,大金龙新科技研究发展部从 2010 年开始在业内率先开展车道偏离报警系统的自主研发。

大金龙车道偏离报警系统的主要功能部件包括:智能摄像头、LDWS 控制器、LDWS

翘板开关。通过选装振动靠垫，可实现车道偏离报警的声音、振动等多种提醒方式，如图 4-10 所示。为使系统正常工作，车辆必须安装龙翼系统（KL-988 金龙车载电脑信息系统），主要目的在于通过龙翼系统接收车辆运行参数（车速、转向、刹车信号等），有效降低系统的误报率。

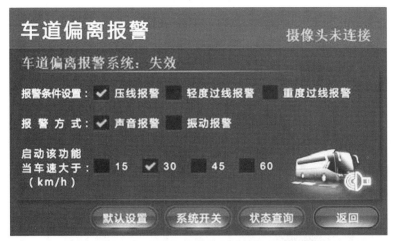

图 4-10　大金龙客车车道偏离报警系统运行界面

2.交通标志安全辅助系统

奔驰近日推出了一套防止车辆错误行驶的安全系统，该系统是奔驰交通标识安全辅助系统的一部分，该系统能够识别出交通标识，并能够在有可能错误行驶时予以提示。

奔驰将会在 S 级和 E 级车型的前挡风玻璃内侧安装一个摄像头，用来识别道路两旁的标识，并判断是否是禁行标识或者其他如限速标识或者限制超车的标识，同时车辆通过导航系统以及其他数据来判断车辆是否会有违反交通标识的趋势。如果车辆判断有此类倾向，会通过提示音及在显示屏上用闪烁灯的方式来提示驾驶者。

德国戴姆勒车辆公司曾试验一种装有智能控制系统的维塔牌车辆，在这款智能车辆内装有一套车辆自动驾驶系统。由安装在车身两侧、前后的 18 台微型电子摄像头与车载计算机相连，计算机由 12 个微处理器组成，每秒可处理 12 次由 18 台摄像头拍摄的图像。该系统能识别道路上的如限速和禁止超车等标志，并按要求进行行驶，不会发生违章事故。

澳大利亚国家信息与通信技术实验室研究人员设计的驾驶辅助系统可准确识别各种交通标志，并按照交通标志规定对驾驶者进行警告和提醒。该系统由小型摄像头和标识识别系统组成，3 台小型摄像头分别被安装在车辆的车内后视镜和仪表盘两侧，安装在车内后视镜上的小型摄像头负责对道路进行监测，并将信号传递到一台负责识别交通标志的车内电脑上，采用基于交通标志形状特征的识别技术。

宝马全新 7 系轿车装备的道路交通标志系统由装在车内后视镜上的摄像头捕捉道路两旁的限速标志牌，得到的数据会和导航地图相匹配，结果会在仪表中显示。

大众旗下的新辉腾也有类似的配置，也是通过安装在内部后视镜上的摄像头，能够实时识别交通标志并将相关信息显示在系统多功能屏上（转速表和时速表之间），不仅显示限速信息，而且有很多重要附加信息（如晚 10 点至早 6 点的限速或湿滑路段显示）。

3.行人安全系统

目前应用视觉来检测行人与车辆的主动安全产品不多，通常应用雷达传感器或雷达与视觉结合的方式来实现碰撞的提前预警，如图 4-11 所示。沃尔沃 XC60 行人安全系统（带全力自动制动）采用了雷达与视觉相结合的技术方案，在车速超过 4km/h 时启动，如果与前车车距过近或车道上有行人，可以对驾驶者发出警告。如果未对此做出反应，且碰撞即将发生时，会启动全力自动制动，以帮助避免或减轻碰撞。在 150m 的范围内，格栅后的雷达传感器和挡风玻璃后的数字摄像机持续监测与前车的距离。在白天还能够探测到站立或走动的行人，如果有行人突然冲到车前或前车突然制动（或静止不动），并且碰撞警告系统感应到碰撞有可能发生时，将通过闪烁挡风玻璃上的红色警告灯以及声音报警器发出警告。另外，此技术还通过预先向制动器施加压力，以准备施加紧急制动和帮助缩短制动时间，来为驾驶者施加制动提供支持。如果对警告未做出响应，且碰撞即将发生时，车辆会立即进行全力制动。

图 4-11　检测行人示意

4. 单目视觉高级驾驶辅助系统（ADAS）

单目视觉高级驾驶辅助系统（ADAS）提供芯片搭载系统和计算机视觉算法运行 DAS 客户端功能。例如车道偏离警告（LDW）、基于雷达视觉融合的车辆探测、前部碰撞警告（FCW）、车距监测（HMW）、行人检测、智能前灯控制（IHC）、交通标志识别（TSR）、视觉自适应巡航控制（ACC）等，如图 4-12 所示。

图 4-12　ADAS 及行人检测示意

四、立体视觉感知技术

立体视觉的基本原理是从两个（或多个）视点观察同一景物，以获取在不同视角下的感知图像。通过三角测量原理计算图像像素间的位置偏差（即视差）来获取景物的三维信息。

（一）立体视觉标定、匹配技术

摄像机标定是立体视觉系统的基础性关键技术。现有的标定方法可分为三类：传统标定方法、基于主动视觉的标定方法、自标定方法。传统标定方法是利用高精度标定块的数据与其图像的数据进行匹配，求出摄像机内外参数。精度较高，但需用的标定块成本较高，标定过程比较复杂；基于主动视觉的标定方法是利用摄像机运动过程中的特殊性计算出摄像机的内外参数。算法简单，但对摄像机运动装置等标定设备要求较高；自标定方法是利用从图像序列中得到的约束关系来计算摄像机模型的各个参数。自动化程度有所提高，但存在着特征提取过程复杂、优化过程不稳定和对噪声敏感等缺陷。张正友平面标定方法是介于传统标定方法和自标定方法之间的一种方法，既避免了传统方法设备要求高、操作烦琐等缺点，又比自标定方法精度高。但在广角镜畸变比较大的情况下，校正效果偏差比较大。

立体视觉匹配是计算机视觉研究中的重点和难点。图像匹配的关键是寻找匹配的对应点。根据匹配基元的不同，立体视觉匹配算法可以分为三大类：区域匹配、特征匹配和相位匹配。各类匹配算法都遵从一些共有的约束条件，如 Marr 立体视觉计算理论中提出的唯一性、相容性和连续性约束。如何将二维信息恢复三维场景的不适定问题变成适定的，比如平坦区域、重复纹理以及遮挡区域的匹配，一直是各类匹配算法要努力解决的内容。

1. 区域匹配（Area Based）

给定同一场景的两幅图像，粗尺度上图像对空间的相似性程度更为接近。如果将图像对空间量化为许多图像块，任意图像块看上去将比量化前与对应图像块更为相似。因此，基于区域的图像匹配将图像对量化为许多图像块或改变图像的尺度大小而确定的区域。

区域匹配以基准图的待匹配点为中心创建一个窗口，用领域像素的幅度值分布来表征该像素的灰度值分布，两者间的相似性必须满足一定的域值条件。匹配窗口大小的选择也是该类方法必须考虑的问题，大窗口对于景物中存在遮挡或图像不光滑的情况会出现误匹配的问题，小窗口不能覆盖足够的灰度变化，因此可自适应调整匹配区域的大小来达到较好的匹配结果。通常区域匹配算法的目的是获取致密的深度图，它适合当光源可理想化为无穷远处的点光源的立体视觉。场景中的物体表面为完全的漫反射，图像对之间的几何畸变和辐射畸变很小。其实质是利用局部窗口之间灰度信息的相关程度，在地势平坦、纹理丰富的地方可以达到比较高的精度，并取得致密的视差场。

2. 特征匹配（Feature Based）

特征匹配是为匹配过程满足一定抗噪能力且减少歧义性问题而提出的。一般情况下，用于匹配的特征应满足唯一性、再现性和具有物理意义。作为匹配基元的特征分为局部特征和全局特征两大类。局部特征包括点、边缘、线段、面或局部能量；全局特征包括多边形和图像结构等。基于特征的匹配一般含有特征提取和定位、特征描述、特征匹配三个步骤。面向点、线、面和局部能量等局部特征提取的算法很多。全局特征的定义和提取与具体应用有关，如用于人脸匹配的三角形网格结构就是全局特征的一种。特征匹配在处理许多立体视觉时具有很强的鲁棒性，其基元包含了满足条件的统计特性和算法编程上的灵活性。算法的许多约束条件都能应用于数据结构,而后者的规则性使其特别适用于硬件设计。其中,基于线段的特征匹配算法将场景模型描绘成相互连接的边缘线段,对非区域匹配中的平面模型,能很好地处理一些几何畸变问题。此外,由于不直接依赖于灰度,特征匹配具有较强的抗干扰性,而且计算量小、速度快。由于边缘特征往往出现在视差不连续的区域,特征匹配比较容易处理立体视觉匹配中视差不连续的问题。

3. 相位匹配(Phase Based)

相位匹配基于一种假设,即认为图像对中的对应点的局部相位是相等的。根据傅里叶平移定理,信号在空间域上的平移产生频率域上成比例的相位平移。频率域信号分析在数学表达上更有助于区域分析。最常用的相位匹配方法有相位相关法和相位差-频率法。

在相位匹配的滤波过程中,满足一定条件的带通滤波器都可以采用。目前,大多选择比傅立叶变换核更可靠的、符合人眼视觉生理特征的 Gabor 变换核。但是,对于方差 σ 固定的 Gabor 函数,其伸缩/平移在相空间中的分辨率是固定的。

相位匹配的匹配基元相位本身反映的就是信号的结构信息,对图像的高频噪声有很好的抑制作用。它适用于并行处理,对几何畸变和辐射畸变有很好的抵抗能力,能获得亚像素级精度的致密视差。但是,当局部结构存在的假设不成立时,相位匹配算法因带通输出信号的幅度太低而失去有效性,也就是通常所说的相位奇点问题。此外,该算法的收敛范围与带通滤波器的波长有关,通常要考虑相位卷绕,随视差范围的增大,其精确性会有所下降。

(二) 立体视觉的障碍物检测技术

目前对前方障碍物进行立体视觉检测主要有以下两种方法。

1. 逆投影变换法

车载摄像机拍摄到的场景图像是三维空间在二维空间的投影,在对道路情况进行识别的过程中,需要一种逆的求解过程,即从已经得到的二维图像还原成立体的路面图像。通过变换后可以得到道路的深度信息,更好地提供道路路面信息。对于路面的各种形状的障碍物,通过逆投影变换(Inverse Perspective Mapping)可以清晰地显示障碍物与车辆的相对位置信息。这种障碍物检测方法不直接进行左右图像的匹配,而是根据摄像机标定参数,将左右图像先投影到同一个坐标系下,利用投影后左右图像之间的差别来检测障碍物。由于路面的相似性,投影后的道路具有类似灰度。而障碍物在左右图像中的位置不同,会产生平面视差,可以通过对两幅投影图像取差并阈值化,找出障碍物。这种方法要比直接进行图像匹配更为快捷,但对摄像机参数十分敏感。而且,还需对投影图像进行规定化处理,否则很容易引起误识。

2. V 视差图法

V 视差图法(V2disparity)首先利用立体视觉匹配技术建立视差图,然后改进视差图,沿图像坐标系中的纵坐标由上至下逐行扫描,累加具有相同视差值的像素点的个数,建立一幅 V 方向上的视差图。采用基于灰度图像的直线提取方法,如 Hough 变换等。这些直线包含了代表道路和道路上车辆的直线信息,利用该特征将车辆从复杂的交通背景中提取出来。

V 视差图像的计算可以将原图像中的平面投影成一条直线,对于障碍物识别来说,路面以及障碍物均可以被投影成一条斜线和与斜线垂直的直线段。换个角度理解,三维目标在二维图像中被投影成平面,而经过 V 视差图像的计算后,又将平面投影成线段,目标的识别由平面检测转化为线段检测,如图 4-13 所示。因此,通过引入 Hough 变换或直线拟合等其他算法提取 V 视差图像中的线段，即可确定路面和障碍物面在图像中的准确位置，而且路面和障碍物面的交点即为障碍物的触地点。垂直的直线段高度代表障碍物的高度。而宽度可以通过两种方法得到：一是再对前面得到的浓密视差图进行视差计算得到 V 视差图，从而得到一条代表障碍物宽度的水平线；二是根据同一目标上的点视差值相近的原理，以每一个障碍物垂线为中心在水平方向延伸进行搜索，就可以最终锁定障碍物所在区域，完成障碍物识别的任务。

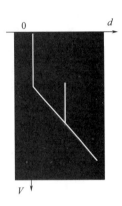

图 4-13 V 视差示意

（三）双目视觉的应用

双目视觉技术是目前技术最成熟、应用最广泛的立体视觉技术，主要应用于四个领域：机器人导航、微操作系统的参数检测、三维测量和虚拟现实。一些机器视觉研发厂商提供了针对各种应用的双目视觉系统，如图 4-14 所示。但由于目前双目视觉检测距离及精度的局限性，将双目视觉技术应用于智能车辆检测障碍还比较少，目前还主要停留在理论研究与实验验证阶段。

图 4-14 主要的双目视觉产品

意大利帕尔马大学最早在其 Generic Obstacle and Lane Detection（GOLD）系统中验证了应用逆透视法检测障碍物的方法。在 2004 年、2005 年 DAPAR 组织的智能车辆挑战赛中，主要依靠三个相机组成的变基线长度的两个双目视觉系统实现非结构道路中的障碍物检测，算法采用 V 视差图的方法，如图 4-15 所示。在 2009 年及 2010 年的两款智能车辆上，前、后都有一套采用类似技术的双目视觉系统，实现近距离的障碍检测。

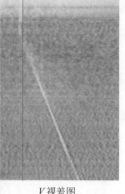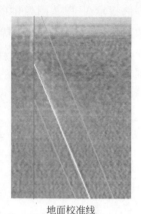

| V视差图 | 地面校准线 |

图 4-15 意大利帕尔马大学的双目视觉系统

牛津大学推出的"Bowler Wildcat"智能车辆平台采用一个 Point Grey Bumblebee2 stereo camera 立体视觉系统，水平视场角为 65°，图像分辨率为 512×384。通过视觉的方法实现 SLAM。

五、全景视觉感知技术

全景视觉成像技术一般分为以下几类：单相机 360°旋转式成像、多相机拼接成像、鱼眼镜头相机成像和折反射全景成像，如图 4-16 所示。其中，由于单相机 360°旋转式成像需要不停地旋转摄像机，要求较为稳定的机械结构，系统可靠性要求高；多相机拼接成像需要多个相机拼接而成，系统标定较为复杂，需要实现多相机同步问题及无缝拼接技术，成本较高；对于无人驾驶平台的应用，一般采用鱼眼镜头相机成像和折反射全景成像这两种成像技术。

鱼眼镜头相机成像，利用特殊的光学镜片设计，使得镜头可以捕获 180°甚至更广的视

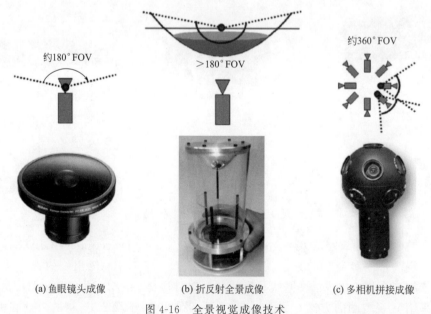

(a) 鱼眼镜头成像　　(b) 折反射全景成像　　(c) 多相机拼接成像

图 4-16 全景视觉成像技术

FOV 为视场角

场范围的光线，从而达到全景视觉的效果，如图 4-17 所示为鱼眼镜头全景成像在无人驾驶车辆上的应用。通常对于无人驾驶车辆，需要安装两个鱼眼镜头相机，一个捕获车辆前方 180°视场范围的视觉信息，另一个捕获车辆后方 180°视场范围的视觉信息，从而达到全景视觉的效果。由于鱼眼图像存在较大的扭曲变形，不能直接用于后期的目标检测分析处理，因此需要对鱼眼图像进行标定和畸变校正。

(a) 标定实验现场

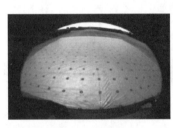

(b) 实际采集的鱼眼图像

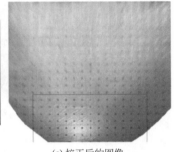

(c) 校正后的图像

图 4-17　鱼眼镜头全景成像在无人驾驶车辆上的应用

反射面与折射透镜相结合的折反射成像是近年来研究较为集中的成像方式，其原理是利用曲面反射镜收集来自三维空间 360°范围内物体的光线，并将其反射到光学成像系统，从而获得周围 360°范围内物体的图像，将图像投影展开后变成适合人眼观察的柱面全景图像，如图 4-18 所示。由于折反射成像自动化、小型化和集成化的特点，折反射成像与其他全景

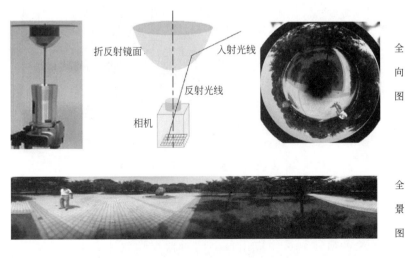

图 4-18　折反射全景图像

成像相比的优点逐步被认可,已成为全景成像研究的主流方向。随着折反射全景成像理论的逐步成熟,各种实验系统相继研制成功,基于折反射全景成像的全景应用也越来越多。典型的应用涉及全景军事侦察、智能全景视频监控、移动机器人视觉导航、远程视频会议、虚拟场景漫游等。

　　折反射全景成像在机器人足球(RoboCup on Soccer Robots)上一直得到很好的应用,如图 4-19 所示为 RoboCup 比赛现场。折反射全景视觉系统的特性通常由反射镜面的形状决定。根据成像原理,分为单视点和非单视点成像系统;根据反射镜面的形状,通常分为双曲面、球面、圆锥面、椭球面等。一般根据具体的应用需求选择不同类型镜面型的折反射成像系统。针对 RoboCup,折反射全景视觉应用关键技术有视觉系统设计、成像系统标定、目标识别、目标运动估计、自定位和多机器人协同感知等,技术手段和实现方法与普通视觉系统处理类似。

图 4-19　RoboCup 比赛现场

　　折反射全景成像应用于无人驾驶车辆,如图 4-20 所示。利用 SLAM 技术,采用折反射全景视觉构建的二维路径结构如图 4-21 所示。

图 4-20　折反射全景成像应用于无人驾驶车辆

六、主要开发工具

　　目前在视觉算法的研究人员中应用最多的机器视觉软件有 OpenCV、MATLAB 等,OpenCV 提供的视觉处理算法非常丰富,并且它部分以 C 语言编写,加上其开源的特性,

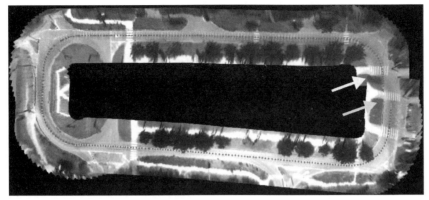

图 4-21 采用折反射全景视觉构建的二维路径结构

处理得当，不需要添加新的外部支持也可以完整地编译链接生成执行程序，所以很多人用它来做算法的移植，OpenCV 的代码经过适当改写可以正常地运行在 DSP 系统和单片机系统中。通过多年对机器视觉技术研究与积累，市面上出现了一批针对商业应用的机器视觉软件，如 NI、Adaptive Vision Studio、VisionPro、Matrox Imaging Library（MIL）、HALCON 等。

（一）NI

近十年来 NI 一直是机器视觉和图像处理领域的领导者，支持多种品牌的摄像头。针对图像处理，NI 的图像软件提供了两种不同的软件包：视觉开发模块（Vision Development Module）和针对自动检测（AI）的 NI 视觉生成器（NI Vision Builder for Automated Inspection）。视觉开发模块是为 NI LabVIEW、NI LabWindows^{TM}/CVI、C/C++或 Visual Basic 开发人员所提供的一个包含有几百个机器视觉函数的软件包；视觉生成器是一种交互式软件环境，无须编程就可以对机器视觉应用程序进行配置、校准和部署。这两个软件包都与所有的 NI 图像帧捕获器和 NI Compact Vision 系统兼容。

（二）Adaptive Vision Studio

Adaptive Vision 公司开发的 Adaptive Vision Studio（AVS）软件，该软件包易于使用且具有强大的图像分析功能，可以可视化地进行各类图像处理、分析和识别算法的开发。用户无须熟悉编程技术，内置滤波算法库，用户可通过点击界面进行操作。如果遇到的机器视觉问题很特殊并要求专业问题解决功能，高级用户可采用 C++编程进行过滤器的开发。用户自行设定的过滤器能够同任何其他内置过滤器一样在 Adaptive Vision Studio 环境下使用。该软件包现可供应两种版本。

① Adaptive Vision Studio Express 价位低，控制工程网版权所有，针对的是需要解决计算机视觉问题的工程人员。该软件包括最为通用的图像处理和分析功能包，但不包括相机支持。因此，只有存放于文件中的图像才能够下载并在软件中使用。

② Adaptive Vision Studio Professional 是一款更为先进的版本，主要针对系统集成商。除具备 Express 版本的特点外，还包括有 GenICam 相机支持、GUI Designer 元件和更为先进的图像分析功能，如条码识别、数据矩阵识别、光学字符识别和模板匹配。

（三）VisionPro

康耐视公司发布的 VisionPro 是高端的视觉软件，可通过其可靠的工具库连接多种摄像头或板卡，甚至可以支持三维轮廓仪、热像仪和 X 射线成像仪之类的非传统来源。VisionPro 工具库几乎涵盖所有的视觉需求，从几何对象的定位和检验到识别及测量。通过加上灵活且强大的基于计算机的开发功能，VisionPro 为多数具有挑战性的机器视觉应用创建和部署解决方案的速度比以往明显加快。

（四）Matrox Imaging Library（MIL）

MIL 是一个集合了机器视觉开发、图像分析等应用的视觉算法库。MIL 提供针对视觉应用开发过程中各个步骤的辅助工具，包括从开始的可行性分析到应用实施的整个过程。在 MIL 所提供的二次开发环境中，利用它提供的图像获取、处理、分析、显示相关的函数对应用进行开发，可以获得最佳解决方案，大大缩短了开发的周期。针对图像处理的各个方面，MIL 提供精确、鲁棒的处理函数，同时对函数运行效率进行优化，可以满足非常苛刻的应用。

（五）HALCON

HALCON 是德国 MVtec 公司开发的一套完善的标准的机器视觉算法包，拥有应用广泛的机器视觉集成开发环境。它节约了产品成本，缩短了软件开发周期。HALCON 灵活的架构便于机器视觉使用，使医学图像能够快速地开发与应用。在欧洲以及日本的工业界已经是公认、具有最佳效能的 Machine Vision 软件。这是一套 image processing library，由 1000 多个各自独立的函数以及底层的数据管理核心构成。其中包含了各类滤波、色彩、数学转换、形态学计算分析、校正、分类辨识、形状搜寻等基本的几何以及影像计算功能。由于这些功能大多并非是针对特定工作设计的，因此只要用得到图像处理的地方，就可以用 HALCON 强大的计算、分析能力来完成工作。应用范围几乎没有限制，涵盖医学、遥感探测、监控以及工业上的各类自动化检测。

HALCON 支持 Windows、Linux 和 Mac OS X 操作环境，它保证了投资的有效性。整个函数库可以用 C、C++、C♯、Visual Basic 和 Delphi 等多种普通编程语言访问。HALCON 为大量的图像获取设备提供接口，保证了硬件的独立性。它为百余种工业相机和图像采集卡提供接口，包括 GenlCam、GigE 和 IIDC 1394 等。

第三节　激光雷达感知技术

一、概述

智能车辆要实现在未知环境中的自主行驶，必须要具备在各种环境中获得实时可靠的外部信息的能力。在国内外智能车辆开发过程中，使用最多的环境感知传感器就是机器视觉和雷达。而根据雷达波段的不同主要包括激光雷达和毫米波雷达。雷达与摄像机的根本不同在于其环境探测模式属于主动探测，也就是雷达属于主动传感器，即雷达对物体的感知信息来源于自身,而摄像机作为被动传感器则是被动接受外界环境中物体的信息,因此相对于机器视觉而言,雷达受外界环境影响很小,在深度信息的获取上,其可靠性和精确性要高于被动传感器。除此之外,雷达相对于摄像机等其他传感器有以下优势。

① 激光雷达采用主动测距法,接收到的是物体反射的自己发出的激光脉冲,从而使得激光雷达对环境光的强弱和物体色彩差异具有很强的鲁棒性。

② 激光雷达直接反馈被测物体到雷达的距离,与立体视觉复杂的视差深度转换算法相比更为直接,而且测距更为准确。

③ 对于飞点单线或多线扫描激光雷达,它每帧只返回几百到几千个扫描点的程距,相比摄像机每帧要记录百万级像素的信息,前者速度更快,实时性更好。

④ 激光雷达具有视角大、测距范围大等优点。

相对于摄像机,激光雷达的最大缺点在于其制造工艺复杂,成本较高,尤其是考虑到国内在雷达研制方面的实力尚存不足,在该领域仍然受制于国外先进国家的技术垄断,因此雷达成本成为其广泛应用的阻碍,尤其是激光雷达,性能较好的激光雷达的成本可能会达到一台普通摄像机的 10 倍甚至更多,这在一定程度上使得其在智能车辆上的应用受到限制。

在智能车辆预先研究中,由于雷达的强大性能,大多数研究单位都使用了各种类型的雷达。从美国的 DAPAR 挑战赛到中国的"智能车未来挑战赛",几乎每一辆参赛的无人车都有激光雷达的身影,图 4-22 中用矩形框标注的区域均表示无人车使用各种类型的激光雷达,这其中包括单线激光雷达、多线激光雷达、毫米波雷达等。

目前激光雷达在智能车辆领域主要应用于静态障碍检测、动态障碍检测识别与跟踪、路面检测、定位和导航、环境建模等方面。

激光雷达根据探测原理,可以分为单线(二维)激光雷达和多线(三维)激光雷达。其中三维激光雷达可以分为单向多线和三维全向激光雷达。单线扫描激光雷达只有一条扫描线,通过旋转扫描得到一条线上的深度信息,如德国 SICK 光电设备公司研发的 LMS 系列激光雷达;多线扫描激光雷达通过多条扫描线的旋转扫描,得到多条线上的深度信息,如德国 IBEO 公司的 LD ML 激光雷达;三维全向激光雷达则扫描的是一个空间,得到一个空间内的深度信息。

(一) 单线激光雷达

单线激光雷达顾名思义是只发射一个激光束的雷达,它具有结构简单、功耗低、使用方便等优点,广泛应用于障碍物的检测,道路路边、路面的检测及跟踪等。但由于只有一根扫描线,它也存在信息量少等缺点,导致无法获取障碍物的大小、形状等信息,以及不能解决障碍物的遮挡问题。如图 4-23(a) 所示是德国 SICK 公司生产的单线激光雷达。

(二) 多线激光雷达

多线激光雷达是针对单线激光雷达的部分缺点设计的一种改良方案,可以实现单线激光雷达的所有功能,并能部分解决障碍物相互遮挡的问题,可以提供障碍物的高度。但存在系统复杂度加大、数据处理难度增加、精度较差等问题。如图 4-23(b) 所示是德国 IBEO 公司生产的多线激光雷达。

图 4-22 国内外参赛车队

(三) 三维全向激光雷达

在三维全向激光雷达问世之前，传统的单线或多线激光雷达只具有障碍检测等简单功能，还达不到真正的环境理解的要求，如动态障碍物跟踪、地图构建等。近年来，为了能够给予无人驾驶车更为全面、丰富以及准确的环境信息，三维全向激光雷达被引入无人驾驶车研究领域。其中，具有代表性的三维全向激光雷达为美国 Velodyne 公司生产的 64 线激光雷达 （VelodyneHDL64ELIDAR），该雷达外观如图 4-23(c) 所示。

(a) 单线激光雷达　　　　　(b) 多线激光雷达　　　　　(c) 三维全向激光雷达

图 4-23　雷达类型示意

二、激光雷达技术

(一) 激光雷达探测原理

激光雷达测距的基本原理都是测量发射光束与从被测物体表面反射光束的时间差，通过时间差和光速来计算被测物体到激光雷达的距离。测量时间差的方法有三种：脉冲测距法、干涉测距法、相位测距法。

激光对于物体具有一定的穿透性，例如激光在照射玻璃、树叶等物体时会被其反射一部分能量至接收器，而剩余能量能够穿过这些物体继续向前探测。

激光雷达连续不停地发射激光脉冲波，激光脉冲波打在高速旋转的镜面上，将激光脉冲波向各个方向发射，从而形成一个二维区域的扫描。此二维区域的扫描可以实现以下两个功能：一是在雷达的扫描范围内，设置不同形状的保护区域，当有物体进入该区域时，发出报警信号；二是在雷达的扫描范围内，雷达输出每个测量点的距离，根据此距离信息，可以计算物体的外形轮廓、坐标定位等。

根据激光探测物体的性质以及相对应的激光接收器的相关设置，可以分为具有单次回波能力和具有多次回波能力的雷达：

(1) 单次回波原理 (One Pulse)

激光发射器发出激光脉冲波，当激光脉冲波碰到物体后，部分能量返回。激光接收器收到返回激光脉冲波时，且返回波的能量足以触发阈值，激光雷达计算它到物体的距离值，每次激光脉冲波只有一个测量值。

(2) 多次回波原理 (Multi-Pulse)

激光发射器发出激光脉冲波，当激光脉冲波碰到物体后，部分能量返回。激光接收器收到返回激光脉冲波时,且返回波的能量足以触发阈值,激光雷达计算它到物体的距离值。如果第一个物体是玻璃或其他可以透过的物体,激光脉冲波会继续往前。当碰到第二个物体时,部分能量返回,当激光接收器收到返回激光脉冲波且其能量足以触发阈值时,激光雷达计算它到物体的距离值。依次类推,激光雷达的一个雷达波可以给出多个测量值。

对于智能车辆开发而言,激光的多次回波能力在很多场景下是其正常自主行驶车辆所必需的。例如在草丛或枝叶繁茂丛林等越野环境下,激光在探照地面的路程中时常遇到植物叶片的干扰,如果不具有多次回波的能力,显而易见的是被植物遮挡的路面部分将不会为智能车辆所感知,如果被遮挡的部分较多,甚至会导致道路检测能力的缺失。问题同样存在于激光水平探测行车障碍的过程中,单次回波激光无法避免"一叶障目",从而使障碍检测能力极大降低,导致智能车辆可能为避免碰撞一片树叶而进行换道、转弯、急停等操作,或者是撞到叶片后的真实障碍物。

(二) 二维激光雷达技术

1. 二维激光雷达原理

二维激光雷达也称为单线激光雷达,其只有一条扫描线,通过旋转扫描得到一条线上的深度信息。

二维激光雷达的激光脉冲束通过旋转镜面实现角度变换,得到周围环境的扇形扫描。目标物体的外部轮廓由接收到的反射脉冲的顺序决定。由于每帧测量数据按逆时针顺序一个一个输出,某一特定测量值的角度信息可以通过该数据在该帧数据向量中的位置来确定。这些测量数据相当于周围环境中物体轮廓扫描,如图 4-24 所示。

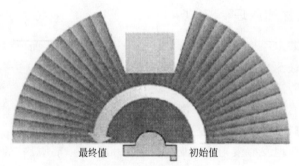

图 4-24 雷达扫描示意

2. 二维激光雷达在智能车辆上的应用现状

由于二维激光测距雷达的固有优点及广泛的用途,20 世纪 70 年代,国外就已经开始使用激光测距系统得到的深度图像来解释室内景物。随后,激光测距系统得到不断发展,显示出在实时计算机视觉和机器人领域中的用处。激光雷达在移动机器人导航上的应用,最初出现在一些室内或简单的室外环境的实验性的移动机器人上,随着研究成果的积累和工作的进一步深入,激光雷达逐渐应用到智能车辆上。目前,激光雷达不仅用于结构化道路的智能车避障,还应用到越野环境下的智能车辆的导航。

根据研究需求和目标的不同,激光雷达的具体应用多样化。可用来进行可行驶区域的检测、障碍的定位和跟踪、环境建模和避障、同时定位和地图构建(SLAM),还可以利用激光雷达数据进行地形和地貌特征的分类。有的激光雷达不仅能获得距离信息,还能获得回波信号的强度,所以也有人利用激光雷达的回波强度信息进行障碍检测和跟踪。

近年来,激光雷达在智能车上的应用越来越普遍,国外有很多科研机构开发的智能车上都使用了激光测距雷达,如 Martin Marietta、CMU 及 Sandian 国家实验室等,它们使用的激光测距雷达分别是 ERIM 的 ALV LIRS、Perceptron 的 LIRS 和 Schwartz 光电公司的无扫描镜激光测距雷达。

国内也有一些大学致力于智能车上激光雷达技术的研究,并取得了一些成果,如清华大学、浙江大学和国防科学技术大学等。德国 SICK 光电设备公司研制开发的 LMS(Laser Measurement System)在国内应用研究较为广泛,如图 4-25 所示是 LMS200 激光雷达,它是一种飞点单线扫描激光雷达,其扫描角度为 180°,水平角度分辨率为 0.5°,扫描周期为 26ms,可测量距离根据精度设定的不同而不同,最远可达 50m。这种激光雷达采集的数据量较小,但其良好的实时性、机械稳定性以及合理的价格,受到很多研究者的青睐。德国 IBEO 公司的 LD ML 激光雷达在国内应用方面也有所研究,如图 4-26 所示,与 LMS 相比较而言,LD ML 则可以进行多线扫描,其水平角度分辨率更小,可探测距离更远,而且还可以获取回波强度信息,数据信息更加丰富,更适合越野环境下的自主车导航。

图 4-25 LMS200 激光雷达

图 4-26 LD ML 激光雷达

(三)三维全向激光雷达技术

具有代表性的三维全向激光雷达为美国 Velodyne 公司的 32 线和 64 线激光雷达(Velodyne HDL32/64E LIDAR)。

与单线激光雷达相比,64 线激光雷达在可视范围和环境信息的丰富性、细节性上得到了极大的提高,但同时,64 线激光雷达每秒约 133 万个三维点的深度信息的输出(单线雷达每秒约 6000 个点),对系统的数据处理和实时障碍检测算法提出了更高的要求。

三、基于激光雷达的环境感知技术

(一)障碍物检测

基于激光雷达的障碍物检测方面的研究比较多,一般是通过测量智能车辆前方的高度信息确定障碍物的分布。

1. 结构化和半结构化环境的路面提数据取算法

该方法采用 64 线激光雷达,首先使用基于最大熵原理的模糊聚类提取路面数据,通过比较连续几帧雷达数据，确定正常路面的参考平面，进一步提取出路面上的障碍物数据。

2. 扩展的卡尔曼滤波算法路面检测改进算法

采用激光雷达的平面模型实现对单帧激光雷达的数据分类。

3. 地面和障碍物分割

方法一：采用基于图的方法对三维激光雷达数据进行分割，分割的过程中使用基于局部凸测量的统一准则。

方法二：将均值高度图和最小最大高度图联合使用，通过均值高度图进行地面分割，然后采用最小最大值栅格地图对障碍物进行再分割，利用这种混合高度图（Hybrid Elevation Maps）能够提取地面数据，获得障碍物信息。

方法三：采用极坐标栅格地图对雷达数据进行表示，通过分块直线拟合的方法进行路面分割，通过二维连通性分析进行障碍物聚类，实验证明该方法能够获得比较好的障碍物检测效果。

（二）动态障碍物跟踪

基于激光雷达的动态障碍跟踪是环境理解的重要组成部分，在日常的环境中，动态障碍物跟踪主要包括行人跟踪和车辆跟踪。

1. 行人跟踪

方法一：采用单线激光雷达作为传感器，通过提取人腿的几何特征检测行人的位置，通过角度的倒立摆模型提取腿走路时的频率和幅度，最后采用卡尔曼滤波进行行人跟踪。

方法二：通过对激光雷达获得的前景数据进行聚类，获得需要跟踪的目标，最后采用卡尔曼滤波进行跟踪。

方法三：针对单线激光雷达数据量小，只能描述一个平面，不能处理遮挡问题的缺点，利用丰富的三维激光雷达数据，通过引入一种粒子滤波的观测模型来识别部分或者完全被遮挡的行人，决定障碍物后面被阻塞的数量，该方法可以在不同场景中实时跟踪部分可见的行人。

方法四：首先采用地面估计算法从三维雷达数据中获得地面信息，然后根据数据点离地面的高度计算 SOD 特征，最后采用卡尔曼滤波进行行人跟踪，准确率能够达到 80% 以上。

2. 车辆跟踪

方法一：以单线激光雷达作为传感器，将车辆观测模型、运动模型、轨迹假设集成在一个贝叶斯框架内，使用数据驱动的马尔卡夫链蒙特卡洛采样方法寻找车辆检测和跟踪的最优解。

方法二：采用车辆观测模型对重要性采样获得候选车辆进行评价，然后采用粒子滤波算法对多车辆进行跟踪。

（三）环境建图

随着激光雷达的普及，基于激光雷达的三维重建和 SLAM 的研究被广泛应用。可以利用扩展卡尔曼滤波的 SLAM 技术，从原始激光雷达数据中提取线特征，依据数据融合技术对特征直线的观测进行门限过滤，以加权欧氏距离作为观测和预测之间的距离度量构建关联矩阵，采用总距离最小准则完成特征直线观测和预测间的匹配。

第四节　毫米波雷达感知技术

一、概述

毫米波雷达工作在毫米波波段，其频域介于 30～300GHz 之间。毫米波的波长介于厘米波和光波之间，因此毫米波兼有微波制导和光电制导的优点。与厘米波导引头相比，毫米波导引头具有体积小、重量轻和空间分辨率高的特点。与红外、激光、电视等光学导引头相比，毫米波导引头穿透能力较强。但大雨、大雾对毫米波是有影响的，其性能会有所下降。

毫米波雷达根据其测距原理的不同，可以分为脉冲测距雷达和连续波测距雷达两种。

脉冲测距雷达的基本原理类似于激光雷达，不同之处在于毫米波雷达采用波长更长的毫米波波段，进而提高穿透空气中微小干扰物体的能力。但采用脉冲方式的毫米波雷达需在很短的时间（一般都是微秒的数量级）内发射大功率的信号脉冲，通过脉冲信号控制雷达发射装置发射出高频信号。因此，在硬件结构上比较复杂，成本高。除此之外，在高速路上行驶的车辆其回波信号难免会受到周围树木、建筑物的影响，使回波信号衰减，从而降低接收系统的灵敏度。同时，如果收发采用同一个天线，在对回波信号进行放大处理之前，应将其与发射信号进行严格的隔离，否则会因为发射信号的窜入，导致回波信号放大器饱和或者损坏。为了避免发射信号窜入接收信号中，需进行隔离技术处理，通常情况下，采用环形器或者使用不同的天线收发以避免发射信号的窜入，但这样就导致硬件结构的复杂性增加，产品成本高。故在车用领域，脉冲测量方式运用较少。

目前应用于智能车辆领域的毫米波雷达基本都采用调频连续波（Frequency Modulated Continuous Wave，FMCW）测距方式，其基本原理是雷达系统采用双天线结构，系统正常工作时，发射天线发射经过系统调制的连续频率信号，当发射波在行进过程中遇到障碍物时，会产生具有一定延时的回波信号，通过雷达接收天线接收回波信号，将发射信号和回波信号通过混频器进行混频处理，从而可用混频后结果的差拍信号的相差来表示雷达与目标的距离，对应的中频信号经微处理器处理计算可得到距离数值。再根据差频信号相差与相对速度关系，计算出目标对雷达的相对速度。

二、车载毫米波雷达研究现状

与激光雷达的应用是根据智能车辆发展所提出的需求不同，毫米波雷达在车辆上的应用历史要远早于智能车辆本身的诞生。从 20 世纪 60 年代起毫米波雷达就开始应用于车辆防撞应用的开发，在智能车辆诞生、起步和发展的二三十年中，毫米波雷达在障碍检测、跟踪和碰撞预警及规避方面的优势使得其可以直接应用在智能车辆之上。因此，国内外许多智能车辆研究单位也将毫米波雷达应用于智能车辆最重要的部分——碰撞预警与安全防护上。

美国高速公路交通安全管理局（NHTSA）于 1974 年提出研制车辆防撞毫米波雷达系统，并与本迪克斯研究实验室签订了合同，预研两种用于制动系统的综合雷达系统，适用的雷达传感器由本迪克斯通信部研制完成。该防撞雷达系统的特性为：工作距离大于 76m，工作频率为 22.125GHz。目前，美国的车辆防撞技术已经处于世界领先水平，有代表性的是福特和 EatonVorad 公司开发的车辆防撞雷达系统。该雷达前方探测距离约 106m，可以跟踪探测雷达范围内多达 20 个目标，工作频率为 24.725GHz。由于采用单脉冲式雷达天线对前方目标进行识别，在直行的情况下该雷达可以探测单独一条车道内的车辆。该毫米波雷达防撞预警系统代表了目前国际防撞系统的最高水平，具有较高的理论和实际运用价值。但根据相关资料介绍，由于虚警率、价格等因素影响，不能达到实际运用的目的。通过在小范围内进行的试运行发现该系统的运用起到了减少事故率的作用。其他国家也对防撞雷达系统进行了研究，但还没有正式生产并投放市场的相关报道。此外，美国 Sparry 公司、RCA 公司及其他一些公司都研制了类似的车辆安全驾驶雷达系统，目前都在向智能化、实用化阶段发展，以减轻司机的负担。

欧洲的一些国家对车辆防撞技术也进行了大量研究。其中德国、法国等国家均对毫米波雷达防撞技术进行了研究，特别是奔驰、宝马等车辆生产厂商，对雷达采用的方式为 FM-CW，频段主要选择 76~77GHz。其中德国奔驰车辆公司和英国劳伦斯电子公司联合研制的车辆防撞雷达，工作于 35GHz，探测距离为 150m，信号处理系统可以计算出前方车辆或障碍物的距离及相对速度，并根据本车速度计算出必要的安全距离，当两车距离小于计算的安全距离时，发出灯光和声音报警信号。该装置已安装在小型车辆、客车和卡车上试用多年，性能良好。另外，德国汉堡技术学院研制的防撞雷达产品也具有一定的先进性，该产品从信号的发射波形和信号处理两方面对系统进行了一定的改进。在雷达的发射波形方面，有采用频移键控 FSK（Frequeney Shift Keying）式和线性调频 LFM（Line Frequeney Modulation）两种波形的优势，且在算法上比单纯的 LFM 方式简单，为车辆的防撞提供了宝贵的识别时间，实时性好，同时具有很强的多目标分辨能力。

三、典型智能车辆用毫米波雷达简介

美国德尔福公司从 1999 年开始生产雷达，其 ESR 系列毫米波雷达得到众多国外智能车辆对它的青睐。与其他毫米波雷达相比，ESR 雷达的最大特点是具有"多模式"，即综合宽视角中距离和窄视角长距离于一体，如图 4-27 所示。由于毫米波雷达工作方式限制，一般

图 4-27　ESR "多模式" 毫米波雷达

雷达只能探测到其正前方很窄的一片区域,因此雷达两侧甚至两侧前方往往成为其探测盲区,而为了扩大雷达探测角度,必然要牺牲其探测距离。对此单个 ESR 雷达可提供中距离宽覆盖范围和高分辨率长距离探测两种模式。中距离宽视角不仅可以发现邻近车道侧向切入的车辆,而且可以识别交叉在大车间的小车和行人;长距离可提供精确的距离和速度数据。有强大的目标区分能力,最多可识别 64 个目标。

德尔福 ESR 毫米波雷达的主要型号及参数见表 3-3 和表 3-4。

第五节 听觉感知技术

一、听觉感知的定义

如今,智能车辆已经不再只是"省略"了驾驶者的一辆"车",而是一个智能的无人平台,它需要深入我们未知的环境感知信息、分析信息甚至做出决策,它不仅是一个智能无人驾驶的交通工具,还是一个可以执行任务的智能体,是一个极具机动能力的智能"机器人"。

人的听觉系统可以让我们通过耳朵来感知声波中的音频信息,也可以通过通信设备(电台、移动电话等)将电磁波承载的音频提取出来加以感知。因此人的听觉能力从广义上讲是包含了对声波的直接感知及借助仪器设备对电磁波的间接感知,如图 4-28 所示为听觉的广义听域。

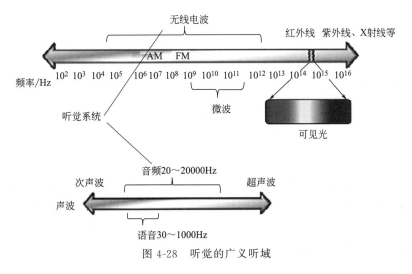

图 4-28 听觉的广义听域

日常生活中,驾驶者的听觉功能主要有:听车内的人员谈话、发动机声音、报警声音、电台广播、手机短信及电话,听车外的喇叭声、警笛声、人员呼叫及其他一些有用的意外声响。智能车辆的"听觉"应具有类似人类的听觉功能甚至超越人类听觉。因此智能车辆不但能够感知车体内部及外部的声音信息,还可以通过车载电台、手机、网络终端等通信工具来感知电磁波承载的音频信息。相当于给智能车辆装上了"两类耳朵":一类是由麦克风等来听"音频";另一类是通过电台、手机、网络终端来"听"电磁波中的音频信息。

二、听觉感知能力的分类

面向长远的智能车辆发展需求,根据智能车辆的听觉定义,将智能车辆的听觉感知能力按照相对于车辆车身范围的区域设计为三类,分别为听觉个域感知、听觉局域感知及听觉广域感知,如图 4-29 所示。

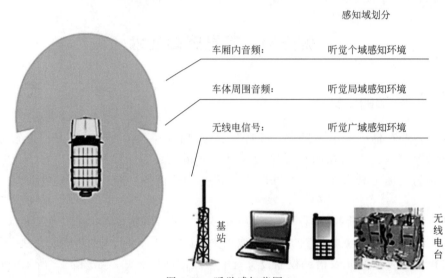

图 4-29 听觉感知范围

1. 听觉个域感知

指智能车辆"听"车厢内部的各种声音,能感知车内的异常声音。智能车辆应能通过录音的方式将车厢内部在行驶过程中的声响全部保存,供车辆发生意外或破坏性事件发生时查找原因时使用,类似于飞机上的黑匣子功能;也可以通过实时监控发动机的声音来判定发动机的运行情况。

2. 听觉局域感知

指智能车辆对车体外围驾驶环境相关的声音进行记录、感知及响应。感知能力主要有:无论智能车辆行进还是停止,都可以判断周边声音的响度及方位,辨识周围特殊声音,如鸣笛声、警笛声等,并根据声源做出反应(如主动让道);能够识别车外特定的语音指令并做出反应(如完成停车动作)。听觉的局域感知能够使车辆在行驶过程中掌握车体附近及周边道路的声学环境信息,使智能车辆能够对更多的信息源进行处理。而语音识别的能力则使车辆能够按照人的指令完成原本需要人亲自完成的动作,降低了人类操作的复杂度,提供友好的人机交互能力。

3. 听觉广域感知

指智能车辆对无线通信系统(如无线短波电台、广播、移动电话、对讲机、卫星广播等)承载的音频信息进行感知。感知能力体现在通过对广域信息的监听与理解,了解最新的道路信息等广播信息,为智能车辆的路径规划提供参考信息。对各类通信系统承载的音频信号中特定语种、特定人物、特定内容的检索与记录,对当前未知环境建立背景知识,锁定敏感信息。

三、智能车辆听觉感知关键技术

(一) 声源定位技术

智能车辆在未知的环境中执行任务，对智能车辆周边声学环境信息的感知很重要的一点就是对声源的定位。基于声源定位信息，智能车辆可以做出相应的方位反应（如避让声源方向的车辆），而且还有利于对特定方向的声音进行增强。

声源定位一般会通过麦克风阵列采集声音，并通过阵列信号处理来实现。基于麦克风阵列的声源定位方法，按照定位原理大体可分为三大类：基于最大输出功率的可控波束形成技术、基于高分辨率谱估计的定位技术及基于声达时间差（Time Difference of Arrival，TDOA）的定位技术。

(二) 音频识别技术

由于智能车辆是在室外不定的环境中行驶，音频信息丰富，所以需要智能车辆重点感知具有特殊含义的音频信息。如当智能车辆的后面开过来一辆救护车，而智能车辆目前正行驶在马路的中央，我们会希望智能车辆能够改变行驶路线向外侧车道靠，把内侧的超车车道让出来，这时需要音频识别技术识别出警笛的声音。

通常所能听到的警笛声有可能来自救火车、救护车、警车等，不同警笛声频率不同，而且要区别于非警笛声。非警笛声音主要有车辆喇叭声、突发性短时干扰音（如拍手声）、语音、歌曲等。各种警笛的基频模式是不同的，利用这些差异，可以设计出可识别不同警笛的音频识别系统。对于更为复杂的环境音频信号识别问题，目前常用的多种音频识别方法包括：基于基频拟合的算法、基于统计的算法及基于模式匹配的算法。

(三) 语音识别与理解技术

在智能车辆的音频环境中，人的声音属于特殊的一类音频。如果智能车辆具有噪声环境下的语音识别能力，就可以以友好的人机交互方式理解并执行用户对智能车辆的指令。

从智能车辆对语音信息的监听需求来看，涉及语种识别、说话人识别、语音关键词识别等。语音识别技术所涉及的领域包括：信号处理、模式识别、概率论和信息论、发声机理和听觉机理、人工智能等。语音识别的关键技术主要包括特征提取技术、模式匹配和数据训练技术三个方面。语音识别研究仍然以 HMM（Hidden Markov Model，隐马尔科夫模型）为主流，同时多种技术并存。特别是在语音识别系统的框架设计上、在时间序列建模上、在融合多层信息源的能力上，HMM 仍有着很大的优越性。小波理论、模糊理论、信息论、多层感知器、听觉模型等技术虽然也在语音识别中得到了一定的应用，但一般而言，以这些技术为主的系统至多只达到了与 HMM 相当的性能。因此，大多数语音识别系统还是以 HMM 为主框架，在系统局部辅以其他技术手段加以优化，例如通过采用听觉模型提取鲁棒性更高的声学特征，在 HMM 系统的底层利用 ANN（Artificial Neural Network，人工神经网络）的非线性映射能力区分较小的语音单元（音素级）等。

智能车辆作为一个机动的智能平台，不但要能识别出语音的内容，还要理解语音的含义，这就需要自然语言理解技术。自然语言理解主要研究用计算机模拟人的语言交际过程，使计算机能理解和运用人类社会的自然语言，实现人机之间的自然语言通信，以代替人的部分脑力劳动。其主要分支包括信息检索、解答问题、摘要生成、汇编资料、专家系统以及一切有关自然语言信息的加工处理，使其具备一定的环境适应、自动学习、自动决策等高级智能。智能车辆要最终具备驾驶者的理解能力，实现对语音识别结果进行自然语言理解，进一步完成信息决策。

（四）软件无线电技术

智能车辆作为一个强机动性的智能平台，同时也是一个信息平台获取着大量的外界信息。智能车辆的广域感知能力使得其智能化概念被进一步的延展，作为感知无线电波的智能车辆听觉系统，要想兼容各种通信制式，就需要以软件无线电技术作为其核心技术。软件无线电技术的中心思想是，构造一个具有开放性、模块化、标准化、可重构的通用硬件平台。将各种功能，如工作频段、调制解调类型、数据格式、加解密模型、通信协议等用软件来完成，并通过软件加载来实现各种无线通信功能的开放式体系结构。它是以现代通信理论为基础，以数字信号处理为核心，以微电子技术为支撑的崭新的通信体制。

软件无线电的基本平台包括：天线、多频段射频（RF）转换器、宽带 A/D（D/A）转换器和 DSP 处理器等。

四、智能车辆听觉感知技术的应用

随着智能时代以及车联网时代的发展，车载平台不断向智能化发展，具有越来越丰富的应用程序。在智能车辆听觉感知技术中，人机对话是其中一种重要应用，同时语音云驾驶也作为一个新兴的应用逐步走向市场。这样一项充满智能化的人车对话新功能的意义在于解放了驾驶者的双手，并提高了行车安全性。

通过调查发现，有 65% 的行车事故是由驾驶者分神造成的，在这些行车事故中，有 74% 的事故是因驾驶者打电话或发短信造成的。而人机智能交互系统全部基于语音操作，很大程度上减少了由于双手脱离方向盘的不当操作引发意外事故。因此，人车交互系统不仅为驾驶者提供便利，而且提高车辆驾驶安全性。

目前，国内外各车辆厂商，先后发布了各种人机语音交互的产品。较为成熟的主要有 InkaNet、G-BOOK、Onstar、D-Partner、i-Drive、MMI 和 COMAND 等系统，这些系统是专为中国的轿车用户量身打造的车联网平台，将拥有导航分享、实时路况、五方会议、语音识别、网页浏览、SNS 社区、安全诊断、防盗监控、在线点歌、资源管理等相关功能。

第六节　超声波测距技术

一、概述

超声波测距中的超声波指的是工作频率在 20kHz 以上的机械波，具有穿透性强、衰减小、反射能力强等特点。超声波测距的原理是利用测量超声波发射脉冲和接收脉冲的时间差，再结合超声波在空气中传输的速度来计算距离。超声波测距的原理简单、成本低、制作方便，且超声波对雨、雪、雾的穿透性较强，可以在雨、雾等恶劣天气下工作；超声波对光照和色彩不敏感，可用于识别透明及漫反射性差的物体；超声波对外界电磁场不敏感，可用于有电磁干扰的环境中。但是超声波测距的速度和光电测距与毫米波雷达测距的速度无法相比，且超声波具有一定的扩散角，只可测得距离，不可以测得方位。

超声波测距现阶段广泛应用于倒车雷达系统中。同时由于超声波测距的成本较低，容易实现，可靠性较高，因此市场上存在的泊车辅助系统大都采用超声波测距系统。

二、超声波测距在智能车辆中的应用

超声波测距在智能车辆上的一个重要应用是自动泊车系统，开发泊车辅助系统的工作过程都可以分为以下几个阶段。

1. 外部环境的扫描与识别

通过布置在车身周围的距离传感器（一般为超声波传感器），有的还配合视觉传感器，来探测周围环境的数据，从而完成车位的检测和车辆自身与周围环境关系的确定。一般还可以提供与倒车雷达一样的报警功能。

2. 路径规划

通过分析环境中障碍物的位置，结合车辆自身的参数，确定泊车入位的路径，并且生成相应的转向步骤，用来引导泊车过程。

3. 执行泊车入位操作

在中央控制器的操作下，通过助力电机控制方向盘做出相应的旋转，配合驾驶者的挂挡以及刹车，完成泊车过程。

超声波传感器可实现360°探测，主要用于近距离测距。泊车系统是利用超声波传感器帮助车辆停车入位，如图4-30所示。超声波传感器可监控车辆前面或后面10m范围的情况。它可以辨认障碍物并通过光或声的形式报警。

图4-30 基于超声波传感器的泊车系统

超声波传感器安装在车辆前、后保险杠上，一般前部安装4个超声波传感器，后部安装4~6个超声波传感器。当挂上倒挡或车辆前进速度低于阈值（一般为15km/h）时，超声波传感器被激活，泊车系统开始工作。在系统工作时，自检功能保证一直监控系统所有的部件。传感器发射频率约为40kHz的超声波，并测出声波遇到障碍物后反射回来的声脉冲的时间间隔。由接收反射回来的声脉冲的时间间隔和声波进行中的声速,可得到车辆距最近一个障碍物的距离。

第七节　车身状态感知技术

一、概述

车身状态主要包括车辆的行驶速度、纵向加速度、发动机转速、发动机转矩、方向盘转角、横摆角速度、横向加速度、节气门开度、当前挡位、制动灯状态、制动主缸压力、发动机循环水温等。其中与智能车辆研究密切相关的信息有:车辆的行驶速度、纵向加速度、发动机转速、方向盘转角、节气门开度、制动灯状态、制动主缸压力。要对车辆进行闭环反馈控制,就必须获取这些关键的车辆状态信息,其中有一部分信息可以直接从车辆 CAN 总线上读取获得。

二、从车辆 CAN 总线读取车辆状态信息

CAN 总线通信技术已经被广泛地应用于车辆制造业,成为当前一个主流的车内网络通信技术。车辆 CAN 通信网络又分为高速 CAN 网络和低速 CAN 网络,低速 CAN 网络位速一般为 10~250kbit/s,主要应用于车身电子的舒适型模块和显示仪表等设备中;高速 CAN 网络位速一般为 250kbit/s~1Mbit/s,主要服务于对通信实时性要求比较高的动力传递系统。

通过 CAN 总线网络可以获取大量的信息,从而简化智能车辆研究过程中车辆改造方面的工作。但是还有一些重要的信息无法从总线上获取(比如制动主缸的工作压力),从总线上读取的一些信息偶尔会有一些错误(比如车辆纵向加速度信息),这时候就必须加装相应的传感器来采集总线上无法获取的信息,或对总线上数据进行冗余采集。

三、加装传感器测量车辆状态信息

(一)车身姿态感知

车身姿态主要是指车辆的侧倾角和俯仰角。通常采用惯性导航或者陀螺来测得这些参量。惯性导航可以通过 GPS 接收设备信息,GPS 定位信息可以对惯性导航的偏离做出实时校正,惯性导航可以对 GPS 数据进行过滤分析,实现精准定位。因此,在智能车辆研究领域,通常采用惯性导航来测量车身姿态信息。

惯性导航依据牛顿惯性原理,利用惯性元件(加速度计)来测量运载体本身的加速度,经过积分和运算得到速度和位置,从而达到对运载体导航定位的目的。

(二)惯性导航的基本原理

惯性导航属于一种推算导航方式,即从一个已知点的位置根据连续测得的运载体航向角和速度推算出其下一个点的位置,从而连续测出运动体的当前位置。惯性导航系统中的陀螺仪用来形成一个导航坐标系,使加速度计的测量轴稳定在该坐标系中并给出航向和姿态角;

加速度计用来测量运动体的加速度,经过对时间的一次积分得到速度,速度再经过对时间的一次积分即可得到距离。

惯性导航系统的主要优点:

① 由于它是不依赖于任何外部信息,也不向外部辐射能量的自主式系统,故隐蔽性好,也不受外界电磁干扰的影响;

② 可以全天候、全时间地工作与控制,可以在地面乃至水下;

③ 能提供位置、速度、航向和姿态角数据,所产生的当前信息连续性好,而且噪声低;

④ 数据更新率高、短期精度和稳定性好。

惯性导航系统的主要缺点:

① 由于当前信息经过积分而产生,定位误差随时间而增大,长期精度差;

② 每次使用前需要较长的初始对准时间;

③ 设备价格较昂贵;

④ 不能给出时间信息。

惯性导航系统目前已经发展出挠性惯性导航、光纤惯性导航、激光惯性导航、微固态惯性仪表等多种方式。陀螺仪由传统的绕线陀螺发展到静电陀螺、激光陀螺、光纤陀螺、微机械陀螺等。激光陀螺测量动态方位宽,线性度好,性能稳定,具有良好的温度稳定性和重复性,在高精度的应用领域一直占据着主导位置。其中成本较低的光纤陀螺(FOG)和微机械陀螺(MEMS)精度越来越高,是未来陀螺技术发展的方向。

(三)惯性导航的应用现状

惯性导航系统用于各种运载工具中,包括飞机、潜艇、航天器等运输工具及导弹,然而成本及复杂性限制了其可以应用的场合。

惯性系统最先应用于火箭制导,美国火箭先驱罗伯特·戈达尔试验了早期的陀螺系统。第二次世界大战期间经德国人冯布劳恩改进后,应用于 V-2 火箭制导。战后美国麻省理工学院研究机构及人员对惯性制导进行深入研究,从而发展成为应用于飞机、火箭、航天飞机、潜艇的现代惯性导航系统。惯性导航技术的发展和应用趋势是以惯性导航和 GPS 卫星导航的组合最为典型。

目前国内外智能车辆研究领域,多家研究机构都采用了惯性导航和 GPS 卫星导航组合的方式来实现车辆的实时精准定位和导航。另外,还可以从惯性导航系统中获取车辆的姿态信息和较为准确的速度、加速度信息等。

(四)制动系统管路压力测量

为了实现单独对液压制动系统的闭环控制,需要采集液压制动管路中液压油的压力,但是这个参量无法从 CAN 总线读取得到,需要加装压力传感器。

车辆液压力传感器又称压力变送器,按照其输出信号的不同可以分为电流型和电压型两种。PT124B-242 系列压力变送器的相关参数见表 4-5。

表 4-5 PT124B-242 系列压力变送器的相关参数

项目	参数
量程	0~35MPa

续表

项目	参数
综合精度	0.5%FS;1%FS;1.5%FS
非线性	0.02%FS
可靠性	0.05%FS
输出信号	0~5V;0.5~4.5V;1~5V;4~20mA
供电电压	5V DC;24(12~36V)DC
工作温度范围	−40~125℃
补偿温度范围	−10~70℃
过载压力	150%FS
介质材料	316S
电气连接	三芯 Packard 连接器
压力连接	1/4NPT,1/8~27NPT,7/16~20UNF

第八节　感知信息融合技术

智能车辆的环境感知信息既包含基于视听觉认知的道路、交通标志、周边车辆行为等信息，也包含雷达、GPS 等传感器获取的诸如车速、车距、障碍等其他信息，这些信息的获取基于多类异构传感器设备。因是异构、多尺度的，对其配准、标定与融合是智能车辆对环境信息正确认知的基础，同时也是研究的难点之一。

传感器信息融合，是指综合来自两个以上的传感器的感知数据，以产生更可靠、更准确或更精确的信息。信息融合的基本原理就像人脑综合处理信息一样，充分利用多源信息，通过对这些多源的观测信息的合理支配和使用，把多源信息在空间或时间上的冗余或互补依据某种准则来进行组合，以获得被测对象的一致性解释或描述。

信息融合按其在传感器信息处理层次中的抽象程度，分为三层次融合结构：数据层、特征层、决策层。

1. 数据层融合（低级或像素级）

数据层融合又称为像素级融合，像素级融合是在各传感器观测信息未经预处理之前的原始信息层次上进行的融合，是最低层次的融合。

2. 特征层融合

特征层融合属于中间层次。首先提取传感器像素信息的表示量或统计量，即提取特征信息，然后按特征信息对多传感器数据进行分类、综合和分析。这种融合方法的关键在于特征提取。

3. 决策层融合

决策层融合通过不同类型的传感器观测同一个目标，每个传感器自身完成基本的处理，其中包括预处理、特征抽取、识别或判决，以建立对所观察目标的初步结论。然后通过关联处理进行决策层融合判决，最终获得联合推断结果。决策层融合输出一个联合决策结果，在理论上这个联合决策比任何单传感器决策更明确或更精确。

基于决策层的数据融合应当满足以下三个准则。

（1）可行性

雷达传感器的距离和角度信息与摄像机图像信息在本质上不同，分别对两种传感器信息进行特征提取，之后算法要能够对表达出来的数据进行进一步融合处理，即最后处理的数据表达形式要相近，能够以某种方式计算。

（2）实时性

算法处理的速度要能够满足非结构化道路下驾驶要求，如果算法耗时过长，道路信息感知灵敏度降低，必然导致车辆自主驾驶速度降低。

（3）鲁棒性

非结构化道路环境所包含的内容十分复杂，此外路面的坑洼会造成传感器的颠簸，因此算法处理应当具有一定的抗干扰能力。

融合的信息越接近信息源，获得的精度越高。因此，随着融合层次的提高，虽然对各传感器的同质性要求会降低，系统容错性也会增强，但是融合时信息保存的细节会减少，精确度也会降低。因此选择融合过程时要考虑系统实现的可能性、传感器子系统局部处理能力和通信保障能力等方面问题。表 4-6 对三种融合层次的特点进行了综合比较。

表 4-6　三种融合层次的特点比较

融合层次	信息损失	实时性	精度	容错性	抗干扰力	计算量	融合水平
数据层	小	差	高	差	差	大	低
特征层	中	中	中	中	中	中	中
决策层	大	好	低	优	优	小	高

比如，智能车辆所采用的主要传感器为雷达和摄像机，需要解决将这两种不同质的传感器数据信息进行融合，最终达到提高非结构化道路的识别准确度、识别精度的目的。雷达采集信息包括障碍物点的距离信息和扫描角度信息，而摄像机采集信息为二维图像。传感器的不同质决定了两种传感器信息在数据层的融合是不可能的，同时考虑到非结构化道路环境对识别算法的抗干扰能力要求较高，因而选择在决策层对两种传感器信息进行融合，即雷达和摄像头分别将采集到的信息进行算法处理，最后将处理结果输送至融合中心进行决策级别的融合。

第五章

高精度地图

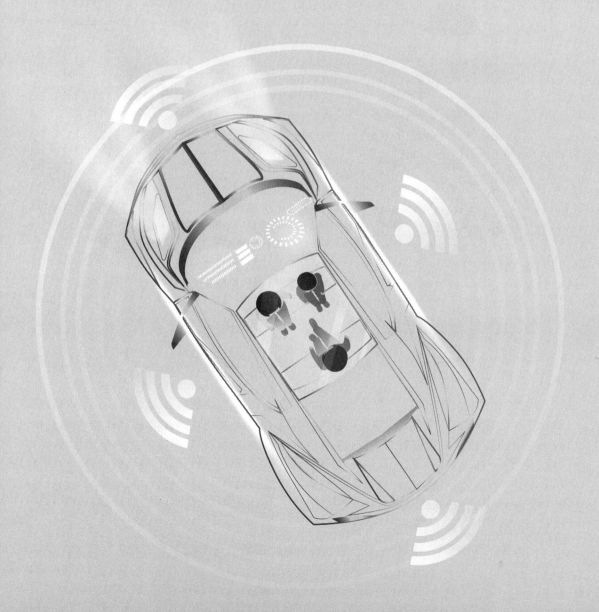

第一节　高精度地图的概述

一、高精度地图的含义

狭义上，高精度地图是指高精度、精细化定义的地图。其精度需要达到分米级才能够区分各个车道，如今随着定位技术的发展，高精度的定位已经成为可能。而精细化定义，则是需要格式化存储交通场景中的各种交通要素，包括传统地图的道路网数据、车道网络数据、车道线和交通标志等数据。

广义上，高精度地图是为车辆构建一个真实的三维世界。除了绝对位置的形状信息和拓扑关系外，甚至还包括点云、语义、特征等属性。

自动驾驶环境与高精度地图内容如图 5-1 所示。

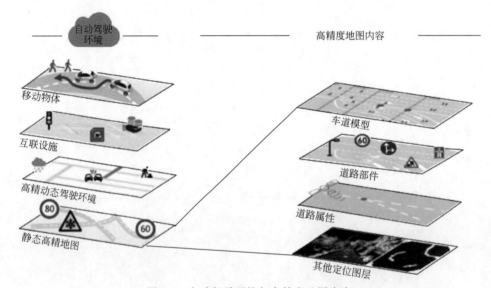

图 5-1　自动驾驶环境与高精度地图内容

二、高精度地图的目的

为什么无人驾驶系统需要高精度地图呢？是因为计算机还没有形成人类如此强大的感知能力。

回想人类用导航的经验，把目测到的街景和地图上所绘制的街景做一个迅速的匹配，就知道自己在地图上的位置。结合语音文字或者图像，就能清晰地理解导航指令的意思，做出正确的操作。即使开始不熟悉导航，在经过一两次训练之后，就能很顺利地使用导航。

但对于计算机来讲，这些导航指令的背后意味着相当多的运算，包括定位、感知、决策、控制等。在这些领域，电脑目前没有办法与人脑相比，这就需要把各方面的先验信息，比如地图信息，整理得更细致、更精准。

当人类在驾驶车辆的时候，要到达目的地时，需要知道自己在什么地方？目的地在哪？

要走哪条路？哪条路是最优路径？反观无人驾驶的车辆在行驶过程中也需要知道自己在哪个位置？要去什么地方？怎样到达？这时，高精度地图就会为车辆提供一些先验的知识。

三、高精度地图的要求

1. 要充分挖掘高精度地图的特点

比如，高精度地图的相对精度往往优于绝对精度，特别是考虑到我国地图加偏这种情况。这就要求把地图看得"长"一些，"远"一些，充分利用地图的几何走势，而不能过分纠结于单点精度。

2. 要充分结合无人驾驶设计方案来制定

由于无人驾驶解决方案不一样，地图在其中所起的作用也不尽相同。所以说，没有最好的无人驾驶地图导航，只有最符合每家解决方案的地图导航。过分追求大而全的地图服务，实际上是对资源的浪费，也很难提高处理效率。

3. 要满足各个模块的需求

地图可以给无人驾驶几乎所有的算法模块提供必要的数据信息，所以各个模块或多或少都会对地图有所依赖。但这里面有一个"适度"依赖的问题。完全不依赖地图，势必会增加每个模块处理的难度。

过度地依赖地图，尤其是过度地依赖地图的绝对精度，难免会对最后的结果产生不可预期的影响。这需要地图与其他模块共同磨合，将需求合理化、清晰化，这样才能将地图用得恰到好处。

4. 地图导航不能成为系统性能的瓶颈

无人驾驶目前的一个最大瓶颈就是处理器的算力不足，而地图导航面对的恰恰是大面积、大体量的地图数据。如何保证高效的服务，不让其成为系统性能的瓶颈，是地图导航需要研究的问题。这里面涉及地图格式、缓存策略、数据读写管理策略以及各类服务算法的优化。另外，地图与各模块接口的体量也是影响地图效率的重要瓶颈，需要精细化定制。

5. 同时满足人和无人动驾驶对于导航的需求

特别是针对 L3 级别的无人驾驶来说，人不能离开驾驶位，所以存在一个人类驾驶和自动驾驶的磨合期，双方需要进行交流，进行互动。

保持这些地图的更新是一项重大任务，调查车队需要不断地对高精度地图进行验证和更新。此外，这些地图精度可以达到几厘米，这是水准非常高的制图精度。

四、高精度地图的作用

高精度地图对无人驾驶的作用，通过无人驾驶与人类驾驶过程对比可以看出（图5-2）。

感知：人类驾驶的时候以眼睛为主、耳朵辅助观察测量环境；无人驾驶车用多种传感器包括摄像头、毫米波雷达、激光雷达等来构建驾驶环境。

定位：人类可以通过观察环境或用观察的环境对比记忆完成自定位；无人驾驶车辆通过传感器感知到的环境和高精度地图对比完成定位。

决策：人类完成驾驶决策主要依靠大脑思考和判断；无人驾驶车通过人工智能和规则完成决策，高精度地图协助进行路径规划。

控制：人类是通过小脑运动神经来操控车辆的；无人驾驶车则需要自动化控制的系统来完成，在这一环节中高精度地图的坡度、曲率、横坡等也发挥作用。

云服务：很多时候有一些超视距的路况需要通过云服务来告知无人驾驶车，这其实也是可以通过高精度地图来发挥作用。

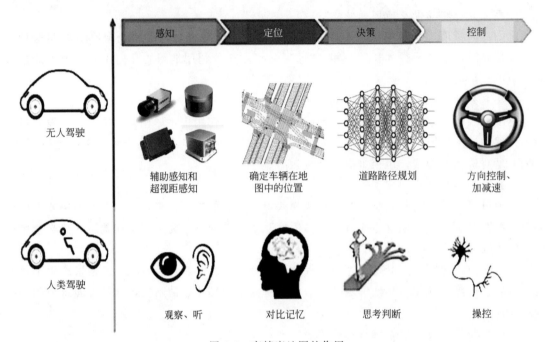

图 5-2　高精度地图的作用

五、高精度地图的特点

1. 高精度地图是自动驾驶的"千里眼"

摄像头、激光雷达、传感器所监测到的范围是有限的。摄像头根据不同的俯角看到的距离为 60～150m，激光雷达所看到的范围为 40～80m，而安装了高精度地图的自动驾驶车辆，就相当于具备了一双"千里眼"，不但可帮助无人驾驶车辆提前知晓位置信息，还能精确规划行驶路线。

2. 高精度地图是无人驾驶的"透视镜"

雨天，开车上路，车上安装的任何一个传感器，包括性能非常好的相机都很难准确地把道路上的每一条车道线都看清楚。这个时候高精度地图就起到了一个"透视镜"的作用。高精度地图上，相机看不清的地方，或者雷达检测不到的地方，高精度地图能及时反馈数据，起到一个"透视镜"的作用。

3. 高精度地图是无人驾驶的"安全员"

高精度地图可以精确自动识别交通标志、地面标志、车道线、信号灯等上百种目标，还有道路坡度、曲率等准确的数据信息。车辆可依照高精度地图已知的道路信息，提前做出准确判断和决策，且不受阴雨、大雾等天气影响，减少车祸的发生，为实现无人驾驶保驾护航。

六、高精度地图与传统导航地图的区别

地图导航现在已经成为大多数都市人出行的必要工具。地图导航利用丰富的图像、文字、语音等多媒体介质,一步一步地指引驾驶员在错综复杂的路网和路况中到达目的地,让人类的出行变得更加便捷、安全、高效和舒适。

而车辆无人驾驶,也就是让计算机代替人来驾驶车辆,与传统的导航相比,无人驾驶需要的导航发生了明显的变化。这里面最大的区别,就是两者使用的地图是不同的。

① 传统导航用的是普通的导航地图,也就是我们手机里导航 APP 使用的地图。而自动驾驶用的是 ADAS 或者是高精度地图(图 5-3),后者在道路几何描述上,从精度和细腻度上都提高了一个量级。首先,高精度地图对道路几何描述得更加精准和精细。比如传统的导航地图能用几个采样点表示一条街道,会告诉你这条街上有几条车道。而高精度地图可以把每条车道的中心线和车道线的几何形态都精准地描述出来。所以,有些人习惯把这类地图称为无人驾驶地图,因为它就是为无人驾驶量身定做的。

② 如果说传统车辆导航软件的功能大同小异的话,那无人驾驶的地图导航引擎可能千差万别。这是因为,每一个无人驾驶解决方案中用到的传感器都不一样,计算单元计算能力不一样,所采用的各类算法不一样,每种算法对于地图的依赖程度也不一样。这些需求上的不确定性势必会导致地图内容和地图导航所提供服务的差异化。

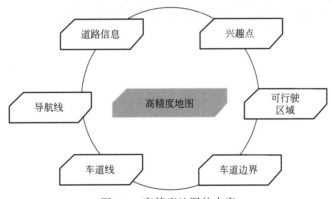

图 5-3 高精度地图的内容

另外,地图导航的存在形式也不尽相同。传统的导航由人类和导航设备两部分组成,人类承接了所有的感知决策等操作;在无人驾驶中,地图导航模块可以与各个模块单独组合成为一个整体,形成"定位+地图"模块、"感知+地图"模块等,再从更上层进行拼接。

同时,地图也可以像以前一样,作为一个独立的模块存在,与各个模块平行共存,以消息或调用的形式给其他模块提供服务。前者可以降低系统耦合度,适合模块化结构,极大发挥地图数据和地图服务的精准性;后者可以进行整体协调,避免很多重复计算,从整体上优化效率、功能和存储。

③ 传统导航和无人驾驶导航在各个功能模块上也有区别。传统导航可以分成如下几个模块。

路径规划,回答了去哪里的问题。

地图匹配,回答了在哪里的问题。

导航指令，回答了怎样去的问题。

人机交互，主要起到了让人更好地理解导航、操作导航的作用。

其实在无人驾驶领域，这些模块都还是存在的，只是因为导航的受众从人变成了计算机，这几个模块也有了或大或小的变化。基于高精度地图的路径规划如图 5-4 所示。

图 5-4　基于高精度地图的路径规划

a. 路径规划模块。无人驾驶的路径规划要从街道级别做到车道级别。而且在路线选择的时候，要充分考虑无人驾驶车的偏爱，传统的最短或最快路径并不一定适合无人驾驶车，反而安全性可能会成为路径规划的主要考量。

b. 地图匹配模块。这一部分受定位精度影响很大。如果有多传感器融合形成的高精度定位结果，地图匹配这个功能将变得很简单。

但为了实现高精度定位，无人驾驶的地图导航模块往往需要提供足够多的地图信息给定位模块，比如提供车道线来辅助横向纠偏，提供立体标识物的信息辅助纵向纠偏。

c. 导航指令模块。这部分的体量要远远大于传统的导航。传统导航可以简简单单地告诉前方是一个什么样的路口，人类就可以理解下面要做的一系列动作。

对于计算机，我们可能需要很清晰、很细致地把这个路口描述出来，比如总共几条车道，宽度多少，前后关联关系，车道的几何形状如何等。计算机的很多运算都是基于这些精准的信息来进行的，一点点的偏差，都可能会造成决策上的失误。

d. 人机交互模块。可能很多人都认为，计算机并不需要传统导航中的图像、语音、文字等导航信息来辅助驾驶，甚至地图渲染也不需要。但实际上，在相当长的一个历史时期内，人和计算机是要有互动的。

人需要理解计算机处理的过程，这样才能够逐渐建立对计算机决策的信任。从这个意义上讲，地图和导航信息的可视化是必要的。它更多地用来展示无人驾驶计算的过程，解释它对当前情景的一个判定过程。而人类获取这些信息之后，也可以逐渐增加对无人驾驶的信任感，了解其行为方式，并与其展开互动。

高精度地图与现在常见的导航地图（比如车载导航地图）相比有很大不同，主要体现在使用者不同、用途不同、所属系统不同、要素和属性不同等（图 5-5）。导航地图的使用者是人，用于导航、搜索；而高精地图的使用者是计算机，用于高精度定位、辅助环境感知、规划与决策。因此，导航地图在车内属于车载信息娱乐系统，带显示屏；而高精地图属于车载安全系统，不需要屏幕。要素与属性方面，导航地图仅包含简单道路线条、信息点（POI）、行政区划边界；而高精度地图包含详细道路模型，包括车道模型、道路部件、道路属性和其他的定位图层。

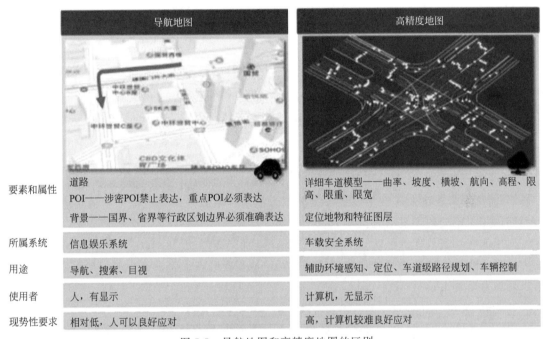

图 5-5 导航地图和高精度地图的区别

第二节 高精度地图的背景

在过去的十几年间，数字地图帮助驾驶员指明方向和路线。但在无人驾驶时代，高精度地图则是无人驾驶车的必不可少的条件之一。届时，地图已经不再是单纯的车载系统。它用来指导无人驾驶车何去何从，一个 0.1mm 的误差就可能酿成一次事故。

无人驾驶已成为未来必然趋势，高精度地图也成为传统图商、车企、科技公司的重点投入。然而，国内外各家的高精度地图采集和制作都有各自的方案。目前，高精度地图市场上的参与者共有以下几股力量：

① Here、TomTom、高德、四维图新等从导航地图起家的专业图商（也被称为"传统图商"）；

② 谷歌、百度等在传统导航地图时期就有很强的影响力，如今自己又做无人驾驶业务的巨头；

③ Mapbox、DeepMap、DeepMotion、Momenta、宽凳、极奥、迪路等初创高精度地图公司；

④ Mobileye、英伟达、地平线等无人驾驶芯片厂商；

⑤ 博世、大陆等 Tier 1；

⑥ 宝马、奔驰、奥迪等车辆制造商；

⑦ Uber、滴滴等出行公司。

一、国外地图企业

美国对地图测绘方面的政策限制较少，高精地图创业者比较多。比较有名的初创公司有 DeepMap、CivilMaps、lvl 5、Carmera。此外还有 Here、TomTom、Waymo（原谷歌地图）等。

1. Waymo

Waymo 在绘制高精地图上采用两种策略：一是利用现在的无人驾驶车辆搭载传感器逐渐绘制高精地图，Waymo 曾经发布一个名为"车辆地图服务"的早期版本，可以将车辆的传感器数据整合到地图中；二是先利用自己的测绘车队，为无人驾驶车辆创建好丰富、详细的高清地图，然后运用到无人驾驶导航中。

2. Here

Here 的高精度地图 Here HD Live Map 建立在基础地图之上，配备激光雷达的 Here True 车辆每天奔波在大街小巷，结合卫星图像绘制车道路径、车道标记、道路边缘等多种短时间内相对不变的环境信息。

对于那些动态数据的更新则主要依赖通用等众包车辆，借助 Here HD Live Map 的云端能力，当车辆传感器检测到的道路信息变更时，这些新的特征将会被上传到地图数据中，并下发到所有车辆上。

3. TomTom

早在 2015 年，TomTom 测绘车队就在进行自动化数据采集，通过搭载一个 Velodyne 激光雷达、一个 360°全景相机，两台 SICK 雷达，还有兼容 GPS 和 GLONASS 的高精度天线的福特翼虎车辆即可完成采集任务。目前，其高精度地图数据已经实现美国本土州际公路全覆盖，线路总长 18.5 万千米。在全球范围内的高精度地图线路已超过 38 万千米，覆盖地域包括日本、美国、西欧等。

TomTom 开发了 RoadDNA 技术来提供高度优化的 3D 横向和纵向道路视图，它可以将原本的 3D 地图数据压缩成 2D 视图，同时还能保留道路上的关键要素。

二、国内地图企业

1. 百度·长地万方

搭载着 Velodyne 的 32 线激光雷达、自主研发的摄像头和 IMU 惯性导航的百度高精地图测绘车每天至少采集 150km 的道路数据，如今已经完成 30 万千米的高速公路和部分城市道路测绘，相对精度达到 10～20cm。这些收集到的道路数据通过人工智能自动识别，并由人工验证信息后再上传至云端，目前百度高精地图数据自动化处理程度达到 90％以上。

2. 阿里·高德

高德专门用于 HAD 级别高精度地图的采集车主要通过 2 个激光雷达和 4 个摄像头采集道路信息，精度可达 10cm。高德和精准位置服务商——千寻位置的合作，提供了"高精度地图+高精度定位"综合解决方案。目前双方在车道级定位上的解决方案可以实现普通道路条件下横向误差和纵向误差在 7cm 以内，高速/城市环路条件下横向误差 6cm，纵向误差在 5cm 以内。

3. 腾讯·四维图新

四维图新已经和博世达成合作，将后者硬件传感器所收集的道路特征数据，再通过四维图新的云计算服务平台，聚集到四维图新高精地图服务器上，从而生成无人驾驶需要的高精度地图。四维图新也同 Mobileye 签署协议，将在中国开发和发布 Mobileye 的路网采集管理（REM）产品。该公司高精度地图已经处于准备量产阶段，具体的上市时间也要配合主流车厂无人驾驶车辆上市计划。

第三节　高精度地图的生产流程

高精度地图的构建由五个过程组成：数据采集、数据处理、对象检测、手动验证和地图发布（图 5-6）。

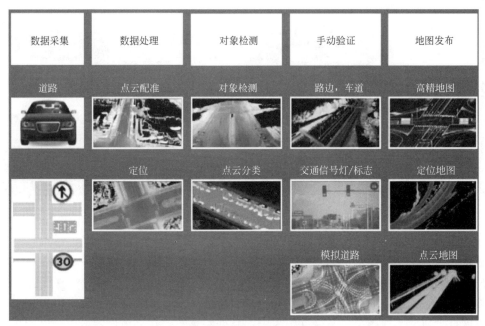

图 5-6　高精度地图的构建

一、数据采集

百度采取的是激光雷达和相机两者相结合的方式。

数据采集传感器的基础设备（图 5-7）主要是 64 线激光雷达和倾斜向上的 16 线激光雷达等，以及 GPS、IMU、GNSS、长焦相机和短焦相机。地图采集硬件方案如图 5-8 所示。

① 64 线激光雷达用于道路路面信息采集，主要是地面标线信息。
② 16 线激光雷达用于检测较高处的红绿灯以及标牌等信息。
③ GPS 和 IMU 用于位姿的状态采集。

图 5-7 数据采集传感器设备

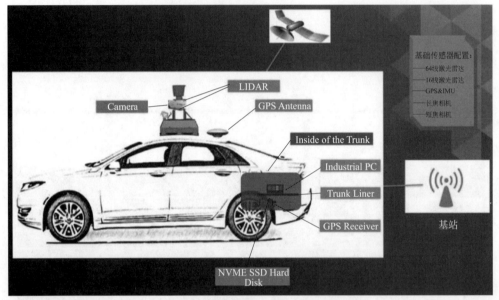

图 5-8 地图采集硬件方案

④ 相机主要记录标牌的语义信息。

值得一提的是，百度采用的 GPS 传感器并非一个单纯的 GPS，而采用的是 RTK 的方案。RTK 相较于单纯的 GPS，能提供更高的精度。地面上建立的观测站一般会选择在开阔无遮挡的楼顶，这样能保证观测信号良好。

百度自主研发了地图采集车辆（图 5-9），整套采集车辆在采集设备上包括以下几部分。

① 由 Velodyne 提供的 32 线激光雷达，负责采集点云数据。激光雷达在车顶呈一定角度放置，为的是尽可能多地采集道路信息而非天空信息。

② 摄像头：负责采集前方道路影像，每秒拍摄 7～10 张照片。

③ GPS：负责记录车辆 GPS 轨迹。

④ IMU：惯性导航单元。

⑤ 由三台单反相机＋120°鱼眼镜头组成的 360°环视影像采集系统。

谷歌 Waymo 采取的是激光雷达和视觉两者相结合的方式。

① 其车辆顶部搭载了激光雷达＋视觉系统，车辆四周搭载了激光雷达。

② 其整体方案也是为激光雷达＋视觉融合，如图 5-10 所示。

图 5-9　百度地图采集车硬件方案

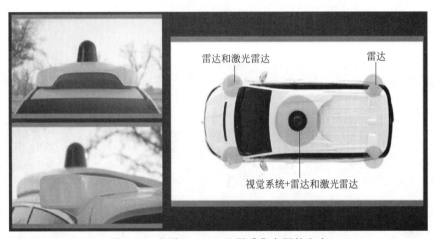

图 5-10　谷歌 Waymo 地图采集车硬件方案

二、数据处理

传感器采集到的数据分为点云和图像两大类。

由于 L4 级无人驾驶车辆对地图的精度要求非常高,所以在制图过程中处理的数据以点云为主。

采用 RTK 的先决条件,即在开阔无遮挡的情况下,才能取得相对准确的信号。

在城市道路中采用 RTK 方案,由于高楼遮挡或林荫路等场景无法避免,它们仍会对信号的稳定性产生影响。

因此,在得到点云之后需要对其进行拼接处理。

点云拼接:采集过程中出现信号不稳定时,需借助 SLAM 或其他方案,对 Pose 进行优化,才能将点云信息拼接,并形成一个完整的点云信息(图 5-11)。

反射率地图:点云拼接后,可将其压缩成可做标注、高度精确的反射地图,甚至基于反射地图(图 5-12)来绘制高精度地图。

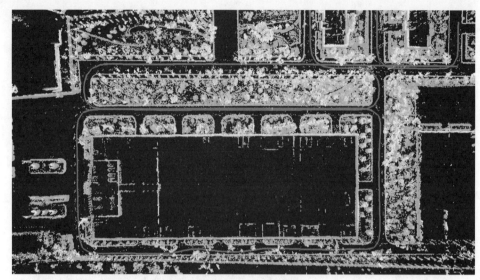

图 5-11 完整点云信息

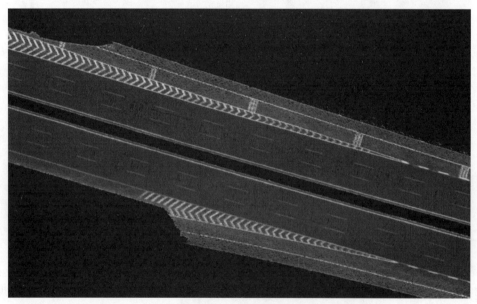

图 5-12 反射率地图

三、地图生成

生成反射率地图之后根据反射率图标注出基准线,即可自动生成拓扑地图(图 5-13)。不过,从目前来看,自动化仍无法解决所有问题,仍存在信息补齐和逻辑关联的缺陷。

一方面,无人驾驶车辆无法处理没有车道线的道路,这一步需要离线并用人工手段补齐相关信息。

另一方面,涉及逻辑信息的处理时,无人驾驶车无法判断。例如在某一路口遇到红绿灯时,车前端应该识别哪个交通信号灯,也需要人工手段关联停止线与红绿灯。

图 5-13 自动生成拓扑地图

四、地图发布

在经过数据采集、数据处理、对象检测和手动验证之后,地图即可发布(图 5-14)。

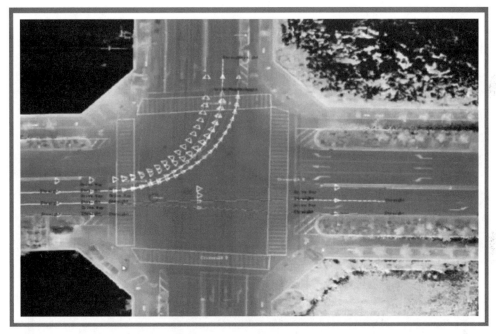

图 5-14 发布后的高精度地图

第四节 高精度地图的格式

高精度地图的格式规范,即对采集到的地图如何进行一个完整的表述。

对此,目前最主流的通用格式规范分 NDS 和 OpenDRIVE 两种。此外还有日本 OMP 公司的格式规范。

NDS 是一种非常全面的地图表述方式(图 5-15)。

由于其数据库可以细分和运用了 Level 的两种技术,NDS 对地图的格式规范做得非常到位。NDS 有上百页的格式文档,因此 NDS 把数据库做了细分,每个细分后的产品都能够

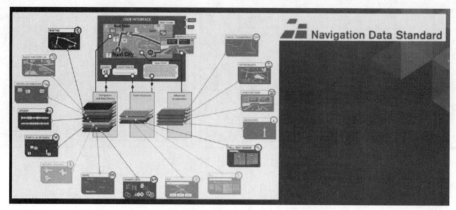

图 5-15　高精度地图的格式规范（NDS）

独立更新升级。其最典型表现是一个 NDS 不仅包括基本导航技术数据、某公司的 POI 数据（即地图上的一个点，地图上每一个商家店铺都可以被称为一个 POI 数据点），还支持局部更新，即使是对一个国家或者省市的相关内容进行局部更新，都十分便捷。

为了方便用户，NDS 还提供语音、经纬度等描述功能。

NDS 中另外一个非常重要的概念叫作 Level（尺度），其含义类似于传统手机地图功能中的比例尺。通过放大或缩小比例尺，来浏览全国或某个区域、某栋楼的地图信息。分块技术作为地图领域中一项普遍通用的技术，也被应用到 Level 中。由于地图的范围非常大，利用 Level 把整个地图切成一个又一个的小格子，在每个小格子中填充数据。在使用百度地图或高德地图时，这些小格子显而易见。虽然这一规范十分重要，但是该技术目前在国内尚未普及，国外使用则相对较普遍，特别是宝马等大厂商使用较多。该操作也是使 NDS 的地图格式规范全面到位的原因之一。

OpenDRIVE 是目前国际上较通用的一种格式规范（图 5-16），由一家德国公司制定。

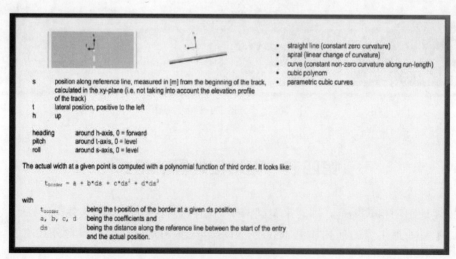

图 5-16　高精度地图的格式规范（OpenDRIVE）

需要说明的一点是百度 Apollo 中也开发了自己的 OpenDRIVE，与德国的 OpenDRIVE 有所不同。两者之间的差别，在此不做详细讲解。

在运用 OpenDRIVE 格式规范表述道路时，会涉及 Section、Lane、Junction、Tracking 四个概念。

无论车道线变少或变多，都是从中间的灰线切分。切分之后的地图分为 A、B 和 C 三部分。

一条道路可以被切分为很多个部分。按照道路车道数量的变化、道路实线和虚线的变化、道路属性的变化的原则来对道路进行切分。

在第二个 Lane 概念中，Reference Line 在 OpenDRIVE 规范中非常重要。没有 Reference Line，可以说一事无成。

基于 Reference Line，向左表示 ID 向左递增，向右表示 ID 向右递减，它是格式规范的标准之一，同时也是固定的、不可更改的。比如，Reference Line 的 ID 为 0，向左是 1、2、3，向右是 -1、-2、-3。

Junction 是 OpenDRIVE 格式规范中的路口概念。Junction 中包含虚拟路，虚拟路用来连接可通行方向，用红色虚线来表示。

在一张地图中，在遇到对路口的表述时，虽然说路口没有线，但要用虚拟线来连接道路的可通行方向，以便无人驾驶车辆明确行进路线。

以上三个概念在 OpenDRIVE 格式规范中，是基于 Reference Line 条件下的应用，还有基于 Reference Line 和偏移量条件下的应用，其中十分重要的一个概念叫作 Tracking。

Tracking 的坐标系是 ST，S 代表车道 Reference Line 起点的偏移量，T 代表基于 Reference Line 的横向偏移量。前者是纵向的，后者是横向的。此外，还有一些概念，如 Heading、Pitch 和 Roll 等，不再赘述。

百度在 OpenDRIVE 格式规范中对该技术进行了改进，使之对开发者更加友好，也更利于 Apollo 自身的表述计算（图 5-17）。

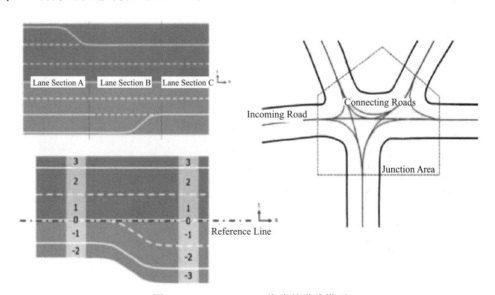

图 5-17　OpenDRIVE 格式的道路模型

主要改动和扩展了以下几个方面。

① 地图元素形状的表述方式。以车道边界为例，标准 OpenDRIVE 采用基于参考线的曲线方程和偏移的方式来表达边界形状，而改动后是采用绝对坐标序列的方式描述边界

形状。

② 元素类型的扩展。例如新增了对于禁停区、人行横道、减速带等元素的独立描述。

③ 扩展了对于元素之间相互关系的描述。比如新增了结与结内元素的关联关系等。除此之外，还有一些配合无人驾驶算法的扩展，比如增加了车道中心线到真实道路边界的距离，停止线与红绿灯的关联关系等，改动和扩展后的规格在实现上更加简单，同时也兼顾了自动驾驶的应用需求。

1. 数据结构

高精度地图数据结构为 OSM 格式，文件标识子目录下包含了各个点（Node）、线（Way）、关系（Relation）的定义［每个点、线、关系都可以自定义添加标签（Tag）来丰富各个属性的信息］，其中点（Node）包含用于搜索的 ID 和经纬度位置信息；线（Way）则包含 ID、描述性信息标签（Tag）及组成线的相关点 ID；关系（Relation）主要包含其成员（Member）及附加描述性信息标签（Tag）。整个道路关系结构则是由点（Node）、线（Way）或关系（Relation）不同组合而成的相应的具有层级类别的关系集合（Relation），最上层的关系集合为道路、路口、区域。基本的嵌套方式如图 5-18（关系之间也可以相互嵌套）。

```xml
<?xml version='1.0' encoding='UTF-8'?>
<osm version='0.6' upload='true' generator='JOSM'>
    <node id='-8' action='modify' visible='true' lat='39.19108068774' lon='117.22773231231' />
    <node id='-10' action='modify' visible='true' lat='39.19073257045' lon='117.24830373232' />
    <node id='-12' action='modify' visible='true' lat='39.18748379706' lon='117.22763098537' />
    <node id='-14' action='modify' visible='true' lat='39.18713566195' lon='117.24820240538' />
    <node id='-16' action='modify' visible='true' lat='39.18384628673' lon='117.22752851942' />
    <node id='-18' action='modify' visible='true' lat='39.1834981336' lon='117.24809993943' />
    <node id='-66' action='modify' visible='true' lat='39.18337063382' lon='117.22752409224' />
    <way id='-20' action='modify' visible='true'>
      <nd ref='-8' />
      <nd ref='-10' />
      <tag k='lane_number' v='2' />
      <tag k='lane_type' v='driving' />
      <tag k='type' v='lane' />
    </way>
    <way id='-22' action='modify' visible='true'>
      <nd ref='-12' />
      <nd ref='-14' />
      <tag k='lane_number' v='1' />
      <tag k='lane_type' v='driving' />
      <tag k='type' v='lane' />
    </way>
    <way id='-24' action='modify' visible='true'>
      <nd ref='-16' />
      <nd ref='-18' />
      <tag k='lane_number' v='0' />
      <tag k='lane_type' v='base_line' />
      <tag k='type' v='lane' />
    </way>
    <way id='-68' action='modify' visible='true'>
      <nd ref='-66' />
      <nd ref='-67' />
      <tag k='lane_number' v='-1' />
      <tag k='lane_type' v='restricted' />
      <tag k='type' v='lane' />
```

```
</way>
<relation id='-97' action='modify' visible='true'>
  <member type='way' ref='-20' role='' />
  <member type='way' ref='-22' role='' />
  <member type='way' ref='-24' role='' />
  <member type='way' ref='-68' role='' />
  <tag k='type' v='lanes' />
</relation>
<relation id='-99' action='modify' visible='true'>
  <member type='relation' ref='-97' role='' />
  <tag k='road_id' v='3000' />
  <tag k='type' v='road' />
</relation>
</osm>
```

图 5-18　基本的嵌套方式

高精度地图数据采用"XML"文件格式的数据组织方式，是基于国际通用的 OpenDRIVE 规范，并根据百度自动驾驶业务需求拓展修改而成的。

2. 车道

道路的参考线存储在 ID 为 0 的车道中，其他车道只存储当前车道的一个边界。例如，参考线右侧的车道只存储车道的右侧边界。

车道 ID 的命名规则（图 5-19）：

① 车道部分内唯一；
② 数值连续；
③ 车道总数目没有限制；
④ 参考线左侧车道的 ID 向左侧依次递增（正 t 轴方向）；
⑤ 参考线右侧车道的 ID 向右侧依次递减（负 t 轴方向）。

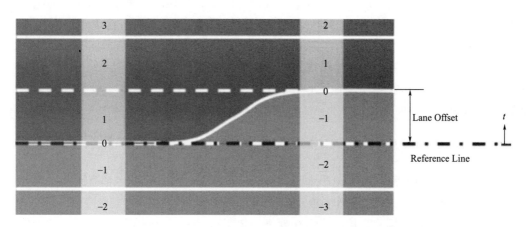

图 5-19　车道 ID 的命名规则

3. 路口区域

路口区域内用 Junction 结构表达，在 Junction 内，进入的道路通过连接道路与出口道路相连。图 5-20 展示了一个比较复杂的路口。

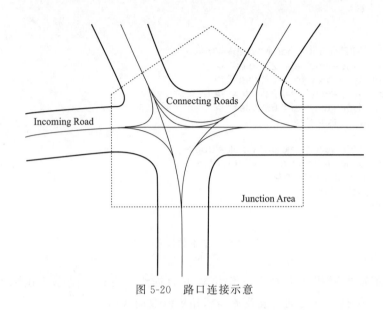

图 5-20 路口连接示意

第五节 高精度地图的应用

一、高精度地图与定位

首先,车辆会寻找地标。我们可以使用从各类传感器收集的数据,如摄像机图像数据以及激光雷达采集的三维点云数据来查找地标。车辆将其收集的数据与其高精度地图上已知的地标进行比较。这一匹配过程需要预处理、坐标转换和数据融合的复杂过程。

预处理消除了不准确或质量差的数据,坐标变换将来自不同视角的数据转换为统一的坐标系;借助数据融合,可将来自各种车辆和传感器的数据合并,从而精确定位自己所处的位置。

一旦无人驾驶车高度精确地定位了自身的位置,定位任务也就完成了。整个过程取决于地图,正因如此,车辆需要高精地图以便知道它处于什么位置。高精度地图与矢量Object如图 5-21 所示。

二、高精度地图与感知

无人驾驶车可以使用高精度地图来帮助感知。人有眼睛和耳朵,但都有距离限制,人看或听不到太远的事物,无人驾驶车的传感器也会受到类似的限制。

摄像机、激光雷达探测物体的能力在超过一定距离后都会受到限制,在恶劣的天气条件或夜间,传感器识别障碍物的能力可能会进一步受到限制。另外,当车辆遇到障碍时,传感器无法透过障碍物来确定障碍物后面的物体。在这种情况下,高精度地图可以将交通信号灯的位置提供给软件栈的其余部分,帮助车辆做出下一个决策。

同时,地图可帮助传感器缩小检测范围。例如,高精度地图可能会告知在特定位置寻找停车标志,传感器就可以集中在该位置检测停车标志,这被称为感兴趣区域(ROI)

图 5-21 高精度地图与矢量 Object

（图 5-22）。ROI 可以帮助提高检测精确度和速度，并节约计算资源。

图 5-22 感兴趣区域

高精度地图通常会记录交通信号灯的精确位置和高度，从而大大降低感知难度（图 5-23）。

三、高精度地图与规划

正如定位和感知软件依赖于高精度地图那样，规划软件也是如此。高精度地图可以帮助车辆找到合适的行车空间，还可以帮助规划器确定不同的路线选择，并帮助软件确定道路上其他车辆在将来的位置（图 5-24）。

例如，高精度地图可帮助车辆识别车道的确切中心线，这样车辆可以尽可能地靠近中心行驶，在具有低速限制、人行横道或减速带的区域，高精度地图能让无人驾驶车辆提前查看并预先减速。更重要的是，如果前方有障碍物，车辆可能需要变道，高精度地图可以帮助车辆缩小选择范围，以便选择最佳方案。

图 5-23　高精度地图与交通信号灯

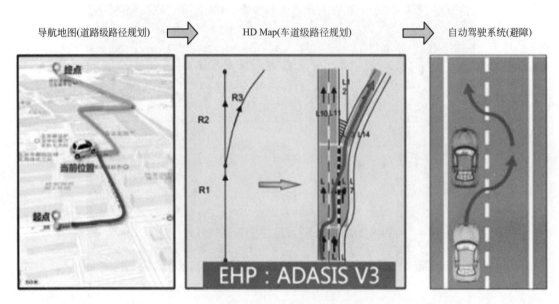

图 5-24　路径规划

四、高精度地图与预测

高精度地图可以为分析动态目标行为趋势提供静态模型，将环境模型与目标动态模型结合预测各个目标在未来一段时间的运动轨迹（图 5-25）。高精度地图为预测提供了路口以及车道出口信息。同时提供路口以及车道相关信息，预测算法是基于车道序列的行为预测，借助高精度地图为障碍物建立车道图，以高精度地图中的道路中线和拓扑关系为基础，跟踪并预测目标在十秒内的行为轨迹。

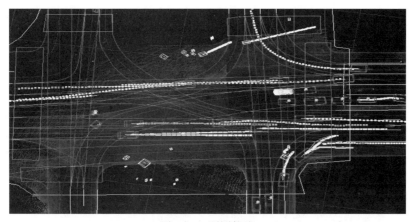

图 5-25　预测轨迹

五、高精度地图与仿真

仿真平台可以解析高精度地图数据，形成路网结构，重构三维真实世界环境，使无人驾驶车能够模拟仿真真实环境的数据（图 5-26）。

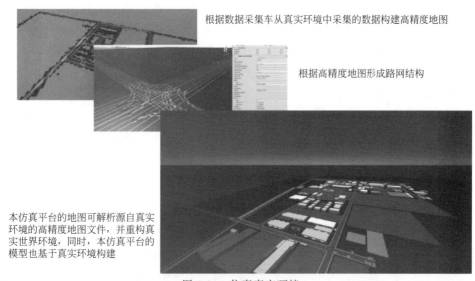

图 5-26　仿真真实环境

第六节　高精度地图的挑战

高精度地图的发展本身也是有很多挑战的。

1. 高精度地图到底是什么样？

现阶段依然取决于车辆传感器，除非真正开发出了不依赖于传感器的高精度地图，无论车辆用的是什么传感器，未来会有什么变化，现在还未知。

2. 高精度地图到底应该更新多快？

高精度地图的更新如图 5-27 所示。

取决于车端的智能程度以及车的承受能力,根据无人驾驶方案的不同,很可能对更新频率的要求也不同(图 5-27)。

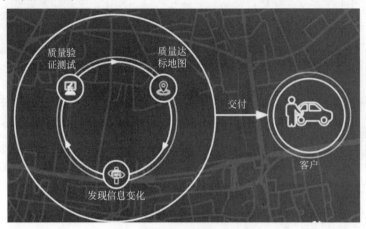

图 5-27　高精度地图的更新

3. 高精度地图的绝对精度究竟应该多高?

普通导航电子地图的绝对坐标精度大约为 10m,由于是辅助驾驶员做导航使用,再加上 GPS 设备的定位精度也在 10m 左右,所以这样的精度对整体来说影响不大。而这种精度的地图无法应用于无人驾驶汽车,无人驾驶汽车需要精确地知道自己在路上的位置。往往车辆离马路牙子和旁边的车道也就几十厘米,所以高精度地图的绝对精度一般都会在亚米级,也就是 1m 以内的精度,而且横向的相对精度(比如,车道和车道,车道和车道线的相对位置精度)往往还要更高。

4. 高精度地图的更新手段是什么?

有 UGC、来自政府的数据、来自行业的数据、自身强大的众包队伍以及专业的采集队伍。现在的更新已经是组合的形式,并且大量使用云计算、大数据去做数据更新的体系(图 5-28)。

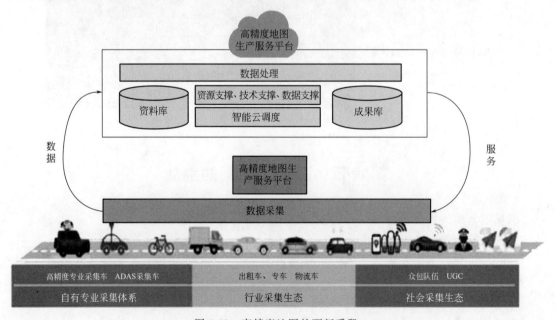

图 5-28　高精度地图的更新手段

这套体系在无人驾驶阶段会变得更强,图商需要去加强建设这样的体系。

在无人驾驶阶段,高精度地图更新的终极方案应该是 UGC。

因为在车端装配着各种各样的传感器,也会越来越多地装配高精度地图,通过建立驾驶模型,能知道在现场到底什么东西发生了变化,把这些变化传至云端做融合、校正。

若有必要,可以交由高精度地图生产线进行补充采集和生产。经过不断循环这一过程,使高精度地图新鲜度越来越高,使 UGC 得来的高精度地图越来越精准。

当然,这样的生态环境需要车厂、各级供应商、图商等无人驾驶相关技术的提供者不断共同研究测试,仅有图商自己测是远远不够的。

5.测绘政策的挑战

对于图商来说,高精度地图的一个绕不开的挑战就是测绘政策。

大家都知道,对地图本身的偏转就测试来看是没什么太大影响的。要使用偏转地图,在车端就需要有偏转插件,偏转插件在传统地图上会出现随机抖动。如果厂商的定位较多依赖于绝对定位,那么插件的偏转可能导致车道匹配错误。高德正在密切配合国家地理信息局测试调整可适应无人驾驶需求的偏转插件。

此外,从导航地图到高精度地图,内容和形态已经发生了很大的变化。以往,对于导航地图进行审查时,关注的是边界、敏感岛屿以及敏感的 POI 等。而到了无人驾驶地图上,这些内容都将消失,审图的重心也会转移。

比如,在现行的法规中,道路的最大和最小曲率不能在地图中表达,而这些内容往往是无人驾驶车辆非常需要的。

还有一个更远的问题,那就是"全民测绘"。现在的车辆、手机其实某种程度上都有测绘的行为,记录轨迹、拍摄照片等,这些操作都会牵涉测绘政策问题。所以需要业界同仁共同配合国家地理信息局为调整制定政策法规提出必要的技术和业务参考。

第六章

智能车辆定位导航

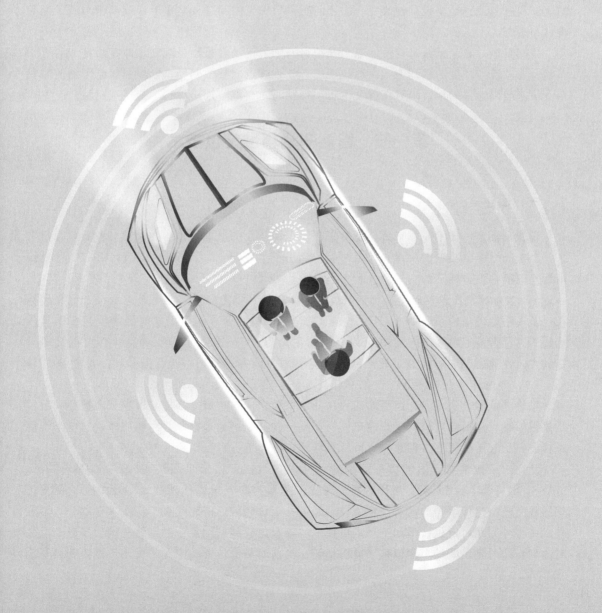

精确定位和导航是智能车辆在未知或已知环境中能够正常行驶的最基本要求，是实现在宏观层面上引导智能车辆按照设定路线或者自主路线到达目的地的关键技术。定位和导航是一对相互关联的概念，其中导航的概念包含了定位的含义，而定位又是实现导航功能中最为关键的技术，因此将这两个概念并列提出并总结论述。

智能车辆导航可以理解为安全有效地引导智能车辆从出发地到目的地的规划过程，处于总体决策层面。而后面介绍的智能车辆决策与控制则是针对特定行车环境下的具体决策层面。在确定了出发点和目的地位置以及智能车辆可能经过的各种环境的信息之后，智能车导航需要解决三个关键问题：

① 如何确定智能车辆的实时位置；
② 如何确定智能车辆从当前实时位置到目的地之间的行驶路径；
③ 如何确定当前智能车辆行驶的方向、速度等参数。

智能车辆导航需要解决的三个关键问题中，第一条就是智能车辆的实时精确定位问题，这是关键的问题之一。因为导航系统只有知道智能车辆的位置，才可以决定是继续保持当时的速度和航向，还是要做某种改变。而智能车辆精确定位问题又是整个智能车辆领域研究的难点和热点。

智能车辆导航除了精确定位问题之外的另一个关键技术是路径规划，即在给定当前智能车辆所处位置与环境的基础上，设计规划出行驶到终点的整个路径，以保证智能车辆能够安全、快速地到达目的地，同时在行驶里程、行驶时间、危险规避等指标上得到满足。

第一节　智能车辆精准定位技术

一、概述

智能车辆定位技术简单来讲就是告知智能车辆所在的地理位置。如果针对智能车辆定义了一个全局坐标（典型的可设置为以智能车辆出发点为原点的某一坐标系），则定位就是给出智能车辆在该坐标下的实时位置和姿态。可以利用一个三元级（x，y，Φ）表示，其中，（x，y）表示智能车辆相对全局坐标的位置，Φ 表示其姿态向量。在更普遍意义上定义坐标系，若选用地理坐标系，则（x，y）实际上记录的就是智能车辆的实时经纬度。根据具体应用不同，智能车辆姿态向量 Φ 可以有不同定义。对于一般行驶意义而言，Φ 可以理解为行驶方向、速度、加速度等。最常见的智能车辆定位方式是通过卫星定位，一般给出的是（x，y），经过计算处理可得到 Φ 的部分或者全部参量。

虽然定位的方式很多，但是能达到在任何条件、任何环境下都能够得到较高精度的定位结果很困难，而精确定位对于智能车辆的正常行驶又是最为基础和必需的功能，这也是智能车辆研究从起步阶段直至现在一直持续在精确定位领域进行探索研究的主要原因。

从定位手段来看，用于实现定位的硬件设备包括定位卫星系统 GNSS（GPS、GLO-NASS、北斗等）、编码器、磁传感器、视觉传感器、激光雷达传感器等。其中基于视觉传感器或激光雷达传感器的前沿性定位技术是近几年该领域的研究热点。从技术上划分，定位技术中可分为相对定位技术和绝对定位技术。相对定位是利用上一时刻的车辆位姿以及上一时刻到当前时刻之间的车辆位移来推得车辆在当前时刻的位姿。因此相对定位需要获得车辆的初始位姿信息。相对定位一般实现较简单，其最大问题在于误差累计且没有边界。当车辆行驶较远距离后，误差将可能变得非常大。不同于相对定位，绝对定位不需要知道车辆的初始位姿，它借助当前传感器数据以及外部参考数据直接获得车辆相对于某一参考系的绝对位姿。由于引入了外部标准信息作为参考，绝对定位不会引入累计误差，因此比相对定位精度要高。但往往需要更加复杂的处理算法，且对定位设备的准确性、稳定性和环境适应性要求较高。

相对定位主要有基于里程计数据的航位推算（DR）、基于惯性导航（INS）的定位计算以及基于外部传感数据的帧间匹配法。基于里程计数据的航位推算法中的里程计数据一般是由安装在车辆方向盘和驱动轮上的编码器获得，反映了一段时间内车辆的运动增量信息。由相邻两时刻间的运动增量信息和上一时刻的车辆位姿，即可推得当前时刻的车辆位姿。航位推算虽然简单，但作为一种相对定位法，其最大不足在于误差累计，而且误差与车辆运动距离成正比；惯性导航系统一般利用陀螺仪和加速度计来分别测量车辆的角速度及加速度信息，并通过对这些信息的积分及二次积分推导得出车辆的位姿。一般情况下，惯性导航系统的精度高于航位推算，但是其精度也要受陀螺仪漂移、标定误差、敏感度等问题的影响。另外惯性导航定位误差也会随着行驶距离的增大而增大。一般惯性导航系统的成本较高，特别是高精度的陀螺仪价格昂贵；帧间匹配法利用外部传感器（如摄像机和激光雷达）所获得的环境信息，根据不同时刻间环境信息的变化来间接地计算车辆位姿的相应变化。其基本思想是：当车辆在环境中运行并且传感器以数据帧的形式采集环境信息时，对同一个环境特征，在当前帧中的值和在上一帧中的值是不一样的，它们之间的差异反映了两帧对应的车辆位置的差异，因此可将相邻两帧数据进行匹配来求得车辆位姿的变化值。

目前智能车辆上广泛采用的是绝对定位方法或者绝对定位与相对定位相结合的方法。该领域范畴内的定位方法主要包括：

① 基于 GNSS（GPS、GLONASS、北斗等导航定位卫星系统）的精确定位技术；
② 基于 GNSS/INS 或 GNSS/DR（卫星-惯性导航组合定位系统或卫星-航位推算组合定位系统）的精确定位技术；
③ 基于 GNSS/GIS（卫星-电子地图组合定位系统）的精确定位技术；
④ 基于外部传感器的精确定位技术。

二、基于 GNSS 的精确定位技术

（一）卫星定位系统简介

智能车辆需要通过定位技术准确感知自身在全局环境中的相对位置以及所要行驶的速度、方向、路径等信息。定位技术主要有卫星定位、车载导航定位、蜂窝无线定位等。其中以卫星为基础的卫星导航定位系统，由于其具有天体导航覆盖全球的优点，所以从出现至今一直得到人们的重视。目前在用的世界三大卫星定位系统：美国 GPS 系统、俄罗斯GLONASS 系统和我国北斗系统是用于当前智能车辆定位的主要系统，尤其是 GPS，基本所有国内外智能车辆上都能看到 GPS 接收天线的身影。GLONASS 一般作为 GPS 的辅助手段，北斗系统由于建设时间短，仅经历了十几年的开发，目前尚未广泛应用于智能车辆。不过近年来北斗系统建设速度比较迅猛，国内不少智能车辆已经开始使用北斗系统进行定位。表 6-1 介绍了目前国内主要从事北斗终端设备研制生产的单位情况。

表 6-1　目前国内主要从事北斗终端设备研制生产的单位情况

公司	公司介绍	产品	产品描述
深圳诺西欧电子有限公司	北斗导航仪生产商/北斗GPS生产工厂	GPS导航器、北斗GPS导航仪	MStar MSB2501芯片，Windows CE.NET5.0/6.0操作系统
中国空间技术研究院	隶属于中国航天科技集团公司	基于北斗与地面通信网络的数据采集系统	农田墒情监测、煤矿安全监测、江河流域水污染自动测报和应急处理以及气象、地质灾害监测
航天恒星科技有限公司（503所）	从事卫星遥感与综合应用、卫星通信、卫星导航、信息传输与处理以及地面卫星运营服务等领域	北斗/GPS/GLONASS三模导航中端	Windows CE操作系统
北京东方联星科技有限公司	从事高性能GNSS卫星导航芯片、GNSS接收机、GNSS卫星信号模拟器等核心技术产品设计、开发	CNS100-BG北斗2代和GPS组及导航定位接收机	OTrack-32三系统兼容型芯片
成都国腾电子技术股份有限公司	北斗卫星导航应用的"元器件-终端-系统"提供产品和服务	元器件终端	Windows CE操作系统
北京北斗星通导航技术股份有限公司	卫星导航定位产品供应、基于位置的信息系统应用以及基于位置的运营服务	系统运营、北斗天玑集团用户中心（指挥所）设备、北斗玉衡移动目标监控平台系列软件、北斗用户终端设备	
北京合众思壮科技股份有限公司	卫星导航定位技术的研究与应用	UGG100-BD01-北斗OEM板、北斗导航设备-BD2C/F	

北斗导航系统的性能相对于GPS有其优点，也有不足，在技术层面上略逊于GPS，但是在安全性、保密性等方面具有天然优势。因此，可以预想未来国内的智能车辆都将会是以北斗为主，表6-2介绍了北斗导航系统与GPS的对比情况。

卫星定位系统所能提供的定位精度难以满足智能车辆实时行驶的要求，且由于卫星定位在受到各种干扰的情况下定位精度会降低，如有建筑、树木遮挡的城市道路环境和有较多桥梁甚至隧道的公路和铁路环境，卫星定位精度非常差，甚至无法起到定位作用。因此仅靠卫星定位系统无法实现智能车辆精确定位功能。为提高定位精度和环境适应能力，目前主要有两类方法：一类是采用多系统配合的方式，即综合使用GPS、GLONASS或者北斗系统以增加同时接收卫星数量从而提高定位精度；另一类是采用卫星差分定位以提高精度。

表 6-2　北斗导航系统与GPS对比

性能	对　　比
国家安全性	北斗导航系统是由我国自主研发，而GPS系统由美国国防部研制和维护，北斗导航系统的研究与应用保证了我国的军事定位导航应用的安全性
通信能力	北斗一号导航系统具备的短报文通信是北斗导航系统所特有的功能，系统具有用户与用户、用户与中心控制系统之间的双向通信能力；GPS定位系统不具备通信能力

续表

性能	对比
覆盖范围	北斗导航系统已经全球组网成功,逐步开展全球导航服务;GPS是覆盖全球的全天候导航系统,能够确保地球上任何地点、任何时间能同时观测到6～9颗卫星,实际上最多能观测到11颗
定位原理	北斗导航系统是主动式双向测距二维导航,地面中心控制系统解算,供用户三维定位数据;GPS是被动式伪码单向测距三维导航,由用户设备独立解算自己的三维定位数据
定位精度	北斗导航系统三维定位精度约几十米,授时精度约100ns;GPS三维定位精度P码目前已由16m提高到6m,C/A码目前已由25～100m提高到12m,授时精度目前约20ns
用户容量	北斗导航系统由于是主动双向测距的询问——应答系统,系统的用户容量取决于用户允许的信道阻塞率、询问信号速率和用户的响应频率。北斗导航系统的用户设备容量是有限的;GPS是单向测距系统,用户设备只要接收导航卫星发出的导航电文即可进行测距定位,因此GPS的用户设备容量是无限的
生存能力	北斗导航系统基于中心控制系统和卫星的工作,但是北斗导航系统对中心控制系统的依赖性明显要大很多,因为定位解算在那里不是由用户设备完成的;GPS正在发展星际横向数据链技术,万一主控站被毁后,GPS卫星还可以独立运行
实时性	北斗导航系统用户的定位申请要送回中心控制系统,中心控制系统解算出用户的三维位置数据之后再发回用户,其间要经过地球静止卫星走一个来回,再加上卫星转发,中心控制系统的处理,时间延迟就更长了,因此对于高速运动体,则加大了定位的误差

(二) 基于 GPS/GLONASS、GPS/北斗的双卫星系统综合定位

以 GPS/北斗综合定位为例,双定位系统融合使用的方式有两种。

一是初级融合方式,也就是利用独立的北斗接收机和 GPS 接收机组合成 1+1 导航定位仪,即只是在结构上做在一起(甚至结构式也分别独立,只是分别利用各自的定位结果)。该方式所利用的观察量是各自的接收模块计算好的定位信息,北斗与 GPS 的定位数据都是彼此孤立的,所以这种组合方式实际上就是两部导航接收机,使用其中定位效果较好的一部,一旦其效果变差立刻切换到另一个系统。这种融合方式的优点是简单可靠,但是缺点是没有充分发挥两种定位系统组合的优势,所以对提高定位精度的作用不是很大。

二是较深层次的融合方式,即基于信息融合技术将 GPS 与北斗(或 GLONASS)进行一体化组合,并利用双系统的融合数据进行统一处理(包括格式转换、时间转换、坐标转换、伪距组合),得到较高精度的定位结果。该方法将各自的导航系统互相配合和补充,最大限度提高了定位的可靠性。这种方法比较复杂,难度较大,目前在 GPS/GLONASS 系统融合中正在进行比较广泛的研究,但距离可供智能车辆使用的目标仍有一段差距。

(三) 差分定位

目前国内智能车辆研究领域使用最多的精确定位手段是差分 GPS (DGPS)。DGPS 在用户 GPS 接收机附近设置一个已知精度坐标的差分基准站,基准站的接收机连续接收 GPS 导航信号,将测得的位置或距离数据与已知的位置、距离数据进行比较,确定误差,得出准确改正值,然后将这些改正数据通过数据链发送给车载 GPS 移动接收端。GPS 接收机通过测量从接收机天线到 GPS 卫星的伪距,来确定接收机的三维位置和时钟误差。伪距的测量精度受到众多误差因素影响,主要可分为三部分误差:一是各用户接收机所公有的误差,如

卫星钟误差、星历误差；二是传播延迟误差，如电离层误差、对流层误差；三是各用户接收机所固有的误差，如内部噪声、通道延迟、多径效应等。利用差分技术无法消除第三部分误差，但可以完全消除第一部分误差，大部分消除第二部分误差（主要取决于基准站和流动站之间的距离）。因此，智能车辆可以在基准站附近行驶，通过接收差分改正量用以改正自身误差，可以提高定位精度。

根据差分 GPS 基准站发送的信息方式可将差分 GPS 定位分为三类，即位置差分、伪距差分、载波相位差分。这三类差分方式的工作原理是相同的，即都是由基准站发送改正数，由用户站接收并对其测量结果进行改正，以获得精确的定位结果。不同点是发送改正数的具体内容不一样，其差分定位精度也不同。

1. 位置差分原理

位置差分是最简单的差分方法，任何一种 GPS 接收机均可改装和组成这种差分系统。安装在基准站上的 GPS 接收机观测 4 颗卫星后便可进行三维定位，解算出基准站的坐标。同时获取轨道误差、时钟误差、人为误差影响、大气影响、多径效应等数据，将数据发送出去由用户站接收，并对其解算的用户站坐标进行改正，提高定位精度。以上先决条件是基准站和用户站观测同一组卫星的情况。

2. 伪距差分原理

伪距差分是应用最广泛的差分方法。在基准站上，观测所有卫星，根据基准站已知坐标和各卫星的坐标，求出每颗卫星每一时刻到基准站的真实距离。再与测得的伪距比较，得出伪距改正数，将其传输至用户接收机，提高定位精度。这种差分，能得到米级的定位精度。

3. 载波相位差分原理

又为称 RTK（Real Time Kinematic）技术，是实时处理两个检测站载波相位观测量的差分方法。即是将基准站采集的载波相位发给用户接收机，进行求差解，算坐标。载波相位差分可使定位精度达到厘米级，大量应用于动态需要高精度位置的领域。

近年来在 RTK 技术上取得了较多突破，使得 GPS 精度得以大幅度提高，在比较空旷的校园、野外等环境下，定位精度可以控制在 10cm 以内，可以保证智能车辆基于定位的各种应用开发的需求，因此国内很多智能车辆研究单位都装配了具有 RTK 的 GPS 系统。但是 RTK 系统还存在很多缺点：一是增加了定位设备的成本；二是并没有从根本上解决卫星定位存在的难题，在有较多遮挡物的环境下，RTK 系统不能实现定位功能，甚至会导致定位模式在 RTK/DGPS/GPS 之间的频繁切换，使智能车辆得到的定位结果波动大，进而造成极大的安全威胁。

三、基于 GNSS/INS 的精确定位技术

GPS 在信号良好的环境中定位精度高、误差不随时间积累，而且当使用载波相位观测值时，其精度可以达到厘米级。但 GPS 也存在着缺点，主要体现在 GPS 信号容易受到遮挡或干扰、导航结果的数据更新率低、没有姿态信息的输出。INS 自主性强，不受环境、载体机动和无线电干扰，可输出包括姿态在内的全部导航参数，实时导航数据更新率高，短期精度及稳定性好。但由于加速度计零偏、陀螺零偏等误差源的影响，再加上 INS 本身依靠对加速度和角速度积分得到位置、速度、姿态的工作模式，使得 INS 的导航误差会随着导航时间的延长而迅速积累。

综上，GPS 和 INS 具有良好的互补特性，将两者组合采用导航信息融合技术，从而实

现在两个系统间取长补短的目的。一方面，使用 GPS 的误差不随时间积累的导航结果或观测数据来修正 INS 的导航结果，可以控制其误差随时间的迅速积累；另一方面，短时间内高精度、高稳定的 INS 导航结果又可以很好地解决 GPS 信号受到遮挡条件下的导航定位问题，而且更有利于发现 GPS 观测值中的误差，提高整个导航系统的鲁棒性。因此，将 GPS 与 INS 进行组合可以获得稳定可靠、精度好、数据更新率高的三维位置、速度、姿态信息。

但是集成 GPS/INS 定位设备也存在缺陷，智能车辆在 GPS 信号减弱地区长时间行驶或者停车一段时间后启动行驶时，由于 INS 系统的累积误差较大会导致定位信号有很大"漂移"，导致定位结果偏差大。

四、基于 GNSS/GIS 的精确定位技术

（一）地理信息系统 GIS 简介

地理信息系统 GIS 是利用计算机存储、处理地理信息的一种技术与工具，是一种在计算机软、硬件支持下，把各种资源信息和环境参数按空间分布或地理坐标，以一定格式和分类编码输入、处理、存储、输出，以满足应用需要的人机交互信息系统。GIS 的操作对象是地理实体或空间数据。所谓地理实体是指在人们生存的地球表面附近的地理图层（大气图、水图、岩石图、生物图）中可相互区分的事物和现象，即地理空间中的事物和现象。在地理信息系统中，所操作的只能是实体的数据，它们都有描述其质量、数量、时间特征的属性数据，也有其非属性的数据——空间数据，即以点、线、面方式编码并以 (x, y) 坐标串储存管理的离散型空间数据，或者以一系列栅格单元表达的连续型空间数据。地理实体数据的最根本特点是每一个数据都按统一的地理坐标进行编码，实现对其定位、定性、定量和拓扑关系的描述，即空间特征数据和属性特征数据统称为地理数据。

GIS 的技术优势在于数据综合、模拟与分析评价能力，可以得到常规方法难以得到的重要信息。独特的地理空间分析能力、快速的空间定位搜索和复杂的查询功能、强大的图形创造和可视化表达手段，以及地理过程的演化模拟和空间决策支持功能等。其中，通过地理空间分析可以产生常规方法难以获得的重要信息，实现在系统支持下的地理过程动态模拟和决策支持，这既是 GIS 的研究核心，也是 GIS 的重要贡献。

自 20 世纪 60 年代中期加拿大建立世界上第一个地理信息系统（CGIS）和美国哈佛大学建立 SYMAP、GRID 等系统以来，GIS 得到了世界各国的高度重视并且迅速发展。我国针对 GIS 的研究起步于 70 年代的初期，并且发展势头相当迅猛，它在发展过程中与地理信息科学、管理学、市场学、电子计算机技术、通信技术和全球定位技术等科学技术相互渗透，已经成为一门新兴边缘学科。智能车辆从诞生便显示出对 GIS 系统的依赖性，目前包括谷歌、卡耐基梅隆大学、斯坦福大学等在内的智能车辆领军者均对 GIS 在智能车辆上的应用进行了大量研究。

（二）GIS 在智能车 GNSS 精确定位中的应用

如果只考虑城市道路、城际高速公路和乡村结构化道路，不考虑没有明显道路边界的环境，那么基本的前提是智能车只能在道路中间行驶而不能偏离道路以外，由此可以通过反映真实道路情况的 GIS 地图来对 GPS 定位结果进行校正，将 GPS 实时定位位置从偏离道路以外的位置纠正到道路中间，并提取其中的偏差量，则 GPS 定位误差即可得知并且消除。

由于道路一般是线形，而 GPS 实时定位结构只是一个位置点，因此这种定位校正方法只能是从一点到一条线上投影的一种近似。也可以采用其他扩展方式来进行匹配转换从而提高投影准确性，例如利用 GPS 轨迹而非单纯一个点进行投影。这种从真实 GPS 点或者轨迹投影到 GIS 地图上的过程就是地图匹配，也是智能车辆精确定位领域目前非常热门的研究方向。

目前 GPS/GIS 定位系统中地图匹配方法非常多，典型的包括：最短距离法、基于概率统计的匹配方法、基于曲线拟合的匹配方法、基于权重的匹配方法、基于卡尔曼滤波的匹配方法和基于模糊逻辑的地图匹配方法等。最短距离法是一种基础方法，简单来讲就是在 GIS 存储道路点集合中寻找距离当前 GPS 实时采集位置点最近的位置点作为当前智能车辆的真实点，该方法具有很大局限性，但也是其他地图匹配法的基础；基于概率统计的方法依据 GPS 定位系统误差区域特性，并根据概率统计理论，将地图匹配中的定位误差区域以 GPS 的定位误差椭圆的方式进行表示，并在椭圆范围内寻找 GIS 中的道路点进行匹配，该方法缩减了地图匹配的搜索范围，减小了匹配复杂度；基于曲线拟合的方法是以智能车辆行驶的一段路程而非仅仅一个位置点为匹配对象，由于在一段时间内、在一个小环境范围内 GPS 的误差具有一定的规律，因此从当前时刻开始向前截取一段 GPS 定位点组成的路线虽然具有一定的定位偏差，但是整个路段的形状必定会反映出智能车辆所行驶的路线形状特征，因此必然与 GIS 地图中相应的道路有形状相似性，所以用曲线拟合的方法在 GIS 上进行匹配具有很高的可行性。

五、基于外部传感器的精确定位技术

上述几种方法均以卫星定位系统为基础，通过与其他定位、推算系统融合来提高卫星定位系统的精度，因此这些定位方法无法应用在卫星定位信号缺失的地方。为此提出采用外部传感器的方式（如激光雷达、机器视觉等）进行定位。与 GPS 容易受到正常道路周围高大建筑、树木枝叶、桥洞隧道等因素影响相比，激光雷达和机器视觉可以在这些环境中更加适应，能更好地工作，因此基于雷达和视觉开发精确定位系统具有更理性的环境适应性。同时由于基本上所有智能车辆本身已安装视觉和雷达系统，原始数据已经获取，因此在这些数据基础上开发精确定位系统，做到数据重用，也降低了智能车辆的开发成本，因此基于视觉和雷达的精确定位系统目前是智能车辆研究的热点。

基于视觉或者雷达的智能车辆精确定位所利用的不是 GPS 位置点，而是视觉或雷达提取出来的当前周边环境特征信息，例如标志性建筑物、地标等不会变动并且在地图中有记录的物体，并将实时探测的信息与地图进行匹配，从而推断当前智能车辆的精确位置，因此该方法也可以理解为是基于外部传感器/地图的精确定位方法。该方法中的地图更加复杂，需要包含进行定位匹配的关键物体的位置、形状、尺寸等信息，所以这种定位方法存在地图的创建和地图实时匹配两个问题。

（一）基于现有地图的雷达/视觉精确定位

无论是用雷达还是视觉进行定位，所用到的都是雷达或者视觉采集环境数据或者经过处理环境数据得到的环境信息，这里主要介绍基于雷达的精确定位方法。

1. 基于路标的精确定位

基于路标的定位方法将环境中选定的不动物体作为路标存入地图中，智能车辆在探测到路标之后根据与路标之间的相对位置和地图中路标的真实位置来反向推算智能车辆自身位置。其中涉及的关键问题包括路标的表示与路标地图的创建、路标检测、路标地图匹配和智能车辆定位。

最关键的是路标检测和路标地图匹配。路标检测通常采用激光雷达实现，利用雷达数据和一些监测、跟踪算法提取出静止物体作为备选路标进行后续匹配。路标检测的难点在于智能车辆所处道路环境比较复杂，各种静、动物体相互重叠、相互影响，并且搜索范围较广、内容较多，因此需要利用一定的先验知识来减小搜索范围，例如历史定位结构、路标引导搜索等。路标匹配涉及智能车辆本身位置和姿态，一个路标很容易匹配错误，因此普遍采用多个路标联合匹配的方法来减小匹配错误概率。

2. 基于道路边缘特征的精确定位

由于真实交通环境中各种交通实体和周边环境物体众多、复杂，因此基于路标的定位方法受到一定限制，而道路边界线是基本不变的，除在交通拥堵环境下可能导致道路边界被其他车辆或行人完全遮挡外，否则均可以利用激光雷达准确地检测出道路边界线，因此利用道路边界线来定位智能车是一种可靠性很高的方法。利用道路边缘进行定位一般需要结合GPS信息，即利用道路边界线来校正GPS定位误差。在智能车辆行驶过程中，GPS给出智能车辆定位位置，通过该位置结合地图中道路边缘信息可计算出GPS给定智能车辆距道路边缘距离，该距离因GPS数据的漂移而具有较高的误差；另外，激光雷达也给出其探测得到距道路边缘的距离，该距离因为激光雷达的高度准确性而具有较高可靠性。利用两个距离的差值可以计算出GPS定位偏差，并对偏差进行校正，从而得到较精确的校正定位结果。

基于道路边缘特征的定位方法只能校正GPS在垂直于道路或者智能车辆行驶方向上的误差，也就是GPS水平误差，垂直误差无法校正。智能车辆实际在直线行驶过程中会更加关注左右两侧是否行驶在道路之内、车道线之内，因此这种定位方式可以满足这项要求。而到达路口需要进行智能车辆垂直精确定位时则可利用另外的信息，即机器视觉（一般利用视觉或雷达）提供的斑马线或者停止线来进行校正，这样就满足了智能车辆在各个方向上精确定位的需求。

3. 基于外部传感器原始数据的精确定位

无论是基于路标还是基于道路边缘的定位方法，均需要在雷达或视觉采集数据的基础上进行计算，生成路标或道路信息，因此存在一定错误率，从而使定位结构具有不准确性。针对这个缺陷，有人提出利用激光雷达的原始数据进行定位，也被称为基于记忆地图的定位方法。

采用原始的激光雷达数据来描述地图的基本思想是在一些关键位置保存车辆的位姿，以及当前时刻激光雷达的扫描数据。以车辆激光雷达的视野中心作为智能车辆的关键位置索引，建立传感器记忆地图。而在定位过程中，首先计算出当前的位置信息和传感器数据信息，然后去搜索匹配记忆地图中的索引，采用激光雷达的ICP（Iterative Closest Point）匹配过程，得到智能车辆的准确位姿。

基于原始数据的精确定位方法主要应用于校园、机场等人车较少的环境。在城市交通环境中会存在大量车辆和行人，导致激光雷达在创建地图和真实行车的时候所探测到的环境数据大不相同，因此其匹配就存在很大困难，也容易导致匹配失效。

（二）基于同时定位与地图创建方法（SLAM）的精确定位

根据智能车辆的应用场合不同，智能车辆所面临的环境可能是已知的，也可能是未知的。在智能车辆研究与开发初期,受技术水平的制约,一般偏向于针对已知环境研究智能车,例如小型室内机器人、路线固定的小范围室外智能车等,并利用实现采集路线特征和实时匹配历史地图的方式进行精确定位,而前面所述的几种方式更加适用于这种路线已知的情况。但真实情况是智能车辆往往需要在位置环境中自主行驶,即无法采集路线特征数据。特别是在许多环境和情形下,智能车辆无法获取可用于导航定位的地图,这给智能车辆的精确定位带来了严峻的挑战。

一种没有先验环境知识的智能车辆精确定位策略是同时定位与地图创建方法(SLAM)。SLAM 将地图创建与智能车辆定位这两个问题结合,利用联合后验概率分布描述其相关性,将其转换为可利用卡尔曼滤波(Kalman Filter)、扩展卡尔曼滤波(Extend Kalman Filter)以及粒子滤波(Particle Filter)等滤波算法进行递增式推算估计的问题,并进行求解。

1. SLAM 发展现状

SLAM 问题最初源自机器人领域研究,起源于 1986 年举办的 IEEE Roboticsand Automation Conference(ICRA)会议。那时正是将概率方法开始应用到机器人技术及人工智能领域的时候,众多研究者开始期望采用估计理论来解决定位与地图创建问题。随后几年,更多研究者开始关注这一领域并展开深入广泛的研究。在此期间,地图特征的位置估计相互之间的高度的相关性被发现,并提出"当机器人探索未知区域得到特征的相对观测时,所有特征位置的估计都是相关的,因为它们都是基于共同的机器人位姿估计误差"。这是具有深远意义的观点,因为它揭示了地图创建与机器人或智能车定位之间存在的内部关联,确定了 SLAM 作为一种融合定位与建图于一体的手段的可行性,至今仍指导着 SLAM 最关键的构建联合概率向量方法的设计。在 1995 年的国际机器人研究座谈会上,首字母缩写的术语"SLAM"首次被提出。十几年来,SLAM 发展迅速,多种方法已得到成功的实践,硕果累累。其中,主要的工作是在保证一致、精确的地图估计及机器人位姿估计的前提下,提高算法的计算效率。另外,诸如数据关联、非线性、特征特性等方面也受到许多研究者的关注。这些方面对于得到实用的、稳定的 SLAM 算法也至关重要。

基于原有技术基础,国外智能车辆领域研究先进国家和单位已经设计实现了智能车辆的 SLAM 技术,并应用于智能车辆的精确定位,这其中谷歌、斯坦福大学、卡耐基梅隆大学和牛津大学等均实现了智能车辆 SLAM 精确定位并得到了非常好的效果。我国智能车辆和机器人参研单位目前针对 SLAM 的研究多处于理论和实验阶段。

2. SLAM 基本思想

典型的 SLAM 可以视为基于航位推算和路标校正相结合的定位方法。航位推算利用里程计、编码器等获取智能车辆运动参数,并通过计算模型推算出智能车辆下一时刻位置参数,这种方式简单易实现,但是存在误差累积效应。它的误差会随时间无限制累积,导致位姿的不确定性单调增加,而为了消除这种累计误差,可以融合传感器获得的观测信息(一般是静止物体如路标),以限制定位误差。

SLAM 一般将智能车辆位姿向量与环境特征向量融合为一个联合向量,如式(6-1)所示。

$$X = \begin{bmatrix} X^v \\ X^m \end{bmatrix} \quad X^v = \begin{bmatrix} x^v \\ y^v \\ \phi^v \end{bmatrix} \quad X^m = M = \begin{bmatrix} L_1 \\ L_2 \\ \cdots \\ L_n \end{bmatrix} \tag{6-1}$$

其中，智能车辆位姿向量 X^v 包含位置和姿态信息——主要是水平航向，而环境特征向量 X^m——也就是地图向量，包含了所有选择的静止路标的位置。根据不同的设计，联合向量可以包含不同的信息。从而将 SLAM 问题转换为智能车辆位姿及环境地图的联合后验概率密度分布的估计和预测问题，如式(6-2) 所示。

$$P(X_k|Z_{1:k},u_{1:k}) \qquad (6-2)$$

式中 Z——历史观测向量；

u——控制向量。

这些数值可以根据特定模型进行计算和获取。该联合概率密度分布的计算问题可以利用 KF、EKF、PF 等成熟估计、预测和跟踪算法进行迭代求解。

六、精确定位技术对比

上述几种智能车辆精确定位方法按照定位精度、定位稳定性、定位环境适应性、计算复杂度和技术实现难度对比，如表 6-3 所示。

表 6-3 智能车辆精确定位方法对比

方法	定位精度	定位稳定性	定位环境适应性	计算复杂度	技术实现难度
组合 GNSS	厘米级至米级	较差	差	低	低
差分定位	厘米级	较好	一般	低	低
GNSS/INS	厘米级至米级	一般	一般	低	低
GNSS/GIS	厘米级至米级	较好	较好	较高	一般
外部传感器/路标定位	厘米级	较好	一般	一般	较高
外部传感器/道路边缘定位	厘米级	一般	一般	较高	高
外部传感器/原始数据定位	厘米级	较好	一般	高	高
外部传感器/SLAM	厘米级	较好	较好	高	较高

从定位精度的角度对比，基于外部传感器的定位方法在视觉、雷达等外部传感器可以得到所需信息这一假设前提下，通过技术手段可以得到比较高精度的定位结果；而基于定位设备（GPS、北斗、GLONASS、INS 等）的定位手段由于受到这些定位设备本身存在的漂移、偏差而产生的误差可能会比较大，甚至可能达到 10m 数量级。虽然差分方法能够在一定程度上保证定位精度，但是对环境中定位信号的要求很高。在定位稳定性和环境适应用方面，基于定位设备本身性能的方法受到较大限制，因为在很多遮挡、电磁干扰环境下定位效果难以满足；基于外部传感器的定位方法稳定性方面的挑战以及环境方面的限制主要存在于外部传感器所受到的环境的各种因素，例如动态行人、车辆等。同时选取的静态路标也存在易丢失、难识别等因素，因此也存在一定限制。在计算复杂度和技术实现难度方面，基于定位设备的方法由于多数计算集成在设备本身，因此应用开发不需要进行过多计算；而基于外部传感器的方法既涉及定位过程的计算，也需要有许多外围计算，例如环境探测、感知、检测、识别、跟踪等，因此复杂度比较大，尤其是基于所有外部数据、原始数据的定位方法，计算量会成为其主要制约因素。

总体而言，目前国内外在精确定位方面取得了一些技术成果，但相对于智能车辆实际应用需求尚存较大差距。SLAM 是目前研究热点，也将是未来智能车辆最可能采取的精确定位方式。如何设计出满足各种环境条件现状，并且具有较低计算复杂度的 SLAM 将是目前智能车辆精确定位领域的研究重点。

第二节　智能车辆导航技术

一、车辆导航简介

对于智能车辆导航的含义和范畴，一种理解是导航即定位；另一种理解是导航即路径规划，这是目前有人驾驶车辆领域包括其他导航领域承认的一种方式。还有一种理解比较广义，认为除了路径规划外，智能车辆导航还涉及智能车辆按照规划如何从当前位置行驶到目的地，即还涉及智能车辆决策甚至控制。随着车辆技术的快速发展和卫星系统建设的不断提升，目前在现有车辆中出现了多种不同卫星导航系统。

目前国内车辆导航系统数量多且功能各异，但是所有导航系统的核心项功能就是路径规划，即用户给出目的地，导航系统就可以按照不同的标准确定某种意义上的最佳路线，该项功能也是智能车辆导航最为关注的部分。类似多媒体娱乐、友好驾驶者界面等功能，对于智能车辆来说不是重点研究方向，其他如报警警告、语音提示（远程）等则是未来智能车辆所需具备的能力。总而言之，目前智能车辆导航从狭义来讲重点在于宏观路径规划。

二、智能车辆导航中的全局路径规划

（一）环境模型建立方法

1. 可视图法

在 C 空间（Configuration Space，位姿空间）中，运动物体缩小为一点，障碍物边界相应地向外扩展为 C 空间障碍。在二维情况下，扩展的障碍物边界可由多个多边形表示，用直线将物体运动的起点 S 和所有 C 空间障碍物的顶点以及目标点 C 连接，并保证这些直线段不与 C 空间障碍物相交，就形成一张图，称为可视图。由于任意两直线的顶点都是可见的，因此，从起点 S 沿着这些直线到达目标点的所有路径均是运动物体的无碰路径。对图搜索就可以找到最短的无碰安全运动路径。搜索最优路径的问题就转化为从起点到目标点经过这些可视直线的最短距离问题。

可视图法的优点是概念直观，实现简单，缺点是缺乏灵活性，一旦车辆的起始点和目标点发生改变，就要重新构造可视图，而且算法的复杂性和障碍物的数量成正比，且不是任何时候都可以获得最优路径。

2. 栅格法

栅格法是用栅格单元表示整个的工作环境，将智能车辆的连续工作环境离散化，分解成一系列的网格单元。一般情况下，栅格大小与智能车辆的尺寸相同，尽量把智能车辆的工作环境划分为尺寸大小相同的栅格，但是也有尺寸大小不同的情况，主要还是根据实际情况来定。智能车辆的整个工作环境划分后的栅格分为两种，即自由栅格和障碍栅格。自由栅格指的是某一栅格范围内不含有任何障碍物；障碍栅格指的是这个栅格范围内存在障碍物，有的时候可能整个栅格内都布满障碍物，有的时候可能只有栅格的一部分是障碍物，但是只要有障碍物的存在就被称为障碍栅格。

栅格的标识方法有直角坐标法和序号法两种。直角坐标法以栅格左上角第一个栅格为坐标原点，水平向右为 x 轴正方向，竖直向下为 y 轴正方向，每一个栅格区间对应于坐标轴上一个单位长度；序号法就是从栅格阵左上第一个栅格开始，按照先从左至右，再从上至下的顺序给每一个栅格一个编号。

均匀分解法中栅格大小均匀分布，占据栅格用数值表示。均匀分解法能够快速直观地融合传感器信息，但它采用相同大小栅格会导致存储空间巨大，大规模环境下路径规划计算复杂度增高。

为了克服均匀分解法中存储空间巨大的问题，递阶分解法把环境空间分解为大小不同的矩形区域，从而减少环境模型所占空间。递阶分解法的典型代表为四叉树分解法和八叉树分解法。八叉树分解法是 2D 四叉树结构在 3D 空间的扩展，用层次式的 3D 空间子区域分别代替大小相等、规则排列的 3D 栅格，能够较好地表示三维空间。

栅格法对环境空间的划分方法和操作都比较简单，有一致的规则，较容易实现。但由于连续的工作空间被划分为离散的栅格空间，没有考虑环境本身固有的一些特点，这就使得栅格属性代表的信息具有片面性，并且栅格法对栅格大小的划分有很大的依赖性，当栅格划分较小且当环境很复杂时，搜索空间会急剧增大，算法的效率就会相当低。

3. 自由空间法

自由空间法是采用预先定义的如广义锥形和凸多边形等基本形状构造自由空间，并将自由空间表示为连通图，然后通过搜索连通图来进行路径规划。

自由空间法比较灵活，起始点和目标点的改变不会造成连通图的重构，但算法的复杂程度与障碍物的多少成正比，且不是任何情况下都能获得最短路径。

4. 拓扑法

拓扑法的基本思想是降维法，即将在高维几何空间中求路径的问题转化为低维拓扑空间中判别连通性的问题。将规划空间分割成具有拓扑特征一致的子空间，根据彼此连通性建立拓扑网络，在网络上寻找起始点到目标点的拓扑路径，最终由拓扑路径求出几何路径。

拓扑法中自主车辆所处的环境用图形来表示，不同的地点用点来表示，不同点的相邻可达性用弧来表示。拓扑法的优点是不管环境多么复杂，都能找到无碰路径。缺点是建立拓扑网络的过程相当复杂，其计算量十分庞大。在障碍物数量增多或障碍物位置改变的时候，修改原来的拓扑网络比较困难。

综上所述，环境模型建立可以根据具体情况选择，也可以将几种方法结合使用。

（二）路径规划的经典算法

1. Dijkstra 算法

Dijkstra 算法是最经典的路径搜索算法之一，寻找解的质量稳定且计算速度快。Dijkstra 算法使用全局搜索，不但能够保证在一个区域当中找到两个坐标之间的最短路径，而且能够找到区域中某一点到其他点中的最短路径。

Dijkstra 算法的基本思想是若每个点都设有一个坐标 (d_j, p_j)，其中 d_j 是原点 O 到某一点 j 的一条长度最短的路径；p_j 则是 d_j 的前一个点。求解从原点 O 到某一点 j 的路径中最短的一条路径，其算法步骤如下：

① 判断路径规划的可行性。起始点和终点的选择是否可行及存储节点的容器是否正确，将存储节点的容器初始化，然后把所有节点粘贴到临时缓存。

② 首先查找离第一个节点最近的相关节点和两者之间的道路信息，并把它们都存储起来，然后查找与之距离最短的一个节点是不是终点，假如是终点，那么将节点存储起来，返回；若不是，则从暂时缓存中删除第一个节点，执行下一步操作。

③ 寻找离目前中间点最近的一个节点，将此节点存储起来。

④ 再次判断目前节点是不是线路规划的终点，假如是则返回节点；若不是，则可以删除临时缓存中的已分析节点，重新回到步骤③。

Dijkstra算法的核心方法就是对当前网络中存在的所有节点开始查找，找到第一个节点到任意一个节点的最短线路。这种方法没有考虑任何节点是否存在方向性，因此Dijkstra算法具有比较好的计算可靠性、稳定性。但在范围较大的路径规划中，Dijkstra算法计算效果较差。

2. A^* 算法

在静态路径下的规划算法中常用的算法为 A^* 算法。它是一种启发式搜索策略，能根据求解问题的具体特征，控制搜索向最可能达到目的方向前进。这种搜索策略针对问题本身特点进行，因而比完全搜索的方法效率要高很多，它往往只需要搜索一部分状态空间就可以达到目的地。

A^* 算法是目前最为流行的最短路径启发式搜索算法，它充分运用问题域状态空间的启发信息，对问题求解选取比较适宜的 A^* 估价函数，再利用估价函数的反馈结果，对它的搜索策略进行动态的调节，最终得到问题的最优解。A^* 算法给出的估价函数，如式(6-3)所示。

$$f(j)=g(j)+h(j) \quad (6-3)$$

式中 $f(j)$ ——估价函数；

$g(j)$ ——从原点到当前节点 j 的代价估计函数；

$h(j)$ ——从当前节点到目标节点之间的最小代价的估计函数。

当 $h(j)=0$ 时，即 $h(j)$ 没有用到任何启发式信息，此种情况下，A^* 算法会演变衰退为一般的 Dijkstra 算法。因此，$h(j)$ 为何种样式应该按照待求问题的实际情况而定，但必须使估价函数中的 $h(j)$ 项小于等于点 j 到目标节点的实际最小代价，根据这样的搜索策略，就肯定可以找到最优解。

在最短路径问题中，$h(j)$ 可选择为当前顶点到目标顶点的直线距离 $d(j)$，而 $g(j)$ 则选择为原点到当前节点的实际距离 $d*(j)$，则估价函数如式(6-4)所示。

$$f(j)=d*(j)+d(j) \quad (6-4)$$

A^* 算法步骤如下。

① 赋给初始值，初始化所有节点、临时缓存和关联容器。

② 计算初始节点和各个相关节点的权值 $f(j)$，然后保存起来，从中获取权值最小的节点，并保存该节点，最后把它从节点存储器中去掉。

③ 计算该节点是不是终点，假如是终点就返回节点；若不是终点就接着计算下一步。

④ 获得所有的中间节点与相关节点的权值 $f(j)$，然后开始判断，假如这个节点没有保存，那么把这个节点存储起来；假如这个节点已经保存，比较这个节点的权值和已保存节点的权值大小，如果不大于已保存权值，则开始更新替换。

⑤ 查找中间点的关联节点中权值最小的一个节点，将该节点保存，然后将其从节点缓存中去掉，并转到步骤③。

A*算法的特点是使用估价模型函数,这种算法会自动使运算结果趋向于目的地,因此,它查找的节点越少,存储空间被占用得越少。与其他算法相比,在时间复杂度相同条件下,A*算法在实际应用中效果会更好。

3. D*算法

A*算法主要是在静态的环境下进行最短路径规划,但在实际环境下,可能由于交通环境复杂,路面的行人、路障、非机动车辆、机动车辆以及其他各种动态障碍物都会影响车辆的行进,所以有必要进行路径的动态规划。典型的动态规划算法为D*算法。

D*算法步骤如下。

① 利用A*算法对地图上给定的起始点和目标点进行路径规划,建立OPEN表和CLOSED表,存储规划路径上的每一路点到目标路点的最短路径信息。

② 在车辆对规划出的路径进行跟踪时,当下一个路点没有障碍能够通行时则对上面规划出的路径从起始路点向后追溯到目标路点,直至车辆到达目的地。当跟踪到某一路点Y,检测到在下一路点处有障碍发生时,则在当前路点处重新建立对后续路点的规划,保存障碍物之前的路点在OPEN表和CLOSED表里的信息及指针,删除障碍物之后路点在OPEN表和CLOSED表里的信息及后继指针。

③ 利用A*算法从当前路点Y开始向目标路点进行规划,重新规划得到最短路径,回到步骤②。

(三) 路径规划的智能算法

1. 遗传算法

遗传算法(Genetic Algorithm,GA)是目前智能车辆路径规划中常用的一种算法。利用达尔文的生物自然遗传选择和生物自然淘汰的进化来实现的数学模型。遗传算法源于自然进化规律和遗传基因学,并且拥有"生成"与"检测"这种叠加顺序的查询算法。遗传算法把整个蚁群当中每个成员作为研究对象,而且通过随机化方法去控制当前被编码的参数空间进行查询。遗传算法的主要流程是选择、交叉、变异。遗传算法可以直接对蚁群对象操作,没有必要考虑函数导数与连续性的限制。遗传算法内部存在良好并行处理能力和优秀的全局查询特色。遗传算法通过概率化的方法,能自动获得查询空间,自动地改变查询方向,不需要有明确的规定。遗传算法目前已成为较新颖的查询方法,它的计算方法不复杂、高效、实用,而且有较好的鲁棒性,适用于并行处理领域。

遗传算法步骤如下:

① 初始化,设定起始群体$P(0)$,生成N个个体,设定进化代数变量$t=0$,设定T最大进化代数;

② 个体评价,获得群体$P(t)$中每个样本的适应度;

③ 选择计算,选择是为了把优秀的个体或通过交配产生新的个体传到下一代;

④ 交叉计算,将最核心的交叉算子作用于群体;

⑤ 变异计算,把总群中的每个个体的一些基因座上的基因值改动,种群$P(t_1)$是种群$P(t)$历经选择、交叉、变异产生的;

⑥ 结束判断,当$t=T$时,停止计算,输出具有最大适应度的个体。

2. 模拟退火算法

模拟退火(Simulated Annealing,SA)算法是求解规划问题中的最优值。方法是利用热力学中经典粒子系统的降温过程。当孤立的粒子系统的温度缓慢降低时，粒子系统会保持在热力学平衡稳定的状态，最终体系将处于能量最低的情况，简称基态。基态是能量函数的最小点。模拟退火算法能够有效解决复杂的系统优化问题，并且限制性约束较小。

模拟退火算法步骤如下。

① 设定初始值，包括温度 T_0 及函数值 $f(x)$。

② 计算函数差值 $\Delta f = f(x') - f(x)$。

③ 若 $\Delta f > 0$，可把新点作为下一次计算的初始值。

④ 若 $\Delta f < 0$，则计算新接受概率：$P(\Delta f) = e^{-\Delta f/(KT)}$，产生 [0，1] 区间上均匀分布的伪随机数 r，r 属于 [0，1]，根据 $P(\Delta f)$ 与 r 值的大小来判断下一次值的选取。

如果根据退火方案把温度进一步降低，循环执行上述步骤，这样就形成了模拟退火算法。假如此时系统的温度降到足够低，就会认为目前就是全局最优的状态。

3. 蚁群算法

蚁群算法（Ant Colony Algorithm，ACA）寻找最优解是效仿了真实蚂蚁的寻径行为，利用蚂蚁之间的相互通信与相互合作。蚁群算法与其他进化算法的相似之处：首先，都是一种随机查找算法；其次，都是利用候选群体的进化来寻找最优解，具有完善的全局优化能力，不依赖特定的数学问题。通过蚁群算法求解某些比较复杂的优化问题时，则将体现出该算法的优越性，同时蚁群算法自身也具有不少缺陷。

蚁群算法具有以下优点。

① 蚁群算法在优化问题领域具有很强的搜索较优解的能力，因为它能够把一些常用的分布式计算、贪梦式搜索等特点综合起来，并且是一种正反馈机制的算法。想要快速地发现较优解，可利用正反馈机制得到。而过早收敛现象可由分布式计算来排除，这样在查找过程的前期，就会找到可实施的方法。同样，若要减少查找过程消耗的时间，可通过贪梦式搜索来实现。

② 蚁群算法具有很强的并行性。

③ 蚁群中蚂蚁之间通过信息素展开协同合作，则系统会有比较好的可扩展性。

蚁群算法具有以下缺点。

① 蚁群算法需要消耗比较多的时间来查找。尤其是在群体规模较大时，由于蚁群中的蚂蚁活动是任意的，利用信息交换都可以找到最优路径，但在很短的时间里，很难发现一条比较好的线路。由于在刚开始寻找路径时，各线路上的信息浓度大小几乎是相同的，这样就存在一定困难。虽然利用正反馈方法反馈信息，能够让有效线路上的信息量越来越多，但是需要消耗很长的时间间隔，才能使较多的信息量出现在有效的路径上，伴随正反馈的不断进行，会产生明显的差别，从而得到最好的路径，这一过程需要较长时间。

② 当查找过程进行到一定阶段时，蚁群中蚂蚁查找到的解相同，很难在深层次上去查找得到更好的解，使算法出现停滞现象。

除了上述算法之外，还有其他很多算法，如基于广度优先搜索、深度优先搜索、最小生成树、神经网络、层次空间推理等。

第七章

智能车辆实时路径规划

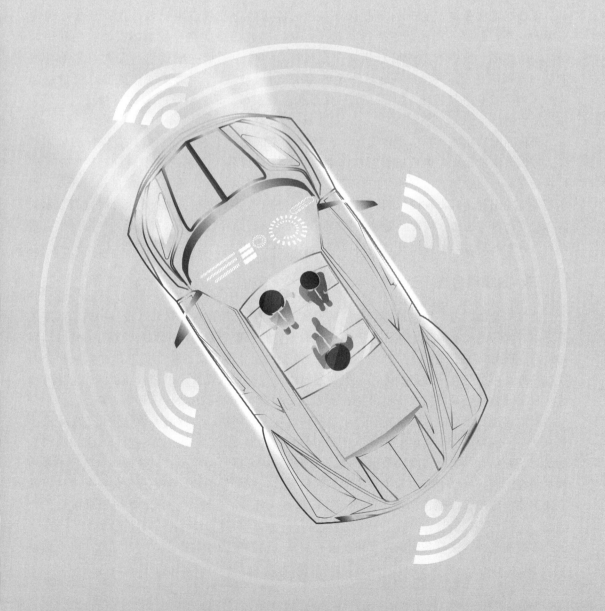

第一节　常用实时路径规划方法

智能车辆进行实时路径规划（也称为局部路径规划），一般指的是在有障碍物的环境中，利用自身传感器感知环境，寻找一条起点到终点的行驶路径，使智能车辆能安全、快速到达目标位置。实时路径规划方法主要包括以下关键部分：

① 建立环境模型，即将智能车辆所处现实世界抽象后建立计算机可认知的环境模型；

② 寻找路径搜索算法，即在某个模型的空间中，在多种约束条件下寻找符合条件的路径搜索算法。

智能车辆实时路径规划方法很多，这里简要介绍模板匹配法、曲线拟合法、人工智能路径规划技术、人工势场法、变尺度栅格法。

一、模板匹配法

模板匹配法是将智能车辆当前状态与过去经历的行驶状态相比较，找到最接近当前行驶的状态，修改当前状态下的行驶路径，从而得到一条新路径。具体讲，首先利用路径规划所用到的或已产生的信息建立一个模板库，库中的任一模板包含每次规划的环境信息和路径信息，这些模板可通过特定的索引取得。然后将当前规划任务和环境信息与模板库中的模板进行匹配，以寻找出一个最优匹配模板。最后对该模板进行修正，并以此作为最后的结果。

模板匹配路径规划方法原理简单，在环境确定的情况下匹配成功时具有较好的应用效果。但该方法的最大缺点是依赖智能车辆过去的行驶经验，若案例库中没有充足的路径模板，则存在与当前状态匹配失败的可能性。同时该方法主要是针对静态环境的路径规划，当环境发生动态变化时，难以找到匹配的路径模板。这些缺点限制了模板匹配路径规划技术的深入研究与推广应用。因此，若使用模板匹配技术进行路径规划需要有充足的匹配案例（路径）及较好的对行驶环境变化的适应性。

二、曲线拟合法

曲线拟合法的主要思想是在给定一系列离散路点后，通过计算机几何设计中的曲线连接路点以得到满足要求的最优路径。应用在智能车辆路径规划中的常见曲线模型有直线和圆弧的组合（Dubins 曲线、Reeds-Shepp 曲线）、螺旋曲线、多项式曲线、贝塞尔曲线和样条曲线。该方法中的路点一般是一组或多组与道路中心线垂直的离散点，加入环境的约束条件和优化权重函数后，最终生成车道保持、换道、简单避障场景下的路径簇和实时路径。

对曲线进行求解的方法主要有最小二乘法、梯度下降法、牛顿法等数学优化方法，最小二乘法是一种在多学科领域中获得广泛应用的数据处理方法。运用此方法可以妥善解决参数的最可信赖估计、组合测量的数据处理、用实验方法来撰写经验公式以及回归分析等一系列数据处理问题。梯度下降法和牛顿法都是利用导数求取可微函数局部最优解的一种方法，其有诸多衍生方法，如随机梯度下降法、共轭梯度下降法、拟牛顿法，广泛用于求解最优化问题。

多数曲线拟合法具备生成速度快、过程简单、消耗资源少的特点，并且曲线中各点曲率连续变化，路径跟随时易达到较高的乘坐舒适度，但这类方法不能在多障碍物的环境中得到无碰撞的安全路径，在城市低速和越野环境中的适用性较差，因此多应用于结构化道路和封闭园区内的智能车路径规划。近年来，基于搜索的规划方法和基于采样的规划方法逐渐成为智能车实时路径规划的主要方法，这两种方法也常结合曲线拟合法对初始路径进行后处理，以适应城市低速和越野等复杂场景。

三、人工智能路径规划技术

人工智能路径规划技术是将现代人工智能技术应用于智能车辆的路径规划中，如人工神经网络、进化计算、模糊逻辑与信息融合等。遗传算法是最早应用于组合优化问题的智能优化算法。在蚁群算法较好解决旅行商问题（TSP）的基础上，许多学者进一步将蚁群优化算法引入水下机器人（UV）的路径规划研究中。

由于模糊逻辑和信息融合技术在不确定性信息处理方面有极好的表现，且智能车辆传感器采集的环境信息存在不确定性和不完整性，使得模糊逻辑和信息融合技术在智能车辆路径规划中有较好的应用。此外，神经网络作为人工智能的重要内容，在智能车辆路径规划研究中得到了广泛关注。

人工智能技术应用于智能车辆路径规划，增强了智能车辆的"智能"特性，克服了许多传统规划方法的不足。但该方法也有不足之处，有关遗传优化与蚁群算法路径规划技术主要针对路径规划中的部分问题。利用进化计算进行优化处理，并与其他路径规划方法结合在一起使用，单独完成路径规划任务的情况较少。信息融合技术主要应用于智能车辆传感器信号处理方面，而非直接的路径规划策略。对神经网络路径规划而言，大多数神经网络路径规划均存在规划知识的学习过程，不仅存在学习样本难以获取问题，而且存在学习滞后问题，从而影响神经网络路径规划的实时性。生物启发神经网络路径规划虽然实时性较好，但其输入激励与抑制的设定也存在人为不确定因素。

四、人工势场法

人工势场路径规划技术的基本思想是将智能车辆在环境中的运动视为一种智能车辆在虚拟的人工受力场中的运动。障碍物对智能车辆产生斥力，目标点对其产生引力，引力和斥力的合力作为智能车辆的控制力，从而控制车辆避开障碍物而到达目标位置。

早期人工势场路径规划研究是一种静态环境的人工势场，即将障碍物和目标物均看成是静态不变的。仅根据静态环境中障碍物和目标物的具体位置规划运动路径，不考虑它们的移动速度。而实际环境一般是动态的，障碍物和目标物都可能发生移动，因此为解决动态环境中的路径规划问题，在动态环境下，考虑智能车辆与目标点的相对位置以及相对速度因素构造引力势场和引力函数；考虑智能车辆与障碍物之间的相对位置、相对速度以及相对加速度因素构造斥力势场和斥力函数。

人工势场路径规划技术原理简单，便于底层的实时控制。但人工势场路径规划方法通常局部极小点，尽管也有不少针对局部极小的改进方法，但到目前为止，仍未找到完全满意的答案。另外，在引力和斥力场设计时存在人为不确定因素。在障碍物较多时还存在计算量过大等问题。这些因素的存在限制了人工势场路径规划方法的广泛应用，应用中的难点是动态环境中引力场与斥力场的设计、局部极小问题的解决。

五、变尺度栅格法

(一)变尺度栅格法原理

在智能车辆环境建模的过程中,由于被控对象是一个具有高度非线性、时变性和不确定性的复杂系统,因此在建立精确数学模型时,算法复杂且运算量大,难以保证实时性。对于这些难以用数学模型进行描述的控制过程,可以根据人类直觉和经验对被控制对象进行控制。因此在解决这类复杂的问题时,如果能够从人类对环境认知方法的特点出发,寻找一种能与人类认知类似的控制算法,或用数学方法描述人类认知行为,将有助于解决一些复杂环境的建模问题。

人类在进行视觉感知时,会有选择地将注意的焦点放在视野的某一部分区域,进而重点理解、记忆该区域包含的信息。因此在传统栅格法的构建中引入人类的视觉认知机理和特点,模仿人类视听觉认知行为的注意力分配机制模型,对感知范围进行区域划分,对不同区域进行粒度可变的信息抽取。

如图 7-1 所示是障碍物位置不同的影响。梯形为驾驶者的可视范围,视野对称线为车辆的纵向中心对称线,Y 轴为车辆前进方向。前方出现障碍物 A 和 B,其中障碍物 A 处于驾驶者视野之外,对车辆行驶几乎没有影响,驾驶者对它不关注或关注极小;障碍物 B 处于驾驶者前方,处于视野范围内,驾驶者应对其适当关注。

如图 7-2 所示为障碍物距离不同的影响。障碍物 A 距离驾驶者较近,驾驶者观察它的夹角为 α;障碍物 B 距离驾驶者比较远,驾驶者观察它的夹角为 β,很明显 $\alpha > \beta$。即同样大小的物体距离车身较近时,驾驶者观察到的可能性更大,进而对驾驶决策影响也更大;距离较远时驾驶者观察到的较小,对驾驶决策影响也较小。当障碍物距离车身一定远时,驾驶者观察到的成像就成为一个点。

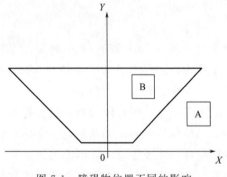
图 7-1 障碍物位置不同的影响

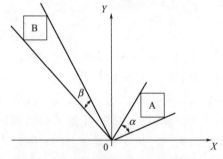
图 7-2 障碍物距离不同的影响

(二)变尺度栅格图的创建

障碍物的位置和距离对车辆行驶的影响因素完全不同。研究过程中发现,障碍物对驾驶者影响因素的变化符合正切函数的变化规律。

结合驾驶者对环境认知的特点,提出变尺度栅格法对道路环境进行建模的方法。在智能车辆对环境认知的过程中,栅格大小是其环境建模精度的重要标准。栅格尺度越小,所描述障碍物位置误差越小,环境模型精度越高;反之精度越低。当处理距离较远、较偏的环境信息时,该信息对智能车辆行驶影响较小,智能车辆对其认知程度也应适当降低,此时描述环境信息的栅格图单位尺寸较大,障碍物位置误差大,控制精度低,计算量小;当处理距离较近的环境信息时,该信息对智能车辆行驶影响较大,智能车辆对其认知程度也应该适当增加,此时描述环境信息的栅格图单位尺寸较小,障碍物位置误差小,控制精度高,计算量增加,如图7-3所示为变尺度栅格。

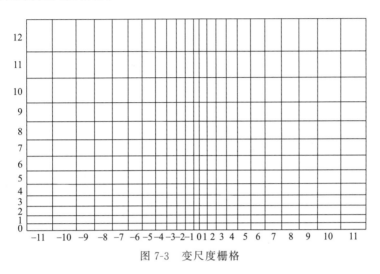

图7-3 变尺度栅格

(三) 变尺度栅格函数的构建

由于障碍物对驾驶者影响因素的变化符合正切函数的变化规律,因此以正切函数作为函数构造的基础,如式(7-1)所示。

$$y = \tan(x) \qquad -\frac{\pi}{2} < x < \frac{\pi}{2} \qquad (7\text{-}1)$$

如图7-4所示为理想变尺度栅格中障碍物距离与栅格尺寸关系曲线。从图中可以看出,正切函数输入变量的取值范围为$(-\pi/2, \pi/2)$,而变尺度栅格法的输入变量范围为$(-\infty, +\infty)$;同时变尺度栅格曲线与正切函数曲线存在一些差异,将标准正切函数转换为

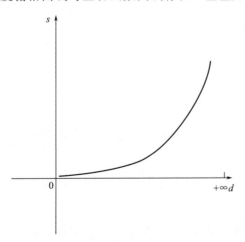

图7-4 理想变尺度栅格中障碍物距离与栅格尺寸关系曲线

如式(7-2)、式(7-3) 所示横、纵栅格函数形式,该函数具有如图 7-5 所示的特点。

$$f(\eta_i) = \begin{cases} \tan\left(\dfrac{\eta_i^{m_i}}{\eta_i^{m_i}+1} \times \dfrac{\pi}{2}\right) & \eta_i \in Z, \eta_i \neq 0 \\ 1 & \eta_i = 0 \end{cases} \quad (7\text{-}2)$$

$$f(\eta_j) = \begin{cases} \tan\left(\dfrac{\eta_j^{m_j}}{\eta_j^{m_j}+1} \times \dfrac{\pi}{2}\right) & \eta_j \in Z, \eta_j \neq 0 \\ 1 & \eta_j = 0 \end{cases} \quad (7\text{-}3)$$

其中,输入值 η_i、η_j 为栅格图中对应横、纵坐标所标识的序号绝对值,输出值 $f(\eta_i)$、$f(\eta_j)$ 为栅格图中该序号对应栅格横向、纵向长度,m_i、m_j 为各自对应函数的发散系数,m 值越大,函数变化率越大。横、纵变尺度栅格函数基本相同,由于车辆纵向认知范围比横向认知更远,变化更明显,因此一般取 $m_j \geqslant m_i > 2$。

横、纵栅格函数一阶微分方程如下,微分曲线如图 7-6 所示。

$$f'(\eta_i) = \begin{cases} \dfrac{\pi}{2} \times \dfrac{m_i \eta_i^{m_i-1}}{(\eta_i^{m_i}+1)^2} \sec^2\left(\dfrac{\pi}{2} \times \dfrac{\eta_i^{m}}{\eta_i^{m_i}+1}\right) & \eta_i \in Z, \eta_i \neq 0 \\ 0 & \eta_i = 0 \end{cases} \quad (7\text{-}4)$$

$$f'(\eta_j) = \begin{cases} \dfrac{\pi}{2} \times \dfrac{m_j \eta_j^{m_j-1}}{(\eta_j^{m_j}+1)^2} \sec^2\left(\dfrac{\pi}{2} \times \dfrac{\eta_j^{m}}{\eta_j^{m_j}+1}\right) & \eta_j \in Z, \eta_j \neq 0 \\ 0 & \eta_j = 0 \end{cases} \quad (7\text{-}5)$$

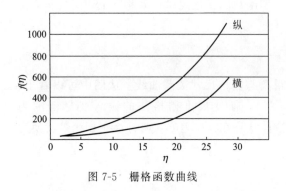

图 7-5　栅格函数曲线

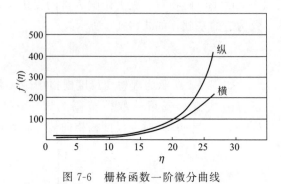

图 7-6　栅格函数一阶微分曲线

从图 7-6 中可以看出,该函数在原点附近输出值变化小,反映到栅格图中环境建模精度高;当输入值进一步增大时,输出值急剧增大,环境认知程度明显降低。

(四) 基于变尺度栅格地图的 A^* 局部路径搜索算法实现

智能车辆在结构化道路中正常行驶时,根据国内行驶要求,车辆应在道路右侧区域行驶。即当车辆前方出现障碍物时,车辆避障行驶所要到达的目标区域为障碍物后面的可行驶区域,即为障碍物后面道路右侧区域。

如图 7-7 所示为变尺度栅格地图道路模型,车头中心所处的位置为 A,从当前位置移动到障碍物后面所在栅格 B,空白区域表示自由栅格,为可行驶区域;阴影区域表示障碍栅格,为不可行驶区域。

变尺度栅格法将栅格地图用二维数组来表示,数组的每一个元素对应栅格地图中的一个栅格,数字的编号对应栅格的位置序号,数组的值对应栅格的值。依据雷达对路面识别的结果,设数字值为 0 表示当前栅格为自由栅格,可以通行;值为 1 表示当前栅格为障碍栅格,不可通行;值为 2 表示当前栅格为道路边界栅格,也不可通行。智能车辆所规划的路径被描述为从 A 至 B 所经过的栅格的集合,且此集合内任意栅格都必须位于两侧车道边沿之间,即值为 2 的栅格之间。

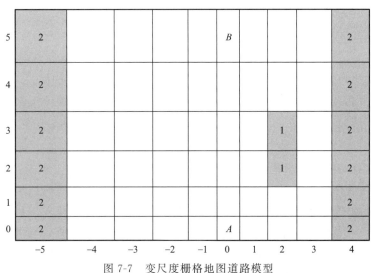

图 7-7 变尺度栅格地图道路模型

栅格地图建立后,采用第六章第二节中所描述的 A^* 算法来实现行驶路径搜索。A^* 路径搜索算法从栅格 A 开始,检查相邻可行驶栅格的方式,向外扩展直至找到目标栅格 B。扩展的操作步骤如下。

① 从起始点栅格 A 开始,并且把它作为待处理栅格,把该栅格的序号(0,0)存入一个开启列表。开启列表是一个待检查栅格的列表,其中的栅格序号是不断更新的。

② 寻找起点栅格 A 所有可到达或者可通过的相邻栅格,并加入开启列表。由于智能车辆只能向前方直线行驶或转向 45°以内行驶(不考虑倒车情况),因此智能车辆从起点栅格 A 所有可到达的相邻栅格只有正前方的 3 个栅格。算法规定栅格 A 为父栅格,A 所能到达的三个栅格为对应于 A 的子栅格。以车身宽度 2.4m 为例,在变尺度栅格图中车体空间不仅仅只占据一个栅格,而且是以车头为中心的一组栅格集,如图 7-8 所示。

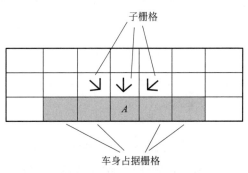

图 7-8 A 点子栅格搜索

如果在一次扩展中，以 A 点子栅格为中心的栅格集包含障碍栅格，那么该子栅格为不可通行栅格。如图 7-9 所示，栅格（1，1）所确定的栅格集中（3，1）为障碍栅格，因此该栅格为不可通行子栅格。这时对此栅格不进行任何操作，即不把该栅格加入开启列表。

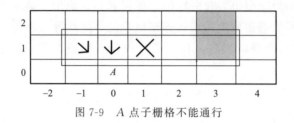

图 7-9　A 点子栅格不能通行

通过一次扩展，可以找到 0~3 个子栅格并加入开启列表中，从开启列表中删除栅格 A，把它加入一个关闭列表中，关闭列表中保存着所有不需要再次检查的栅格。根据起始栅格沿路径到达序号 n 所在栅格的移动估计值 $g(n)_{边相邻}=g(m)+1$、$g(n)_{顶点相邻}=g(m)+1.4$ 和直线距离的估计值 $h(n)=\sqrt{(i_m-i_n)^2+(j_m-j_n)^2}$ 计算新加入子栅格的 $g(n)$ 值和 $h(n)$ 值，然后根据 $f=h(n)+g(n)$ 计算出这些栅格的 $f(n)$ 值。当算法描述当前规划的路径时，需要从当前点顺着父栅格逐步找到起点，从而确定出从起点到当前点走了哪些栅格。

③ 开启列表中存放的是 A 的相邻子栅格，一共 3 个。分别计算开启列表中新加入栅格的移动估计值。如图 7-10 所示，每个栅格对应的 $g(n)$ 值写在该栅格左下角，$h(n)$ 值写在该栅格右下角，$f(n)$ 值写在该栅格左上角。如坐标为（0，1）的栅格，与其父栅格 A 相邻，因此从 A 移动到该栅格的估计值为 1，即 $g(0,1)=g(0,0)+1=1$；与目标栅格 B 的距离为 $h(0,1)=\sqrt{(0-0)^2+(5-1)^2}=4$；总移动估计值为 $f(0,1)=g(0,1)+h(0,1)=5$。同理 A 点其他两个子栅格（1，1）、（-1，1）的移动估计值也可以相应计算出来。此时 A 的相邻三个栅格已经在开启列表中，而栅格 A 已经在关闭列表中。

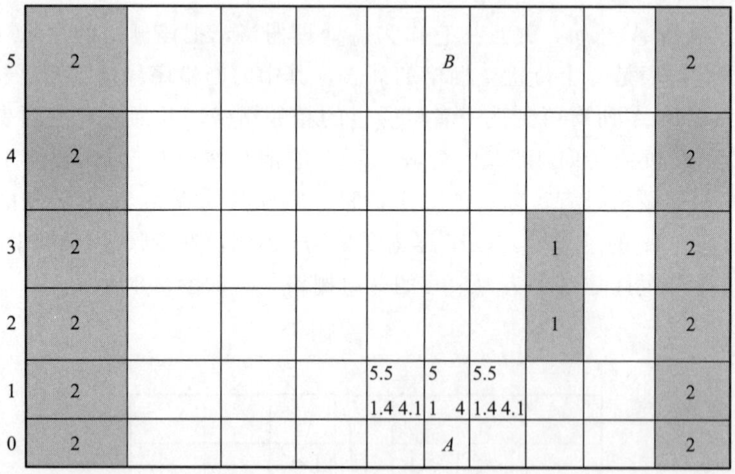

图 7-10　单元栅格的移动估计值

④ 从开启列表的栅格中选取 $f(n)$ 值最小的栅格，可记做 m。以 m 所在栅格为父栅格，重复第②、③步，再次扩展所有可到达的栅格。如果以这些栅格为中心的栅格集都是自

由栅格，并且该栅格不在开启列表中，则计算出该栅格的 $f(n)$、$g(n)$、$h(n)$ 的值，并把其加入开启列表中，并令 m 所在栅格作为该栅格的父栅格。如果栅格已经在关闭列表中或者该栅格无法通过，则不做任何操作。

如果 m 所在栅格的某个子栅格已经存在于开启列表中，那么就计算从起始点沿着新产生的路径到达这个栅格的 $g(n)$ 值。即将 m 所在栅格看作父栅格，重新计算这个相邻栅格的 $g(n)$ 值。然后与之前的 $g(n)$ 值进行对比，如果新值小于旧值，则保留新 $g(n)$ 值的栅格关系和移动估计值，丢弃旧值的栅格关系，否则不进行操作。如图 7-11 所示，当前开启列表中已经包含 4 个栅格，通过比较计算，m 栅格移动估计值 $f(m)$ 最小。在计算 m 栅格的子栅格时，相邻子栅格（-1，2）已经存在于开启列表，旧栅格关系中其父栅格为（0，1），$g(-1,2)=2.4$；新栅格关系中其父栅格为 m，$g'(-1,2)=2.4$。由于新旧栅格关系中 $g(n)$ 值相同，因此不对此栅格进行操作。又由于 m 的子栅格（0，2）为不可通行栅格，因此此次扩展只有栅格（-2，2）加入开启列表。

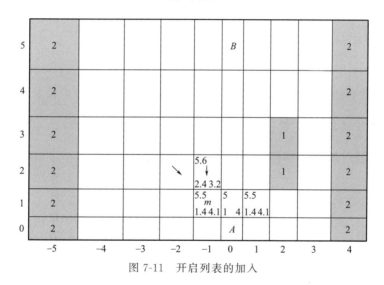

图 7-11 开启列表的加入

⑤ 寻找开启列表中移动估计值最小的子栅格，重复②~④步工作，循环搜索直到开启列表中包含目标栅格时结束。如图 7-12 所示为栅格图最终规划路径，箭头所指为从目标点

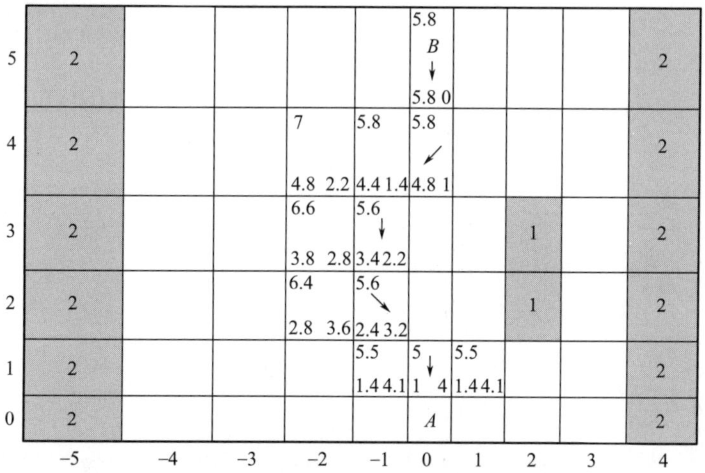

图 7-12 栅格图最终规划路径

逐步寻找其父栅格的过程，即最终确定路径规划路线。

根据车辆所行驶的不同环境特点，对路径规划算法要求不同。在高速公路行驶中，行车环境简单，但行驶车速快，路径规划算法的难点主要在于环境信息获取的位置精度和算法的响应速度；在城市结构化道路行驶中，行车环境特征性比较明显。但环境复杂，障碍物较多，路径规划算法的难点主要在于车辆环境的建模和避障行驶中行驶路径的搜索；在越野环境不规则道路行驶中，智能车辆所处环境没有明显的道路边界，路径规划算法的难点主要在于车辆可行驶区域识别的精度。

根据车辆所行驶的实际环境特点，选择合适的实时路径规划方法，不仅可以提高工作效率，而且可以提高路径规划的适时性及准确性。

第二节　智能车辆典型驾驶行为实时路径规划

一、自主换道

车辆由原车道运动到目标车道的过程或行为前后车辆的航向角不变，车辆的航线不在同一直线上的车辆驾驶行为称为车辆换道，自主换道就是在无人驾驶的情况下实现自动换道。

（一）智能车辆换道决策模型简介

换道决策模型：将智能车辆所处换道环境、换道意图等抽象后建立计算机可认知的决策模型。

1. Gipps 模型

Gipps 模型假定驾驶者行为是理性的，重点分析潜在冲突影响下的换道决策过程。该模型认为车辆是否换道主要取决于以下六个因素：换道是否安全、可行，能否避免碰撞发生；障碍物的位置；专用车道的出现；司机预定的转向运动；重型车的出现；当前车道和目标车道的相对速度优势。

换道可行性取决于换道所需的加速度$[V_n(t+T)-V_n(t)]/T$是否大于可承受的减速度（车辆制动时的减速度，一般假定为$-4\mathrm{m/s}^2$）。$V_n(t)$为车辆n在t时刻的速度，而$V_n(t+T)$如下。

$$V_n(t+T)=b_n T+\left\{b_n^2 T^2-b_n\left[\frac{2x_t(t)-2x_n(t)-2s_{n-1}-V_n(t)T-V_{n-1}^2}{\hat{b}}\right]\right\}^{\frac{1}{2}} \tag{7-6}$$

式中　$V_n(t+T)$——车辆n在$t+T$时刻的速度；

　　　b_n——车辆n能接受的减速；

　　　T——速度和位移的计算步长；

　　　$x_n(t)$——车辆n在t时刻的位置；

　　　s_{n-1}——车辆$n-1$的有效长度；

　　　$\hat{b}$——b_{n-1}的一个估计值。

2. MITSIM 模型

MITSIM 模型将换道过程分为三步：首先判断是否有必要换道并确定换道的类型；其

次是检测间隙并选择换道方向;最后是实施换道。在 MITSIM 模型中,其换道需求由当前车道和目标车道的交通状况共同决定。如果车辆由于前方的慢车导致它的速度低于期望速度或车道的最大速度时,将检测在旁边车道内行驶是否可以提高速度。忍耐因子和速度差因子等几个参数被用来判断当前速度是否足够低,在旁边车道内行驶速度是否足够快,据此判断是否有换道的需求。需求产生后,将选择可换入的车道。车道是否可换入需要考虑诸如换道规则、车道使用权、车道间的连接、信号状态、事故、主要交通状况、司机的期望速度和车道的最快速度等因素。确定可换入的车道后,将检测目标车道的前后间隙是否充足。判断性换道的最小间距可表示为

$$\hat{g}_n^i = \hat{g}^i + \hat{\varepsilon}_n \quad i = lead, lag \tag{7-7}$$

式中 $\hat{g}_n^i$ ——车辆 n 在判断性换道时能接受的最小间距;

$\hat{g}^i$ ——平均可接受间距;

$\hat{\varepsilon}_n$ ——随机误差项。

3. CORSIM 模型

CORSIM 模型综合了两个微观仿真模型:用于高速公路的 FRESIM 和用于城市道路的 NETSIM。FRESIM 换道模型由动机、利益和紧急三个因素组成。动机因素由一个被定义为不可忍受的速度极限值的外生变量决定,当车辆的速度低于这一极限值时,司机便会产生换道的动机;利益因素代表换道获得的利益;紧急因素则指换道愿望的强烈程度。司机可接受的减速度与换道的紧急因素有关。可接受的减速度由式(7-8) 得出。

$$d = \begin{cases} d_{\min} & u < (1-0.05c) \\ d_{\min} + (d_{\max} - d_{\min}) \dfrac{u + u + 0.05c - 1 - 1}{u + 0.05c - 1} & u \geqslant (1-0.05c) \end{cases} \tag{7-8}$$

式中 $d_{\max}, d_{\min}$——可接受的最小减速度和可接受的最大减速度;

c——换道的反应延迟时间;

u——紧急因素。

$$u = \frac{\text{DAF} \times \text{NLC} \times (V_f^{\text{des}})^2}{20(x - x_0)} \tag{7-9}$$

式中 DAF——DAF$=(1.0+\text{DT}-5.5)/\text{FDA}$,DT 为司机的类型编号,DT$=1 \sim 10$,FDA 为司机驾驶倾向性指标;

NLC——换道所需的次数;

V_f^{des}——主车(指有换道意图的车辆,下同)的期望速度;

x——车辆的当前位置;

x_0——换道的目标位置。

NETSIM 换道模型包括强制性换道和任意性换道。NETSIM 的任意性换道模型主要由换道动机和间隙检测两部分组成。换道动机由主车的实际速度以及它与当前车道前车的车头间距共同决定,该模型假定当车头间距小至不可忍受或实际运行速度小于给定的不可接受值的 1/2 时,车辆将尝试换道。不同司机的不可忍受的车头间距值是不同的,具体值如下。

$$\text{DT} > 9 \times \frac{\dfrac{S - 2(V_F - V_L)}{V_f^{\text{des}}} - h_{\min}}{h_{\max} - h_{\min}} \tag{7-10}$$

式中 DT——司机的类型编号;

S——主车与当前车道前车的间距；

V_F——主车的实际速度；

V_L——目标车道前车的实际速度；

V_f^{des}——有换道意图车的期望速度；

h_{min}, h_{max}——所有车都试图换道的最小车头间距和没有一辆车试图换道的最大车头间距。

4. SITRAS 模型

SITRAS 模型的换道可行性判断基于以下两个条件：一是主车跟随目标车道前车的减速度是否大于主车可接受的减速度；二是目标车道后车跟随主车时的减速度是否大于目标车道后车可接受的减速度。主车和目标车道后车的减速由跟车模型算出，而可接受的减速度由式(7-11)算出，该公式是对 Gipps 模型的改进。

$$b_n = \left[2 - \frac{D - x_n(t)}{10v_n}\right] b_{LC} \theta \tag{7-11}$$

式中　b_n——车辆 n 在 t 时刻可接受的减速度；

D——预定的转向或障碍物的位置；

$x_n(t)$——车辆 n 在 t 时刻的位置；

v_n——车辆 n 的期望速度；

b_{LC}——车辆愿意接受的减速度的平均值（一般取最大减速值的一半）；

θ——司机的风险系数，它代表司机间的个体差别，服从正态分布，取值范围为 0～99。

条件一中的 θ 为平均风险系数（$\theta = 50$）与主车司机的风险系数的比值；条件二中的 θ 为主车司机的风险系数与目标车道后车司机的风险系数的比值。

综上所述，Gipps 模型首次建立了换道决策的结构框架，但其在换道需求的判断之前就先进行可行性检测，不符合现实逻辑；MITSIM 模型继承了 Gipps 模型的思想，并对其进行改进，给出了较为详细的任意性换道和强制性换道的规则，在最小间距中加入了随机误差项；CORSIM 模型应用范围较广，但模型中需要标定的参数较多，其中一些参数难以通过实测数据去标定；SITRAS 模型将人车单元当作一个多智能体，能较好反映受事故影响的交通状况下的换道行为，但在一般的交通状况中没得到较好应用。

（二）智能车辆换道决策模型的建立

智能车辆驾驶行为决策与驾驶者决策模型有所区别。首先，在环境感知方面，驾驶者对周围环境信息的辨识更为准确可靠，但无法对环境信息中的有效数据进行精确提取。而目前智能车辆对环境信息的辨识能力明显差于驾驶者，但在成功辨识有效信息的方面，智能车辆能够获取精确的参考数据，如本车与前方车辆的间距、前方车辆的前进速度等。其次，在驾驶决策方面，换道本质是决策思维的过程，驾驶者受影响的因素较多，思维过程更为复杂，如果给智能车辆设定一个科学合理的决策模型，那么智能车辆在换道决策时能够做出比驾驶者更理性准确的判断，从而使车辆换道更安全、可靠。

对换道行为的决策过程进行界定：一是智能车辆在跟驰状态下由于受到车间距、车速等因素刺激开始换道意图的产生过程；二是换道意图的产生过程开始后，邻车道的交通情形开始对智能车辆的行为决策产生刺激，致使智能车辆开始换道可行性的判断过程；三是换道条件的判断结束时则认为智能车辆换道的行为决策过程完全结束。

(三)换道轨迹与路径规划

智能车辆换道轨迹规划可以归类为智能车辆路径规划研究范畴,路径规划技术是智能车辆中的一项关键技术。主要分为以下三种类型:一是基于环境先验完全信息的全局路径规划;二是基于传感器信息的不确定环境的局部路径规划;三是基于行为的路径规划。智能车辆换道轨迹规划属于第二种路径规划,相比于全局路径规划,局部路径规划的特点是环境信息的不确定性。

1. 常用的车辆换道轨迹规划方法

换道是在不改变原有行驶方向的情况下,从一个车道换到另一个车道(图7-13)。由于换道的方式不同,其换道轨迹是不同的,下面介绍几种换道轨迹。

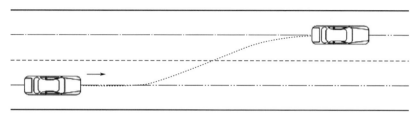

图 7-13 车辆换道轨迹示意

(1) 等速偏移换道轨迹

如图7-14所示,A 和 D 分别为车辆换道的起点和终点,显然车辆无法依此轨迹进行换道行驶。因为在 B 点和 C 点,车辆的运动方向发生了阶跃,实际行驶过程中是无法实现的,因此采用等速偏移换道轨迹时需要对其进行二次规划。

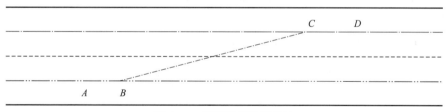

图 7-14 等速偏移换道轨迹

(2) 圆弧换道轨迹

圆弧换道轨迹的起始段和终止段由两段圆弧构成,中间部分用直线过渡,如图7-15所示。圆弧的曲率半径为 ρ,受最大侧向加速度的约束,已知车道间距 l 及期望换道距离 d,就可以确定整个轨迹。圆弧换道轨迹的最大缺陷为在圆弧端点 A、B、C、D 处曲率不连

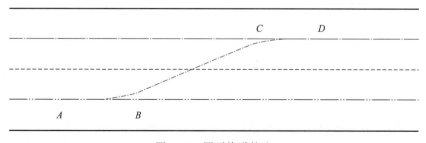

图 7-15 圆弧换道轨迹

续，发生跃变，车辆若按照轨迹模型行驶要在圆弧端点处停车，改变车辆前轮偏转角来适应换道轨迹的曲率半径，这与车辆的实际换道过程是不相符的。采用圆弧换道轨迹时需要对其进行再规划。

(3) 梯形加速度换道轨迹

梯形加速度换道轨迹从换道车辆的横向加速度出发，认为加速度的形状由两个大小相等的正反梯形组成，如图 7-16 所示。梯形加速度换道轨迹能够很好地满足运动过程中曲率连续变化及其变化率的限制，但具有不灵活的缺点，如要调整换道过程则比较困难。

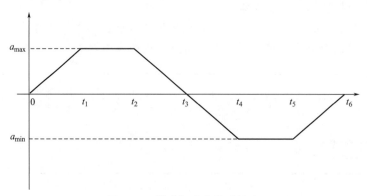

图 7-16　梯形加速度换道轨迹

(4) 正弦函数换道轨迹

正弦函数换道轨迹因其计算简便和具有优异的平滑特性，是目前被广泛采用的换道轨迹，如图 7-17 所示。相对于前三种车辆换道轨迹，在相同的路宽和换道距离条件下正弦换道轨迹的曲率极大值最小。该轨迹模型的缺点是曲率的极大值出现在换道过程的起点 A 与终点 B 处。

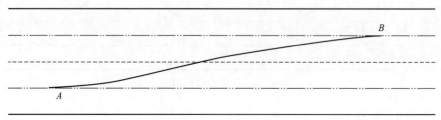

图 7-17　正弦函数换道轨迹

2. 智能车辆换道轨迹规划

智能车辆换道轨迹规划的目的在于使车辆可以从当前车道安全、舒适地过渡到目标车道。在建立智能车辆换道模型的基础上讨论，智能车辆换道轨迹规划已经保证了其他车辆不会对本车换道操作过程产生运动干涉的问题。因此换道轨迹规划从安全性上进行考虑时主要是从本车自身的操纵稳定性上出发。在车辆换道过程中，要保证不发生侧滑、侧翻现象（一般在良好的路面上，车辆轮胎的附着系数可达到 0.8，即侧向加速度 a_y 达到 $0.8g$ 时，车辆开始发生侧滑）。

换道轨迹规划的原则主要有以下几点：

① 换道轨迹无论是在纵向上还是横向上都应当力求过渡平滑、无尖点、无突变点，且曲线连续；

② 换道轨迹应当力求各点曲率大小满足车辆安全行驶条件（使车辆行驶时产生的侧向加速度在可接受的范围内）；

③ 换道轨迹中应包含车辆的靠拢阶段；

④ 换道轨迹规划算法的基本原则是，换道轨迹应当力求一阶、二可导，并且在起点与终点处导数均为 0。

车辆换道行为一般分为三个步骤：换道意图的产生、选择目标车道和实施换道操作。从车辆的换道意图的产生上来分，车辆换道主要分为强制性换道和任意性换道（又称选择性换道）。强制性换道指具有确定的目标车道，在一定区间内必须实施换道的行为。如匝道的分流、合流车辆，交织区车辆，绕过前方障碍物的车辆等；任意性换道指车辆在遇到前方行驶较慢的车辆时，为了追求更快的车速、更自由的驾驶空间而发生的变换车道行为。

随着智能交通系统、驾驶者信息诱导系统和车辆自动智能巡航系统等新技术的开发和应用，驾驶者的换道决策行为将在很大程度上有别于过去。在交通控制系统中驾驶者能够得到周边多辆车的速度、间距等精确信息，这些信息都会对驾驶者的换道选择产生影响。相对于驾驶者，智能车辆具备车身周围环境感知和时刻掌握本车各种状态信息的能力。因此，智能车辆的换道行为具有新的特点。

二、自主超车

车辆超车是最常见的驾驶行为之一，也是最容易引发事故或道路堵塞的行为之一。自主超车控制方法研究的目的就是使车辆自主进行的超车比驾驶者的操作更具效率性、合理性、安全性、舒适性。

车辆在交通道路上行驶时，通常可以抽象地概括为两类：车道保持动作和车道换道动作。自主超车的过程可分解为自主换道超车、车道保持。

（一）自主换道超车

换道超车是车辆在正常行驶过程中的一种基本操作，也是针对不同的周围环境信息，对自身行驶策略进行调整并完成驾驶目标的综合行为。为了更好地对车辆换道过程实现自动控制，那么首先就要对换道超车动作的产生和过程进行分析。超车动作的产生是由于同车道上的前车行驶速度较慢或不能满足后车的行驶目标要求，后方车辆为了达到预期行驶目标所要求的速度，通过前车的左侧车道超越前车。

根据车辆之间的交互行为以及换道博弈过程，现将车辆换道分为两类：非强制式换道和强制式换道。该分类是针对被超车的动作来划分的，对于交互信息后得到的不同结果，驾驶者会采取不同的换道过程。

1. 非强制式换道

在该换道过程中，整个交通情况运行良好，在车辆之间信息交互后，换道车不需要考虑跟随车的行驶情况，即可完成换道超车过程。该过程中，由于交通情况良好，可以在行驶安全的前提下，凭借自身的超车系统完成对前车的超越，所以无须被超车辆对超车过程做出协作动作。

2. 强制式换道

该种换道过程是指在获得两车相关信息后，被超车必须对整个换道超车过程做出妥协，配合换道车完成整个动作。这种方式又根据被超车的制动动作分为完全制动和非完全制动。

在完全制动的强制式换道过程中,由于交通路况限制如车道变窄等情况或前方有障碍物必须绕开等,换道车为保证安全需要强制进行换道,跟随车则被迫减速并让出位置。该模式需要跟随车使用完全制动模式,以最快速度减速,为换道车提供足够的空间并且在最短时间内完成安全的换道超车行为。

在非完全制动的强制式换道过程中,车辆之间需要进行明显且细致的信息交互过程。整个换道过程类似于一次换道车与跟随车的"谈判"过程。首先由换道车提出换道超车意图,跟随车根据换道车的换道要求,并结合车距、车速、时间等车辆信息以及周围车车距、路宽等周边信息做出适当减速,为换道车提供足够的换道间隙,并且以较短时间完成超车。换道车在跟随车为其提供足够换道间隙时进行换道操作。该过程以换道车驶入跟随车前方间隙作为完结。该过程中两车之间的信息交互尤为频繁。

无论使用哪种形式的换道操作模式,只有当前车辆与目标车道车辆之间有足够的空隙,能够保证整个换道过程不发生刮擦,才会进行换道操作,所以车辆间的距离、速度等信息也是判断能否进行换道的重要信息。

(二)车道保持

车道保持是指车辆在行驶过程中保持在原有车道内安全行驶,该动作受到驾驶者要求、交通规则、车辆性能、前后车环境等因素的影响。其主要作用是,通过摄像头等传感器获取车辆和车道线的相对位置信息,实时监测车辆与车道的相对位置,利用偏离预警模块判断车辆是否有驶离车道的可能并决定是否给驾驶者提供警告;当车辆有发生车道偏离的危险时,车道保持系统会通过视觉、听觉或触觉等手段提醒驾驶者,若预警一定时间后驾驶者没有采取相关措施纠正车辆的偏离运动状态,车道保持系统会进一步通过转向系统或制动系统对车辆进行主动干预,使车辆行驶在车道中间的安全区域,保证行车安全。

三、交叉口(路口)通行

(一)交叉口建模与冲突点路权分析

在交叉口,交通流由进口分流、交叉口内交叉、出口合流组成。各流向相互穿行时形成交叉,交叉时车辆可能发生碰撞,碰撞点处即为冲突点。若相交道路均为双车道,全转向道路交叉口冲突点数 P_n 可按式(7-12)计算。

$$P_n = \frac{n^2(n-1)(n-2)}{6} \tag{7-12}$$

式中 n——相交道路条数。

以双向两车道十字形交叉口为典型研究对象,建立数学模型,将交叉口定义为若干个出口点组成的集合。利用式(7-12)计算冲突点的数量,分析各冲突点的位置,确定所有冲突点处各流向的路权。十字形交叉口车辆的运行状态如图7-18所示。

在具有主路优先的条件下,交叉口各运动方式的优先等级规定如下:
① 优先等级为1的车流具有绝对的优先权,不需要让行其他车流;
② 优先等级为2的车流必须让行优先等级为1的车流;
③ 优先等级为3的车流必须让行优先等级为1和2的车流;
④ 优先等级为4的车流必须让行优先等级为1、2和3的车流。

公路无信号交叉口处，各向车流的优先等级划分如下。
① 等级 1：主路直行与右转，即方向 2、3、5、6。
② 等级 2：主路左转与支路右转，即方向 1、4、9、12。
③ 等级 3：支路直行，即方向 8、11。
④ 等级 4：支路左转，即方向 7、10。

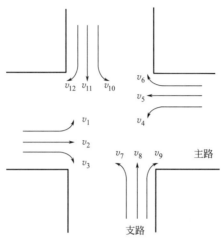

图 7-18　十字形交叉口车辆的运行状态

经过初步分析，与图 7-18 中的编号相对应，和主路、支路上不同的行驶方式相冲突的交通流如表 7-1 所示。

表 7-1　不同行驶方式相冲突交通流

行驶方式	编号	冲突交通流
主路左转	1	v_5，v_6
	4	v_2，v_3
支路右转	9	v_2，v_3
	12	v_5，v_6
支路直行	8	v_1，v_2，v_3，v_4，v_5，v_6
	11	v_1，v_2，v_3，v_4，v_5，v_6
支路左转	7	v_1，v_2，v_3，v_4，v_5，v_{11}，v_{12}
	10	v_1，v_2，v_4，v_5，v_6，v_8，v_9

（二）交叉口通行策略

1. 交叉口识别

通过注意力的分散与集中机制，利用贝叶斯估计、$d\text{-}s$ 证据理论及模糊逻辑法相结合的方法融合路网文件、GPS、雷达与视觉传感器的感知信息，交叉口识别具体实现步骤：

① 利用路网文件及 GPS 信息估计车辆当前位置与下一个交叉口的距离；

② 在车辆接近交叉口时，依靠视觉传感器对交通标志、标线的识别结果准确判断车辆是否到达交叉口。

2. 交叉口通行路径规划

从智能车辆当前所在的车道出口点到目标车道入口点之间虚拟行车轨迹的产生，借鉴圆弧轨迹、梯形加速度轨迹、余弦曲线轨迹等产生初始虚拟轨迹，并利用相关最优控制的理论和方法，如 B 样条曲线法，对初始虚拟轨迹进行优化。

对双向两车道十字形交叉口各流向交通流的运行轨迹建立数学模型。考虑运动障碍（主要指行驶中的车辆）的不确定性和易受噪声干扰的特性，从通行时间和通行所需占用的道路空间的角度研究以交叉口为中心的优先权估计算法。优先权估计算法遵循两个原则：一是无停车线的出口点优先权高于拥有停车线的出口点；二是在同一个有停车线的出口点，各车辆通行优先权的高低由其到达该出口点的时间先后来确定。

智能车辆从当前车道出口点到达目标车道入口点，主要与两类交通流产生冲突：需穿越的交通流和需融入的交通流。因此，智能车辆需要遵循弯道让直行的原则，对上述两类交通流进行让道。具体地，从时间分析的角度着手，考虑本车的加速时间、系统延迟时间、与其他车辆的安全时间间隔等时间因素，计算智能车辆从当前位置到达目标车道入口点的总时间，分析此时间范围内是否有直行车辆行驶轨迹与本车轨迹产生交叉，进而做出让道与否的决策。

四、掉头行驶

通过对智能车辆的转向控制系统的分析，转向控制系统的设计目标是车辆在无人驾驶时能够到达指定位置，所以车辆在转向时应该满足如下几点要求。

1. 准确性

转向控制系统能够根据智能车辆当前位置和所处路段计算出准确的前轮转角，能够安全地行驶，不会驶出规定的路段。

2. 平稳性

车辆的转向运动能稳定进行。因为速度快、转角大时，对车辆的横向运动构成了威胁，容易发生交通事故。同时车辆平缓的转向运动对于车辆的硬件也是一种保护。

3. 适应性

在准确性和平稳性实现的基础之上，车辆转向控制系统能够对不同道路具有鲁棒性，并且能给出准备的命令，保证车辆转向控制系统的通用性。

由于智能车辆的行驶路径在智能车辆行驶之前已经规划完成，并且在一些路点由于道路的限制，比如交叉口掉头时，转向系统计算出来的转角若大于智能车辆的最大转角，就会导致无法到达规定的路点，从而无法达到进入下一路段的阈值，所以对于掉头行驶时的阈值应该重新选取设定。掉头时，由于经过转角计算出来的值大于智能车辆的最大转角，同时按照我国的交通法规，车辆在道路上都是靠右行驶，掉头只存在于前轮左转的情况，因此规定在经过计算以后如果转角大于 30°（假设最大转角 30°），则进入掉头模式，输出前轮最大转角，同时在掉头时的阈值计算中，将舍去掉头路段的目标位置，选择下一路段的目标位置作为阈值计算路点，同时将阈值计算由距离计算变为角度偏差计算。

第八章

智能车辆决策与控制

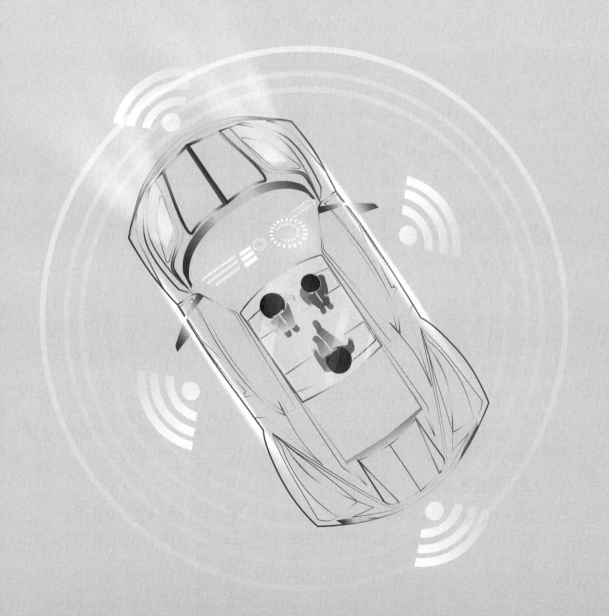

第一节　驾驶行为决策方法

一、智能决策支持系统方法

智能决策支持系统（Intelligence Decision Supporting System，IDSS），其概念最早由美国学者波恩切克（Bonczek）等人于 20 世纪 80 年代提出，它的功能是，既能处理定量问题，又能处理定性问题。IDSS 的核心思想是将 AI 与其他相关科学成果相结合，使 DSS 具有人工智能。

较完整与典型的 IDSS 结构是在传统三库 DSS 的基础上增设知识库与推理机，在人机对话子系统中加入自然语言处理系统（LS），与四库之间插入问题处理系统（PSS）而构成的四库系统结构，如图 8-1 所示。

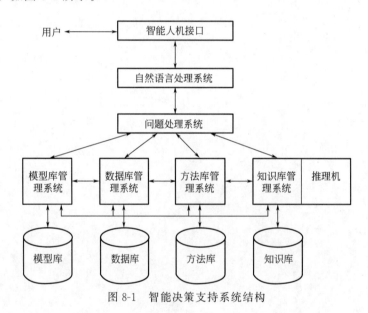

图 8-1　智能决策支持系统结构

（一）智能人机接口

四库系统的智能人机接口接受用自然语言或接近自然语言的方式表达的决策问题及决策目标，这较大程度地改变了人机界面的性能。

（二）自然语言处理系统

将人机接口传送来的自然语言或接近自然语言的表达方式转换成问题处理系统和各管理系统能够识别、接收的信息及指令。

（三）问题处理系统

问题处理系统处于 DSS 的中心位置，是联系人与机器及所存储的求解资源的桥梁。转换产生的问题描述由问题分析器判断问题的结构化程度，对结构化问题选择或构造模型，采用传统的模型计算求解；对半结构化或非结构化问题则由规则模型与推理机制来求解。

问题处理系统是 IDSS 中最活跃的部件，它既要识别与分析问题，设计求解方案，还要为问题求解调用四库中的数据、模型、方法及知识等资源；对半结构化或非结构化问题还要触发推理机做推理或新知识的推求。

(四) 知识库子系统和推理机

知识库子系统由知识库管理系统及知识库组成。

1. 知识库管理系统

功能主要有两个：一是回答对知识库知识增、删、改等的请求；二是回答决策过程中问题分析与判断所需知识的请求。

2. 知识库

知识库是知识库子系统的核心。知识库中存储的是那些既不能用数据表示，也不能用模型方法描述的专家知识和经验，也即是决策专家的决策知识和经验知识，同时还包括一些特定问题领域的专门知识。

知识库中的知识表示：是为描述世界所做的一组约定，是知识的符号化过程。对于同一知识，可有不同的知识表示形式，知识的表示形式直接影响推理方式，并在很大程度上决定着一个系统的能力和通用性。

知识库包含事实库和规则库两部分。例如：事实库中存放了"车辆当前处于本车道的中心位置""车辆到前车距离小于当前车速行驶时的安全距离"那样的事实。规则库中存放着"如果车辆当前处于本车道的中心位置，车辆到前车距离小于当前车速行驶时的安全距离，那么车辆减慢行车速度""如果车辆偏离了车道中心位置、靠近左侧车道线，那么方向盘右转使车辆处于本车道中心位置"那样的规则。

3. 推理机

推理：是指从已知事实推出新事实（结论）的过程。

推理机：是一组程序，它针对用户问题去处理知识库（规则和事实）。

推理原理：若事实 M 为真，且有一个规则"IF M THEN N"存在，则 N 为真。

二、人工神经网络法

人工神经网络（Artificial Neural Network，ANN），简称神经网络（Neural Network，NN），是一种模仿生物神经网络的结构和功能的数学模型或计算模型。神经网络由大量的人工神经元联结进行计算。大多数情况下人工神经网络能在外界信息的基础上改变内部结构，是一种自适应系统。现代神经网络是一种非线性统计性数据建模工具，常用来对输入和输出间复杂的关系进行建模，或用来探索数据的模式以及进行决策。

神经网络中的每个节点代表一种特定的输出函数，称为激励函数（Activation Function）。每两个节点间的连接都代表一个对于通过该连接信号的加权值，称为权重（Weight），这相当于人工神经网络的记忆。网络的输出则依赖网络的连接方式、权重值和激励函数的不同而不同。而网络自身通常都是对自然界某种算法或者函数的逼近，也可能是对一种逻辑策略的表达。它的构筑理念是受到生物（人或其他动物）神经网络功能的运作启发而产生的。人工神经网络通常是通过一个基于数学统计学类型的学习方法（Learning

Method）得以优化，所以人工神经网络也是数学统计学方法的一种实际应用，通过统计学的标准数学方法我们能够得到大量的可以用函数来表达的局部结构空间。另外，在人工智能学的人工感知领域，我们通过统计学的应用可以来做人工感知方面的决定问题（也就是说通过统计学的方法，人工神经网络能够类似人一样具有简单的决定能力和简单的判断能力），这种方法比起正式的逻辑学推理演算更具有优势。

通常来说，一个人工神经元网络由一个多层神经元结构组成，每一层神经元都拥有输入（它的输入是前一层神经元的输出）和输出，每一层（i）由 N_i（N_i 代表在第 i 层上的 N）个网络神经元组成，每个 N_i 上的网络神经元把对应在 N_{i-1} 上的神经元输出作为它的输入，神经元和与之对应的神经元之间的连线，生物学的名称叫作突触（Synapse）。在数学模型中每个突触有一个加权数值，称为权重，那么要计算第 i 层上的某个神经元所得到的势能等于每一个权重乘以第 $i-1$ 层上对应的神经元的输出，全体求和得到了第 i 层上的某个神经元所得到的势能，然后势能数值通过该神经元上的激励函数（常是 Sigmoid Function 控制输出大小，因为其可微分且连续，方便进行 Delta Rule 处理）求出该神经元的输出，该输出是一个非线性的数值，也就是说通过激励函数求的数值根据极限值来判断是否要激活该神经元，如图 8-2 所示。

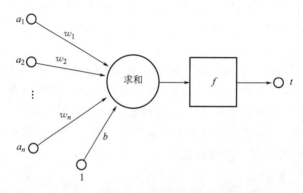

图 8-2　神经元示意

$a_1 \sim a_n$—输入向量的各个分量；$w_1 \sim w_n$—神经元各个突触的权值；b—偏置；
t—神经元输出；f—传递函数（通常为非线性函数，一般有 traingd、tansig、hardlim 等）

由此可见，一个神经元的功能是求得输入向量与权向量的内积后，经一个非线性传递函数得到一个标量结果。

单个神经元的作用：把一个 n 维向量空间用一个超平面分割成两部分（称为判断边界），给定一个输入向量，神经元可以判断出这个向量位于超平面的哪一边。

若干个神经元连接构成了神经网络。神经网络一般具有多层结构，一种常见的多层结构的前馈网络（Multilayer Feedforward Network）由三部分组成。

① 输入层（Input Layer）：众多神经元（Neuron）接收大量非线性输入信息。输入的信息称为输入向量。

② 输出层（Output Layer）：信息在神经元连接中传输、分析、权衡，形成输出结果。输出的信息称为输出向量。

③ 隐藏层（Hidden Layer）：简称"隐层"，是输入层和输出层之间众多神经元及连接组成的各个层面。隐层可以有多层，习惯上会用一层。隐层的节点（神经元）数目不定，但

数目越多神经网络的非线性越显著,从而神经网络的强健性(Robustness)更显著。习惯上会选输入节点 1.2~1.5 倍的节点。

神经网络进行学习的过程,也就是通过训练样本的校正、对各个层的权重进行校正(Learning)而建立模型的过程。具体的学习方法则因网络结构和模型不同而不同,常用反向传播算法来验证。

利用人工神经网络方法进行决策,神经网络的学习有一个收敛性问题。一般没有通常意义上的收敛,因为它取决于一些因素:第一,函数可能存在许多局部极小值,这取决于成本函数和模型;第二,使用优化方法在远离局部最小值时可能无法保证收敛;第三,对大量的数据或参数,一些方法变得不切实际。在一般情况下,理论保证的收敛不能成为实际应用的一个可靠的指南。

三、模糊决策法

模糊决策是决策的要素(如准则及备选方案等)具有模糊性的一种决策。而模糊决策法是指运用模糊数学方法来处理一些复杂的决策问题。这类问题一般具有大系统特征,系统之间的关系十分复杂,存在不能准确赋值的变量,这些变量属于模糊因素,涉及一定的主观因素,使得子系统之间、变量之间的关系不清晰,从而必须借助排序、模糊评判等方法来进行处理。

在智能车辆决策的实际应用中,也常见以上几种方法的结合,以达到取长补短的目的。如基于神经网络的模糊决策方法,能够有效避免模糊决策计算量大、隶属函数的确定带有主观性等问题。

第二节 智能车辆的运动控制

智能车辆运动控制分为纵向控制和横向控制。纵向控制是指通过对油门和制动的协调,实现对期望车速的精确跟随;横向控制实现智能车辆的路径跟踪。其目的是在保证车辆操纵稳定性的前提下,不仅使车辆精确跟踪期望道路,同时使车辆具有良好的动力性和乘坐舒适性。在智能车辆的行驶过程中,车辆的横向运动和纵向运动存在耦合关系。通常将纵向运动和横向运动进行解耦,设计两个独立互补关系的控制器,对其分别进行控制。

一、智能车辆的纵向控制

智能车辆的纵向控制包括对油门和制动的控制,以及对油门和制动控制的切换规则。

(一) 油门控制

1. 增量 PID 控制算法

在油门控制中,采用增量 PID 控制算法。增量 PID 算法为

$$\Delta u = u_t - u_t(k-1) \\ = k_p[e(k) - e(k-1)] + k_i e(k) + k_d[e(k) - 2e(k-1) + e(k-2)] \tag{8-1}$$

式中 k_p,k_i,k_d——比例、积分和微分系数;

$u_t(k)$——第 k ($k=0,1,2\cdots$) 个采样时刻的控制量;

$e(k)$——第 k 个采样时刻的速度输入偏差。

由式(8-1)得到控制量,根据传动比、伺服电机每转一圈所需的驱动脉冲数确定一个油门杆控制比例系数 $k_{\text{throttle-drive}}$,将控制量乘以该系数发送给伺服电机驱动器。

2. 坡道速度跟踪

油门控制的纯延迟较小,在算法中可以不考虑。利用这种固定系数的 PID 控制方法,对平坦路面的速度跟踪性能是可以达到要求的,但当道路情况变化时,跟踪效果误差较大。如上坡时,速度明显低于期望速度,需要较长时间才能调整到期望速度,且稳态误差较大;而下坡时,速度高于期望速度。如图 8-3 所示是智能车辆坡道受力情况分析。图 8-3 中 g 为重力加速度;α_{slope} 表示坡道倾斜角,则智能车辆在坡道上时由重力产生的加速度为

$$j = \pm g \sin\alpha_{\text{slope}} \tag{8-2}$$

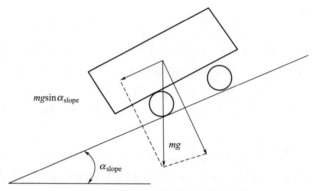

图 8-3 智能车辆坡道受力情况分析

下坡时受到与前进的方向相同的力,符号为正;上坡时受到与前进方向相反的力,符号为负。智能车辆行驶过程中,坡道倾斜角 α_{slope} 可以用智能车辆俯、仰角代替。智能车辆俯、仰角可通过陀螺、电子罗盘等传感器测量。智能车辆在一个控制周期内因坡道产生的速度增量为

$$\Delta v_{\text{slope}} = T\alpha_{\text{slope}} \tag{8-3}$$

再用期望速度减去该速度增量,得到新的速度偏差。

$$e = v_d - \Delta v_{\text{slope}} - v_1 \tag{8-4}$$

实质上改变了智能车辆在坡道上的期望速度,算法原理如图 8-4 所示。

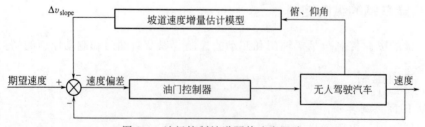

图 8-4 油门控制坡道预估速度跟踪

(二) 制动控制

人工驾驶车辆进行制动时,往往踩住制动踏板至一定行程并保持一段时间,估计车辆可

在要求的距离内达到需要的速度，就松开制动踏板。如果没有达到需要的速度，还可重新踩下制动踏板。若不是紧急制动，司机一般会根据当前车辆速度与减速距离判断制动踏板的行程。减速过程中车辆行驶一般相当平稳，即制动踏板不会频繁抖动；但在 PID 算法作为制动控制器时，与人工制动效果相差很大，制动时制动踏板出现抖动，车辆减速行驶不平稳，乘坐不适。模糊分挡式制动控制方法是为了模仿人工驾驶，减速时使制动踏板动作平缓，提高智能车辆行驶平稳性。

1. 模糊分挡式制动控制基本原理

模糊分挡是指模糊控制器的查表输出量不直接用于驱动制动踏板，而是将控制量按一定规则分为有限的 $u_1,u_2\cdots u_N$（$N\geqslant 1$）行程挡。为了减少制动踏板的频繁动作，分挡应尽量少。这样，当制动踏板到达某一行程挡后，稳定时间就可适当延长，从而保证了行驶平稳性。

模糊制动控制框图如图 8-5 所示。速度偏差 $e(k)$ 和一个控制周期内的速度偏差变化量 $ec(k)$［即 $e(k)-e(k-1)$，可代表智能车辆加速度］分别乘以速度偏差变换比例系数 k_{fe} 和速度偏差变化量变换比例系数 k_{fec} 后再进行均匀模糊量化，得到 $fe(k)$ 和 $fec(k)$。其量化如表 8-1 所示，论域为 ［-6，+6］。然后利用 $fe(k)$ 和 $fec(k)$ 查模糊控制规则表得到模糊控制表输出量 $fu(k)$。$fu(k)$ 经过滤波后得到 $fu_{\text{filter}}(k)$，$fu_{\text{filter}}(k)$ 同时也是进行油门控制与制动控制切换的判据，通过分挡规则调整得到分挡控制输出 $fsu(k)$，最后乘以实际控制量比例因子 k_{fu}，转换成实际控制量 $u_b(k)$。模糊控制规则表是通过离线模糊推理计算得到的。下面对模糊规则控制表的推理过程、滤波分挡规则以及输入输出比例系数的确定进行详细说明。

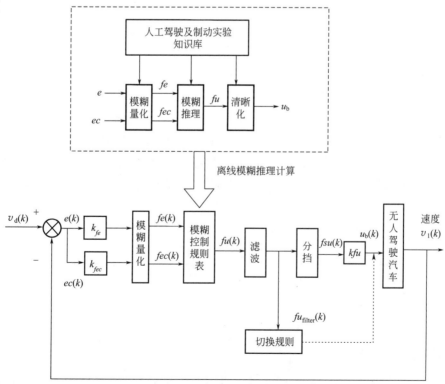

图 8-5　模糊制动控制框图

表 8-1 速度偏差与偏差变化量的均匀模糊量化

量化等级	−6	−5	−4	−3	−2	−1	0	1	2	3	4	5	6
变化范围	≤−5.5	(−5.5 −4.5]	(−4.5 −3.5]	(−3.5 −2.5]	(−2.5 −1.5]	(−1.5 −0.5]	(−0.5 0.5]	(0.5 1.5]	(1.5 2.5]	(2.5 3.5]	(3.5 4.5]	(4.5 5.5]	>5.5

2. 模糊控制规则推理

设模糊控制器中经模糊量化后的输入变量 fe、fec 以及模糊控制变量 fu 的论域分别为 FE、FEC 和 FU,模糊语言变量值集合分别为 $T(fe)$、$T(fec)$ 和 $T(fu)$。模糊语言变量值有 NB(负大)、NM(负中)、NS(负小)、ZE(零)、PS(正小)、PM(正中)和 PB(正大)。且有

$$FE、FEC、FU \in \{-6,-5,-4,-3,-2,-1,0,1,2,3,4,5,6\}$$
$$T(fe)、T(fec) = \{NB,NM,NS,ZE,PS,PM,PB\}$$
$$T(fu) = \{NM,NS,ZE,PS,PM\}$$

各模糊语言变量值的隶属度函数如表 8-2 所示。

表 8-2 各模糊语言变量值的隶属度函数

项目	−6	−5	−4	−3	−2	−1	0	1	2	3	4	5	6
PB	0	0	0	0	0	0	0	0	0.1	0.4	0.8	1
PM	0	0	0	0	0	0	0	0	0.2	0.7	1	0.7	0.2
PS	0	0	0	0	0	0.1	0.4	0.8	1	0.8	0.4	0.1	0
ZE	0	0	0	0.1	0.4	0.8	1	0.8	0.4	0.1	0	0	0
NS	0	0.1	0.4	0.8	1	0.8	0.4	0.1	0	0	0	0	0
NM	0.2	0.7	1	0.7	0.2	0	0	0	0	0	0	0	0
NB	1	0.8	0.4	0.1	0	0	0	0	0	0	0	0	0

根据人工驾驶制动经验和多次制动控制实验结果,制定了如表 8-3 所示的模糊控制规则。表 8-3 中 NM 和 NS 表示制动,ZE 表示不动作,而 PS 和 PM(表中用括号标示)则没有实际意义。制定控制输出量只是为了作为油门控制和制动控制的切换判据。在制定控制规则时,考虑到油门踏板完全松开时,智能车辆也可以依靠行驶阻力减速,故这时不需要进行制动控制。还可以采用 PRODUCT-SUM-GRAVITY(积-和-重心)方法进行模糊推理和清晰化,也称中位数法,或者 LARSEN 积运算。

表 8-3 制动控制模糊控制规则

项目	NB	NM	NS	ZE	PS	PM	PB
NB	NM	NM	NM	NS	NS	NS	ZE
NM	NM	NM	NS	NS	NS	ZE	ZE
NS	NM	NS	NS	NS	ZE	(PS)	(PS)
ZE	NS	NS	ZE	ZE	(PS)	(PS)	(PM)
PS	ZE	ZE	ZE	(PS)	(PS)	(PM)	(PM)

续表

项目	NB	NM	NS	ZE	PS	PM	PB
PM	ZE	ZE	(PS)	(PS)	(PM)	(PM)	(PM)
PB	ZE	(PS)	(PS)	(PM)	(PM)	(PM)	(PM)

3. 分挡式控制规则

在实际控制过程中，模糊控制表的控制输出量 $fu(k)$ 抖动很大，如果直接乘以实际控制量比例因子 k_{fu} 转换成实际控制量 $u(k)$ 去驱动伺服电机，则制动踏板位置不稳定，导致智能车辆行驶平稳性差。即使是经过滤波，也会有抖动现象。为了保证智能车辆行驶的平稳性，可以将滤波后的控制量 $fu_{\text{filter}}(k)$ 按一定规则分挡，形成台阶式输出，从而使制动踏板在一定时间内位置固定。分挡间隔应该大于模糊控制输出变量论域元素之间的最大间隔，以保证分挡后控制量曲线在上升过程中递增，在下降过程中递减，这样可以使制动踏板从零位拉紧到最大位置的过程中，减少来回抖动的次数。为补偿滤波带来的控制量减小和滞后的损失，可将控制量做适当的放大。

分挡规则示意如图 8-6 所示，一般情况下，可以分为有限的几挡。因模糊论域为 [−6，+6]，元素间隔为 1，小于零的元素为 6 个。这里按 3 挡举例说明，规则如下。

① 若 $0 > fu_{\text{filter}}(k) \geqslant p_{\text{ctrl}_1}$，则 $fsu(k) = 0$。
② 若 $p_{\text{ctrl}_1} > fu_{\text{filter}}(k) \geqslant p_{\text{ctrl}_2}$，则 $fsu(k) = \text{step}_1$。
③ 若 $p_{\text{ctrl}_2} > fu_{\text{filter}}(k) \geqslant p_{\text{ctrl}_3}$，则 $fsu(k) = \text{step}_2$。
④ 若 $p_{\text{ctrl}_3} > fu_{\text{filter}}(k)$，则 $fsu(k) = \text{step}_3$。

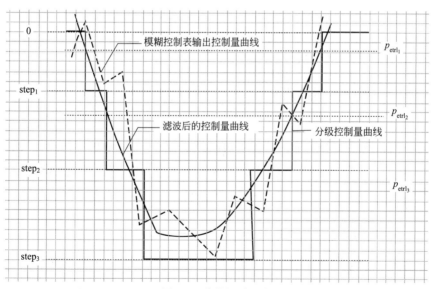

图 8-6 分挡规则示意

4. 输入输出控制变换比例系数的确定

模糊控制器中，速度偏差比例系数 k_{fe}、速度偏差变化量比例系数 k_{fec} 以及实际控制量比例因子 k_{fu} 对系统性能有比较大的影响。k_{fe} 过小将引起较大的稳态误差，而过大则会导致超调量变大；k_{fec} 过小将使系统响应性能变差，收敛速度减慢，而过大将导致上升时间增加,稳态误差变大,同时超调量会减小;k_{fu} 过小将导致上升时间增加,收敛速度加快,而过大则作用相反。

对智能车辆速度控制而言,设速度偏差最小值、最大值分别为 $e_{\min}$、$e_{\max}$,模糊控制器模糊变量论域为 $[e_{1_{\min}}, e_{1_{\max}}]$,采用线性变换,则系数为

$$fe = \frac{e_{1_{\min}} + e_{1_{\max}}}{2} + k_{fe}\left(e - \frac{e_{\max} - e_{\min}}{2}\right) \tag{8-5}$$

其中

$$k_{fe} = \frac{e_{1_{\max}} - e_{1_{\min}}}{e_{\max} - e_{\min}} \tag{8-6}$$

若设速度偏差变化量最小值、最大值分别为 $ec_{\min}$、$ec_{\max}$,模糊控制器模糊变量论域为 $[ec_{1_{\min}}, ec_{1_{\max}}]$,采用线性变换,则系数为

$$fec = \frac{ec_{1_{\min}} + ec_{1_{\max}}}{2} + k_{fe}\left(e - \frac{ec_{\max} - ec_{\min}}{2}\right) \tag{8-7}$$

其中

$$k_{fe} = \frac{ec_{1_{\max}} - ec_{1_{\min}}}{ec_{\max} - ec_{\min}} \tag{8-8}$$

同理,若实际控制量最小值、最大值分别为 $u_{b_{\min}}$、$u_{b_{\max}}$,模糊控制器控制变量论域为 $[u_{bl_{\min}}, u_{bl_{\max}}]$,采用线性变换,则控制量有

$$u_b = \frac{u_{b_{\min}} + u_{b_{\max}}}{2} + k_{fu}\left(fu - \frac{u_{bl_{\max}} - u_{bl_{\min}}}{2}\right) \tag{8-9}$$

其中

$$k_{fu} = \frac{u_{b_{\max}} - u_{b_{\min}}}{u_{bl_{\max}} - u_{bl_{\min}}} \tag{8-10}$$

(三) 油门与制动的切换规则

油门控制与制动控制的及时、顺利切换是减小速度跟踪误差并保证智能车辆行驶平稳性的关键。切换规则中利用油门控制器输出控制量 u_t 和制动控制器输出滤波后的控制量 $fu_{\text{filter}}(k)$ 符号进行判断。同时,引入速度偏差 e 判据。纵向控制系统控制框图,如图 8-7 所示。

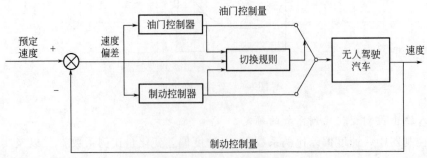

图 8-7 纵向控制系统控制框图

切换规则如下(u 表示选择的控制量)。

$$u = \begin{cases} u_t & (e \geqslant -0.5 \text{m/s}) \\ \begin{cases} u_b (u_t < 0, f u_{\text{filter}} < 0) \\ u_t (\text{其他}) \end{cases} & (e < -0.5 \text{m/s}) \end{cases} \qquad (8\text{-}11)$$

二、基于航向预估的智能车辆横向控制

航向跟踪是智能车辆路径跟踪的基础，而位置偏差和航向偏差最后都转化为航向偏差。因此，精确的航向跟踪是实现路径跟踪的前提条件。智能车辆是一个高度非线性化、具有较大延迟的复杂系统，而对于这样的系统，建立精确的数学模型十分困难。在进行航向跟踪控制时，参数的变化对系统模型影响较大，其中纵向速度变化的影响最为明显。智能车辆航向跟踪一般控制方法是把期望航向与实测航向之差作为控制器输入偏差，把控制器输出控制量作为智能车辆的期望前轮偏角。智能车辆的航向与其纵向速度、横向速度、前轮偏角、绕重心的转动惯量，重心位置，前、后轮侧偏系数，以及实际道路情况等诸多因素有关。在常规控制方法中，只考虑了期望航向与实际航向的偏差，而未能包含其他因素的影响，因此难以达到满意的控制效果。当系统参数，特别是某些敏感参数发生变化时，就必须重新设定控制器参数。例如，用常规 PID 控制器进行航向跟踪实验，在某一纵向速度下整定好 PID 控制参数，即使当纵向速度发生很小变化时，也必须重新整定 PID 参数，否则控制性能变坏，超调较大，甚至出现振荡。它表现在路径跟踪实验中，则是在一定速度下能较好地完成弯道或急弯等路径跟踪任务，而速度变化后，跟踪误差变大或出现大幅度振荡。因此，在智能车辆航向跟踪控制中，控制方法应该能对纵向速度等影响因素有一定的自适应能力。航向跟踪预估控制方法就是在这一背景下提出的。

（一）二自由度动力学模型

智能车辆（后轮驱动，前轮转向）有纵向、横向、垂直方向的平动以及侧倾、俯仰、横摆 3 个方向的转动。其中，横向运动和横摆运动基本上是由转向操纵产生的。当横向加速度和横摆角速度较小时，常采用简化的二自由度动力学模型，如图 8-8 所示。

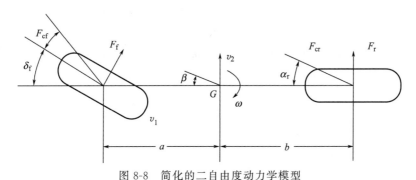

图 8-8 简化的二自由度动力学模型

图 8-8 中 G 为重心；F_{cf}、F_{cr} 分别为前、后轮受到的侧向力；δ_f、α_r 是前、后轮侧偏角；β 为重心侧偏角。其微分方程为

$$I_z \dot{\omega} + \frac{2(a^2 C_f + b^2 C_r)}{v_1} \omega + \frac{2(a C_f - b C_r)}{v_1} v_2 = 2a C_f \delta_f \qquad (8\text{-}12)$$

$$m\dot{v}_2 + \left[mv_1 + \frac{2(aC_f - bC_r)}{v_1}\right]\omega + \frac{2(C_f + C_r)}{v_1} = 2C_f\delta_f \tag{8-13}$$

式中 I_z——车辆绕重心的转动惯量，kg·m²；

m——车辆质量，kg；

C_f, C_r——前、后轮侧偏系数，N/rad，只考虑单侧车轮；

v_1, v_2——车辆纵向速度、横向速度，m/s；

a, b——前、后车轴到重心的距离，m；

ω——车辆横摆角速度，rad/s；

δ_f——前轮偏角，rad。

在如图 8-9 所示的智能车辆路径跟踪示意中，将智能车辆转向机构视为一阶惯性环节。

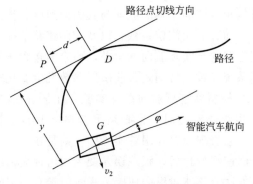

图 8-9 智能车辆路径跟踪示意

假设以下两个条件成立：一是车辆横向速度与纵向速度的比值 v_1/v_2 很小，即 $v_1 \gg v_2$；二是航向偏差 φ 很小，且不计实际路径的影响，可得出系统状态空间的表达式。

其中，式(8-14)表示应用于航向跟踪的系统状态方程，而式(8-15)表示应用于路径跟踪的系统状态方程。

$$\begin{bmatrix}\dot{\omega}\\\dot{v}_2\\\dot{\varphi}\\\dot{\delta}_f\end{bmatrix} = \begin{bmatrix} -\frac{2(a^2C_f + b^2C_r)}{I_z v_1} & -\frac{2(aC_f - bC_r)}{I_z v_1} & 0 & \frac{2aC_f}{I_z} \\ -v_1 - \frac{2(aC_f - bC_r)}{mv_1} & -\frac{2(C_f + C_r)}{mv_1} & 0 & \frac{2C_f}{m} \\ 1 & 0 & 0 & 0 \\ 0 & 0 & 0 & -\frac{1}{\tau} \end{bmatrix} \begin{bmatrix}\omega\\v_2\\\varphi\\\delta_f\end{bmatrix} + \begin{bmatrix}0\\0\\0\\\frac{1}{\tau}\end{bmatrix}\delta_d \tag{8-14}$$

$$\begin{bmatrix}\dot{\omega}\\\dot{v}\\\dot{\varphi}\\\dot{y}\\\dot{\delta}_f\end{bmatrix} = \begin{bmatrix} -\frac{2(a^2C_f + b^2C_r)}{I_z v_1} & -\frac{2(aC_f - bC_r)}{I_z v_1} & 0 & 0 & \frac{2aC_f}{I_z} \\ -v_1 - \frac{2(aC_f - bC_r)}{mv_1} & -\frac{2(C_f + C_r)}{mv_1} & 0 & 0 & \frac{2C_f}{m} \\ 1 & 0 & 0 & 0 & 0 \\ 0 & 1 & v_1 & 0 & 0 \\ 0 & 0 & 0 & 0 & -\frac{1}{\tau} \end{bmatrix} \begin{bmatrix}\omega\\v_2\\\varphi\\y\\\delta_f\end{bmatrix} + \begin{bmatrix}0\\0\\-v_1\rho\\0\\\frac{\delta_d}{\tau}\end{bmatrix} \tag{8-15}$$

（二）航向预估算法原理

在实际的航向控制过程中，控制器根据期望航向与智能车辆实际航向得到航向偏差，计算控制量，而当执行机构执行这一控制量时，要经过一个采样周期，这时智能车辆的实际航向已经改变，即控制量执行时已有一个采样周期的滞后。而且，采样周期一定时，智能车辆纵向速度或其他影响因素不同时，航向的变化量也不一样。

航向预估算法的基本思想是预测智能车辆航向变化趋势，并将其计入控制偏差，这样航向变化趋势就可以影响控制器的输出，即智能车辆的前轮偏角。航向跟踪预估控制框图如图 8-10 所示。

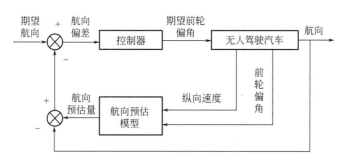

图 8-10　航向跟踪预估控制框图

智能车辆在进行航向跟踪控制时，只要求出智能车辆的横摆角速度，就能得到航向偏差角变化率。航向偏差角变化率与采样周期的乘积，即智能车辆在一个采样周期内的航向变化量。若设控制器采样周期为纵向速度与前轮速度近似，则智能车辆航向在一个控制周期内的变化量 $\Delta\theta(\mathrm{rad})$ 可以近似地计算为

$$\Delta\theta = \frac{v_1 T \sin\delta_f}{a+b} \tag{8-16}$$

在式（8-16）中，纵向速度 v_1 和前轮偏角 δ_f 是在当前采样周期内测得的，在下一个控制周期内会有所变化，但由其变化的连续性，计算得到的 $\Delta\theta$ 作为下一个控制周期内智能车辆的航向变化估计量是可行的，$\Delta\theta$ 被称为智能车辆在下一个控制周期内的航向变化预估量，以下简称航向预估量。

在控制算法中，智能车辆当前航向与航向预估量之和作为航向反馈量，期望航向与航向反馈量的差值作为控制器的输入偏差。

在实验中，航向预估控制方法和与之对比的常规控制方法的控制器均采用增量 PID 算法，且两者的比例、积分和微分系数一样。

三、基于滑模变结构理论的智能车辆横向控制

（一）自动转向控制系统结构

自动转向控制系统作为智能车辆车体控制系统中的重要组成部分，主要通过控制车辆的横向运动，使车辆精确跟踪期望道路。因此，其控制性能和品质直接影响智能车辆的智能行为表现。同时，由于智能车辆行驶工况的复杂性，自动转向控制系统不仅受到已知或未知的

干扰作用,而且智能车辆的车速变化范围较大,因此如何设计鲁棒性好并且适应车速变化的自动转向控制系统是智能车辆技术中关键的问题之一。

纵观国内外智能车辆发展历史和现状,自动转向控制算法的设计涉及经典控制理论、现代控制理论以及智能控制理论。学者们将 PID 控制、预测控制、最优控制、极点配置、H_∞ 控制、模糊控制、模型预测控制等理论应用于智能车辆转向控制系统中,以求良好的控制性能。由于智能车辆在行驶过程中受到干扰和不确定性的作用,因此所设计的自动转向控制算法必须对这些干扰具有鲁棒性和适应性。滑模变结构控制作为一种鲁棒控制策略,对干扰和不确定性具有较强的鲁棒性和抗干扰性。

以下以滑模变结构控制理论为基础,探讨滑模变结构控制理论在自动转向控制系统中的应用。

1. 自动转向控制系统模型

自动转向控制系统是通过控制前轮偏角实现对智能车辆横向运动的精确控制,以保证车辆沿期望道路行驶。因此,自动转向控制系统的输入为期望前轮偏角,而输出则为车辆与道路之间的偏差信号或车辆行驶状态。车辆与道路之间的偏差信号包括横向位置偏差、方向偏差以及它们的变化率等,而车辆行驶状态是指横摆角速度、质心侧偏角(或横向速度)等。具体以哪些物理量作为输出量,取决于自动转向控制系统的结构。

对自动转向控制系统进行建模,包括车辆-道路系统动力学模型和转向执行机构动力学模型。为简化分析和方便控制器的设计,进行如下假设:

① 质心处的曲率和预瞄点处的曲率相同;
② 曲率变化率为 0。

可得到自动转向系统状态方程为

$$\dot{x} = Ax + Bw + D\rho_L \Rightarrow$$

$$\Rightarrow \begin{bmatrix} \dot{x}_1 \\ \dot{x}_2 \\ \dot{x}_3 \\ \dot{x}_4 \\ \dot{x}_5 \\ \dot{x}_6 \end{bmatrix} = \begin{bmatrix} 0 & 1 & 0 & 0 & 0 & 0 \\ \alpha_{21} & \alpha_{22} & 0 & \alpha_{24} & \alpha_{25} & 0 \\ 0 & 0 & 0 & 1 & 0 & 0 \\ \alpha_{41} & \alpha_{42} & 0 & \alpha_{44} & \alpha_{45} & 0 \\ 0 & 0 & 0 & 0 & 0 & 1 \\ 0 & 0 & 0 & 0 & \alpha_{65} & \alpha_{66} \end{bmatrix} \begin{bmatrix} x_1 \\ x_2 \\ x_3 \\ x_4 \\ x_5 \\ x_6 \end{bmatrix} + \begin{bmatrix} 0 \\ 0 \\ 0 \\ 0 \\ 0 \\ \beta_{61} \end{bmatrix} \omega + \begin{bmatrix} 0 \\ \gamma_{21} \\ 0 \\ \gamma_{41} \\ 0 \\ 0 \end{bmatrix} \rho_L \quad (8\text{-}17)$$

式中,状态变量 $x = [x_1, x_2, x_3, x_4, x_5, x_6]^T = [x_{e_1}, x_{e_2}, x_{e_3}, x_{e_4}, x_{a_1}, x_{a_2}]^T$。其中,$x_{e_i}(i=1,2,3,4)$ 依次表示质心处的方向偏差及其变化率,预瞄点处的横向位置偏差及其变化率;控制输入 ω 为期望前轮偏角 δ_{fd};干扰输入为道路曲率 ρ_L;矩阵的各元素分别为:$\alpha_{21} = -ua_{21}, \alpha_{22} = a_{22} - La_{21}, \alpha_{24} = a_{21}, \alpha_{25} = b_{21}, \alpha_{41} = -ua_{11} - uLa_{21}, \alpha_{42} = a_{12} + La_{22} - La_{11} - L^2a_{21} + u, \alpha_{44} = a_{11} + Lb_{21}, \alpha_{45} = b_{11} + Lb_{21}, \alpha_{65} = -\omega_n^2, \alpha_{66} = -2\xi\omega_n, \beta_{61} = -\omega_n^2, \gamma_{21} = ua_{22}, \gamma_{41} = ua_{12} + uLa_{22}$。

由于转向系统受几何和功率限制,实际前轮偏角以及它的变化率是有约束的,同时期望前轮偏角也要满足该限制条件,因此对于状态方程[式(8-17)]需要有约束条件加以描述,即

$$\begin{cases} |x_5| \leqslant \delta_{f_{\max}} \\ |x_6| \leqslant \dot{\delta}_{f_{\max}} \\ |w| \leqslant \delta_{f_{\max}} \end{cases} \qquad (8\text{-}18)$$

式中 x_5——实际前轮偏角；

x_6——实际前轮偏角的变化率；

$\delta_{f_{\max}}, \dot{\delta}_{f_{\max}}$——前轮偏角和前轮偏角变化率的最大值，取值为正，单位分别为 rad，rad/s。

2. 自动转向控制系统框图

在确定控制系统结构之前，首先分析自动转向控制模型 [式(8-17)] 是否满足滑模变结构控制的匹配条件。根据控制系统满足匹配条件的充分必要条件可知，模型 [式(8-17)] 中 $\text{rank}(B, D) \neq \text{rank}(B_t)$，因此不满足匹配条件。也就是说，道路曲率干扰不满足滑模控制的匹配条件，因此滑动模态将受到道路曲率干扰而不能在有限时间内到达。然而，对于智能车辆而言，前方道路曲率是已知的，即干扰已知。对于已知的道路曲率干扰，可以采用前馈控制进行抑制。前馈控制是基于已知干扰的预先控制方法，不仅可以提高控制系统对干扰的动态响应性能，同时可以减小反馈系统所具有的波动和时滞性。前馈控制的引入将大大提高自动转向系统的道路跟踪性能。前馈控制量主要克服道路曲率对自动转向系统的影响，按照横向位置偏差为 0 的条件并利用动力学模型进行计算。而反馈控制算法基于滑模变结构控制理论进行设计，在系统存在不确定性、有外界干扰等条件下，控制系统具有较好的鲁棒性和适应性。

根据上述分析，搭建如图 8-11 所示的自动转向控制系统。

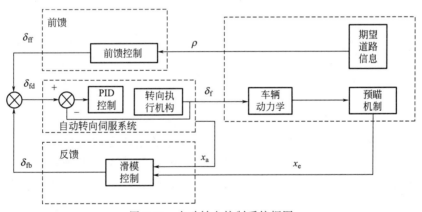

图 8-11 自动转向控制系统框图

图 8-11 中，期望前轮偏转角 δ_{fd} 输入实际前轮偏角 δ_f 之间的转向执行机构视为位置伺服控制系统。通过车辆横向动力学输出并结合预瞄机制和期望的道路信息来获取预瞄点处的偏差及变化率 x_e，而安装在自动转向伺服系统的转角传感器给出前轮偏角及其变化率 x_a，自动转向滑模控制算法依据状态变量计算反馈系统的期望前轮偏角 δ_{fb}，前馈控制器根据前方道路曲率信息计算前馈系统的期望前轮偏角 δ_{ff} 和道路曲率 ρ。前馈量和反馈量之和作用于自动转向控制系统，改变车辆动态运动，保持车辆始终沿着期望道路行驶。所需满足的性能指标，必须在自动转向控制算法设计时给予考虑，即控制算法中控制参数的选取直接影响性能指标，因此控制算法设计以后，需要分析控制参数对系统性能的影响。

其中,基于曲率的前馈控制有助于提高车辆行驶的乘坐舒适性,但仅靠前馈控制跟踪道路时存在较大的横向位置偏差,而该偏差需要通过反馈控制系统进行补偿修正。基于偏差的反馈控制系统,目的是消除由外界干扰和系统不确定性而产生的横向位置偏差及方向偏差。

(二) 基于滑模变结构的智能车辆横向控制

正如前所述,若期望道路为直道,反馈控制需要克服由系统不确定和外界干扰引起的偏差,保证车辆沿直道行驶;若期望道路为曲线,则需要加入前馈控制,以补偿道路曲率的干扰,再由反馈控制系统消除由于横向风、系统不确定性等引起的系统偏差。故系统模型 [式(8-17)] 可被简化为

$$\dot{x} = Ax + B\delta_{\text{fd}} \tag{8-19}$$

自动转向控制系统需要对质量、车速和轮胎侧偏刚度的变化具有较强的鲁棒性,因此控制算法必须对已知的道路曲率干扰、外界未知干扰和系统等不确定引起的干扰具有良好的鲁棒性和自适应性。

1. 基于滑模变结构控制理论的反馈控制

具有滑动模态的变结构控制系统,即滑模变结构控制系统,不仅对系统的不确定因素具有较强的鲁棒性和抗干扰性,而且可以通过滑动模态的设计获得满意的动态品质,同时又有控制简单、易于实现的特点。滑模变结构控制与常规控制的根本区别在于控制的不连续,即一种使系统"结构"随时变化的开关特性。

滑模变结构控制系统的基本原理是当系统状态穿越状态空间的滑动超平面时,反馈控制的结构发生变化,从而使系统性能达到某个期望指标。由此看出,滑模变结构系统是通过控制器本身结构的变化,使系统性能保持一直高于一般固定结构控制所能达到的性能,突破了经典线性控制系统的品质限制,较好地解决了动态性能指标与静态性能指标之间的矛盾。

变结构控制系统按照设计思路,可把变结构控制系统的运动分为两个阶段进行研究和设计。第一阶段为趋近运动,此时系统状态由任意初始状态位置向滑动模态 [令 $s(x)$ 为切换函数,则 $s(x)=0$ 就是滑动模态] 运动,直到进入滑动模态。该阶段中 $s(x) \neq 0$,此时的设计任务是使系统能够在任意状态进入并到达滑动模态。第二阶段为滑模运动,此时系统状态进入滑动模态并沿着滑动模态运动。在该阶段中 $s(x)=0$,此时的设计任务是保证 $s(x)=0$,并使此时的等效运动具有期望的性能。因此,可以将滑模变结构控制系统的设计也分为两个部分。首先设计切换函数,使其所确定的滑动模态渐近稳定且具有良好的动态品质。然后设计滑动模态控制律,满足到达条件,从而在切换面上形成滑动模态区,使系统具有所需的控制性能。

根据自动转向系统的分析,得知道路曲率不为 0 时,方向偏差等于负的质心侧偏角,即偏差系统的状态变量 x_e 收敛于平衡点 $x_{e_{\text{eq}}} = [-\beta_{\text{ss}}, 0, 0, 0]^T$。此处,自动转向执行机构动力学模型的状态变量 x_a 收敛于平衡点 $x_{a_{\text{eq}}} = [\delta_{\text{ff}}, 0]^T$。因而提出如图 8-12 所示的控制系统。通过加入稳态质心侧偏角和前馈控制量重构原系统的状态变量 x,得到收敛于原点的状态变量 $\tilde{x}$,并基于新状态变量 $\tilde{x}$ 设计滑模控制算法。

切换函数的设计:滑模变结构控制系统中切换函数的选取直接影响滑模运动的稳定性和动态品质,且涉及滑动模态的存在性、可达性以及滑模运动的稳定性问题,因此需要根据自动转向系统的动态性能指标要求进行合理选取。根据切换函数的形式不同,设计方法有极点配置、二次型最优等。其中,极点配置设计方法简单、直观,同时所配置的期望极点直接决

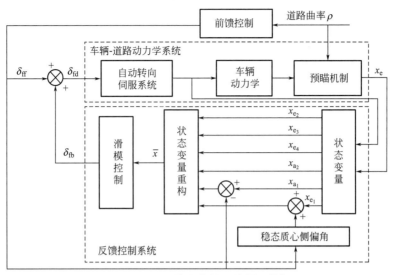

图 8-12 基于滑模变结构的控制系统框图

定了滑动模态的动态品质和性能,这里采用极点配置的方法设计线性切换函数。

令切换函数为

$$s = C\tilde{x} \tag{8-20}$$

式中 C——切换函数矩阵;

$\tilde{x}$——新的状变量。

$$\tilde{x}[x_e - x_{e_{eq}}; x_a - x_{a_{eq}}] = [x_{e_1} + \beta_{ss}, x_{e_2}, x_{e_3}, x_{e_4}, x_{a_1} - \delta_{ff}, x_{a_2}]^T \tag{8-21}$$

式中 β_{ss}——稳态的质心侧偏角。

设计切换函数 s 就是确定矩阵 C,采用极点配置方法设计矩阵 C。基于 Ackermann 公式的滑模变结构控制方法,通过 Ackemiann 极点配置公式设计滑动模态的极点。根据自动转向滑模变结构控制系统的动态品质和性能指标,设计等效控制的闭环极点 p_1、p_2、p_3、p_4、p_5 和 p_6,其中 p_1、p_2、p_3、p_4、p_5 作为超平面上滑动模态的特征根,而 p_6 取任意值。由 Ackermann 极点配置公式得到矩阵 C 为

$$C = [0\ 0\ 0\ 0\ 1][B\ AB\ A^2B\ A^3B\ A^4B]^{-1} q(A) \tag{8-22}$$

式(8-22)中,A 和 B 为式(8-19)中的系统矩阵和控制矩阵,而 $q(A)$ 由式(8-23)表示。

$$q(A) = (A - Ip_1)(A - Ip_2)(A - Ip_3)(A - Ip_4)(A - Ip_5) \tag{8-23}$$

滑动模态期望极点的选取直接影响滑动模态的特征根,从而影响闭环系统的动态响应。就智能车辆运动控制的自动转向系统而言,需要从以下两个方面确定滑动模态的期望极点:一是从智能车辆行驶舒适性的要求出发,为保证横向加速度满足约束条件,在不同车速下对前轮偏角及其变化率进行限制,导致自动转向系统的控制不能受限而产生任意的控制作用,即不能满足快速的动态响应要求,而在更恶劣的情况下,还可能不满足自动转向滑模变结构反馈系统稳定性要求;二是在满足行驶舒适性的前提下,尽量提高动态响应速度,以满足自动转向动态品质和滑动模态的稳定性。因此,综合考虑控制受限和动态品质两种情况,期望的动态响应速度不宜过快,即期望极点不宜出现在离虚轴过远处。

在设计切换函数之后，需要求解控制律。下面采用趋近律方法设计滑模控制律。趋近律法通过设计趋近运动的形式，提高变结构控制系统的动态品质，特别是趋近运动的品质，这有利于提高自动转向控制系统路径跟踪的动态品质。

采用指数趋近律，即

$$\dot{s} = -\varepsilon \text{sgn}(s) - ks \tag{8-24}$$

式中　ε, k——等速趋近律参数和指数趋近律参数，取值为正；
　　　s——切换函数；
　　　sgn——符号函数。

对式(8-20)求导，并代入式(8-24)得滑模控制律为

$$\delta_{\text{fd}} = -(CB)^{-1}[CA\tilde{x} + ks + \varepsilon \text{sgn}(s)] \tag{8-25}$$

为减小系统抖振问题，用饱和函数 sat 代替符号函数 sgn，即

$$\delta_{\text{fd}} = -(CB)^{-1}[CA\tilde{x} + ks + \varepsilon \text{sat}(s)] \tag{8-26}$$

这种控制系统被称为具有准滑动模态的变结构控制系统，能够有效抑制变结构系统的抖振问题。饱和函数 sat 定义为

$$\text{sat} = \begin{cases} 1 & s > \Delta_b \\ \dfrac{s}{\Delta_b} & |s| \leqslant \Delta_b \\ -1 & s < -\Delta_b \end{cases} \tag{8-27}$$

式中　Δ_b——边界层，这里取值为 $\Delta_b = 0.001$。

从滑模变结构控制律［式(8-27)］可以看出，控制参数 ε 和 k 对控制律的影响较大。等速趋近律参数 ε 表示到达切换面的速率。其值越大，由初始状态到达切换面的时间越短，但是若 ε 太大，又会引起抖振。指数趋近律参数 k 表示趋近运动的收敛速率。其值越大，趋近运动速率越快，到达切换面的时间越短。为了使趋近运动加快，并削弱抖振，可以减小 ε，增大 k。自动转向滑模变结构控制系统在要求具有良好的动态响应特性的同时，也需要满足横向加速度、横向冲击度等约束条件。因此，ε 和 k 的选取不宜过大，在满足约束条件的情况下，可适当减小 ε，增大 k。

控制参数包括期望极点 $p_i(i=1\sim5)$ 以及趋近律参数 ε 和 k。由于自动转向系统的控制受限，因此不能产生任意的控制效果，而在更恶劣的情况下，还可能导致系统不稳定，且切换面和控制律参数是相互影响的。因此，选取合理的期望极点以及趋近律参数可以保证系统稳定并具有良好的动态品质。

为分析方便，滑动模态的期望极点 p 选取为负实数，指数趋近律参数 k 取 0，只考虑等速趋近律参数 ε 和期望极点 p 对自动转向变结构控制系统的影响。通过大量的仿真分析发现，p 和 ε 的取值直接影响变结构系统的稳定性。这里给出某一工况下，使系统稳定的 p 和 ε 边界值，如图 8-13 所示。

图 8-13 表示，如果 p 或 ε 的取值超出边界曲线，则会造成闭环系统不稳定。在稳定区域内，p 的绝对值越大，系统动态响应越快；ε 越大，状态到达切换面的速率越快。自动转向滑模变结构控制系统要求在满足稳定性的前提下，p 和 ε 越大越好，但与图 8-13 显示相矛盾。闭环系统首先应保证较快的动态响应，再通过减小 ε 来削弱变结构系统的抖振。另外，到达切换面的速率通过选取 k 得到补偿。大量的仿真试验结果表明，k 较大时，系统的动态响应太快，会导致闭环系统不稳定。

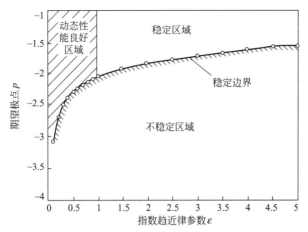

图 8-13　某一工况下使控制系统稳定的边界值

自动转向滑模变结构控制系统稳定性分析如下。

在不考虑控制受限的情况下，选取 Lyapunov 函数为

$$V(\widetilde{x}) = \frac{1}{2} s(\widetilde{x})^T s(\widetilde{x}) \tag{8-28}$$

对时间求导可得

$$\dot{V}(\widetilde{x}) = s(\widetilde{x}) \dot{s}(\widetilde{s}) = -ks^2 - \varepsilon |s| \tag{8-29}$$

因此，只要 $k>0$ 且 $\varepsilon>0$，则 $\dot{V}(\widetilde{x})<0$。所以，控制系统是稳定的。

2. 基于 Backstepping 的自适应滑模控制

本小节探讨基于 Backstepping 设计方法的自适应滑模控制技术在智能车辆转向控制中的应用。Backstepping 设计方法，又称反演设计方法、反步法、回推法或后推法。通常与 Lyapunov 型自适应律一起使用，综合考虑控制律和自适应律，使整个闭环控制系统满足期望的动态、静态性能指标。Backstepping 设计方法的基本思想是将复杂的非线性或线性系统分解成不超过系统阶次的若干子系统，对每个子系统分别设计 Lyapunov 函数，并确定满足稳定性的中间虚拟控制量，然后一直后推到整个系统，直到完成整个控制律的设计。Backstepping 设计方法通过反向设计（Recursive Design）使系统的 Lyapunov 函数和控制器设计过程系统化、结构化。

Backstepping 设计方法实际上是一种逐步递推的设计方法，比较适合在线控制，以达到减少在线计算时间的目的。此外，在 Backstepping 设计方法中引进的虚拟控制本质上是一种静态补偿思想，前面子系统必须通过后面子系统的虚拟控制才能达到镇定的目的。

自动转向控制系统需要通过控制前轮偏角，使车辆规划轨迹的横向位置偏差和方向偏差趋向于 0。显然其控制输入数量为 1，而需要控制的物理量为 2 个。对于智能车辆道路跟踪而言，在进行自动转向控制时，要对横向位置偏差进行控制，使之趋近于 0，而方向偏差只需满足收敛条件即可。因此，这里只采用横向位置偏差及其变化率作为控制目标，使其收敛于 0。此时，视方向偏差及其变化率为系统干扰。显然该干扰可以直接通过传感器测量得到，所以是已知干扰。因此，以横向位置偏差为控制目标，基于 Backstepping 设计方法的自适应滑模控制系统的框图可由图 8-14 描述。

从图 8-14 可以看出，反馈控制系统中设计了对于未知干扰能够进行精确估计的干扰估计自适应律，以保证控制系统对外界未知干扰具有鲁棒性。同时，对于已知干扰 x_{e_1} 和 x_{e_2} 则通过模型计算 H 的值。反馈系统中只考虑了状态 x_e 而未考虑执行机构的状态 x_a。这是因为若对状态 x_a 进一步采用 Backstepping 设计方法，则会衍生出状态 x_{e_3} 和 x_{e_4} 的高阶导数。然而传感器测量结果只能给出 x_{e_3} 和 x_{e_4}，而其导数值也只能通过数值微分进行计算。这将导致控制系统难以实现。因此，设计控制器时，首先对模型进行降阶，忽略转向执行机构动力学模型的控制系统。

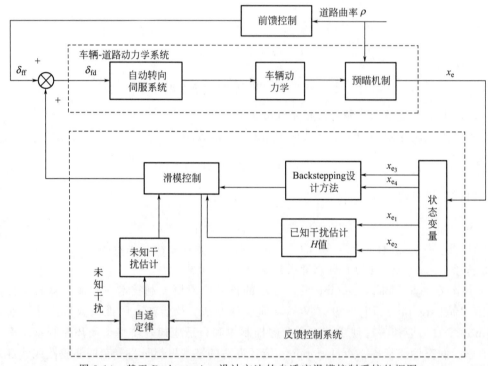

图 8-14 基于 Backstepping 设计方法的自适应滑模控制系统的框图

另外，本小节中的状态约束式［式(8-18)］右端最大值不依据乘坐舒适性条件计算，而是根据车辆所能达到的最大值进行计算。智能车辆行驶的横向加速度指标可以通过调整控制器参数得到满足。

基于上述分析，对模型进行降阶，得到二阶模型为

$$\begin{cases} \dot{x}_3 = x_4 \\ \dot{x}_4 = a_{44} x_4 + a_{45} w_d + H \end{cases}$$

$$y = \begin{bmatrix} 0 & 1 \end{bmatrix} \begin{bmatrix} x_3 \\ x_4 \end{bmatrix} \tag{8-30}$$

式中　H——方向偏差及其变化率的函数，$H = a_{41} x_1 + a_{42} x_2$（实际上 H 可通过状态计算而得，因此可被视为已知干扰）；

　　　w_d——期望输入，$w_d = x_5$，实际上就是计算得出的控制律；

　　　y——系统输出，$y = x_3$。

同时，考虑到系统不确定性和外界干扰，式(8-30) 可表示为

$$\begin{cases}\dot{x}_3=x_4\\ \dot{x}_4=a_{44}x_4+a_{45}w_d+H+\Delta\end{cases}$$

$$y=\begin{bmatrix}0 & 1\end{bmatrix}\begin{bmatrix}x_3\\ x_4\end{bmatrix} \tag{8-31}$$

式中 Δ——未知干扰,即由系统参数不确定性和外界作用力引起的干扰,如轮胎侧偏刚度变化、横向风或道路横向坡度等,其具体数值很难通过模型计算或直接测量得出。

此处控制器设计目的是求解 w_d 随时间的变化规律,在系统已知干扰和未知干扰作用下始终使输出 y 收敛于 0。对于已知干扰,可通过状态变量的组合直接计算具体值。然而对于未知干扰,其作用是无规律的、不确定的,因此只能通过自适应算法对未知干扰进行估计,以获得良好的控制效果,使系统对干扰具有较强的鲁棒性。

以下采用 Backstepping 设计方法对式(8-32)逐步计算期望控制量。

第 1 步:定义跟踪偏差函数 e_1 如下,其中 y_d 表示期望的输出量。

$$e_1=y-y_d \tag{8-32}$$

定义 Lyapunov 函数为

$$V_1=\frac{1}{2}e_1^2 \tag{8-33}$$

为使 $\dot{V}_1<0$,e_1 趋近于平衡点 0,采用作为虚拟控制输入,并记偏差 e_2 得到

$$\dot{V}_1=e_1e_2-c_1e_1^2 \tag{8-34}$$

如果 $e_2=0$,则 $\dot{V}_1<0$。为此,需要进行下一步设计。

第 2 步:对偏差 e_2 求导,得到

$$\dot{e}_2=a_{44}x_4+a_{45}w_d+H+\Delta-c_1\dot{e}_1 \tag{8-35}$$

定义 Lyapunov 函数为

$$V_2=V_1+\frac{1}{2}s^2 \tag{8-36}$$

式中 s——切换函数,选取如下。

$$s=ce_1+e_2 \tag{8-37}$$

式中 c——切换函数系数,且 $c>0$。

设计滑模变结构控制律为

$$w_d=\frac{1}{a_{45}}[-e_1-c\dot{e}_1-a_{44}e_2+a_{44}c_1e_1-c_1\dot{e}_1-H-\overline{\Delta}\operatorname{sgn}(s)-ks-\varepsilon\operatorname{sgn}(s)] \tag{8-38}$$

式中 $\overline{\Delta}$——干扰项 Δ 的上界;
c_1,c,k,ε——所需设计的控制参数。

得到

$$\begin{aligned}\dot{V}_2&=-c_1e_1^2-ce_1^2+s[-H-\overline{\Delta}\operatorname{sgn}(s)+(H+\Delta)-ks-\varepsilon\operatorname{sgn}(s)]\\ &=-c_1e_1^2-ce_1^2-\overline{\Delta}|s|+\Delta s-ks^2-\varepsilon|s|\\ &\leqslant -c_1e_1^2-ce_1^2-(\overline{\Delta}-|\Delta|)|s|-ks^2-\varepsilon|s|\leqslant 0\end{aligned} \tag{8-39}$$

因此,在控制律[式(8-38)]作用下,反馈控制系统[式(8-30)]是稳定的。

该控制律中对未知干扰 Δ 采用其上界 $\bar{\Delta}$ 设计控制律。然而，其上界是无法确定的，而且由于智能车辆行驶环境的不确定性，位置干扰的变化趋势和上界也是不确定的。因此，需要通过合适的算法对位置干扰进行估计，并采用估计值设计反馈控制律。下面就未知干扰的上界采用自适应控制律对其进行估计。

仍按照上述 Backstepping 设计方法的思路进行自适应控制律的设计。令未知干扰 Δ 的偏差为 e_3。

$$e_3 = \Delta - \hat{\Delta} \tag{8-40}$$

式中　Δ——未知干扰的准确值，这里假设未知干扰 Δ 是缓慢变化的，即 $\dot{\Delta} \approx 0$；

$\hat{\Delta}$——未知干扰的估计值。

第3步：对偏差 e_3 求导，得到

$$\dot{e}_3 = -\dot{\hat{\Delta}} \tag{8-41}$$

定义 Lyapunov 函数为

$$V_3 = V_2 + \frac{1}{2\lambda} e_3^2 \tag{8-42}$$

式中　λ——所需确定的自适应控制参数，且 $\lambda > 0$。

对式(8-42)求导，得到

$$\dot{V}_3 = s(e_1 - c_1 c e_1 + c e_2 + \alpha_{44} e_2 - \alpha_{44} c_1 e_1 + \alpha_{45} w_d + H + \hat{\Delta} + c_1 \dot{e}_1) - c_1 e_1^2 - c e_1^2 - e_3 \left(\frac{1}{\lambda} \dot{\hat{\Delta}} - s \right) \tag{8-43}$$

取自适应控制律为

$$\dot{\hat{\Delta}} = \lambda s \tag{8-44}$$

那么，自适应 Backstepping 滑模变结构控制律为

$$w_d = \frac{1}{\alpha_{45}} \left[-e_1 - c \dot{e}_1 - \alpha_{44} e_2 + \alpha_{44} c_1 e_1 - c_1 \dot{e}_1 - H - \int \lambda s \, dt - ks - \varepsilon \text{sgn}(s) \right] \tag{8-45}$$

式中　$c_1, k, \varepsilon, c, \lambda$——控制参数，其值根据自动转向系统的性能要求和期望的动态品质选取。

自适应 Backstepping 滑模控制律代入式(8-43)，得到

$$\dot{V}_3 = -c_1 e_1^2 - c e_1^2 - ks^2 - \varepsilon |s| \leqslant 0 \tag{8-46}$$

因此，在控制律 [式(8-45)] 作用下的自动转向控制系统是稳定的。

四、智能车辆路径跟踪控制

(一) 考虑环境信息与车辆约束的行驶曲线生成

1. 行驶曲线建模

行驶曲线是在未来一段时间内的行驶路线，是在运动规划中运用模型预测原理的关键。该部分首先通过验证高阶多项式曲线模型满足车辆运动微分约束，将车辆运动方程转换为高阶多项式形式，然后添加额外的自由度，用于调节曲线形状。最后，根据曲线模型选择合适的约束条件和目标函数，通过最优化计算确定行驶曲线。

首先在期望路径上以不同预瞄距离确定若干预瞄状态。对每个预瞄状态，沿其法线方向按照不同横向位置偏差确定若干个目标状态，且各目标状态航向与预瞄状态相同，然后计算当前状态和各目标状态之间的行驶曲线（图8-15）。

运动微分约束体现在行驶曲线的计算过程中。车辆的控制输入、车速和前轮偏角变化率是连续变化的，而无人驾驶车辆本身也有最小转弯半径的限制。位置连续需要曲线是连续的，前轮偏角连续要求曲线是一阶连续的，前轮偏角变化率连续要求曲线是二阶连续的，而最小转弯半径约束则要求曲线至少是二阶连续的。为了给行驶曲线增加更多的自由度，同时进一步减少曲线上的冲击度，采用五次多项式模型描述行驶曲线。

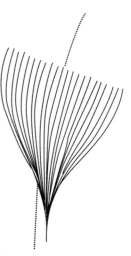

$$x(u) = x_0 + x_1 u + x_2 u^2 + x_3 u^3 + x_4 u^4 + x_5 u^5$$
$$y(u) = y_0 + y_1 u + y_2 u^2 + y_3 u^3 + y_4 u^4 + y_5 u^5$$
(8-47)

图8-15　行驶曲线集合

其中，x、y是位置参数；u是参数变量，取值范围为[0，1]。当$u=0$时，(x, y)对应起点位置；而当$u=1$时，(x, y)对应终点位置。增加额外的约束参数（η_1，η_2，η_3，η_4），并设计合理的目标函数（如平均曲率最小和曲线长度最短）和约束条件（如最大曲率不能超过无人驾驶车辆的限制），通过最优化求解确定这些调节参数得到行驶曲线。

规划的路径不仅仅是一组空间位置点的集合，路径中还以曲率的形式提供了横向控制信息，而这种横向控制信息是进行跟踪控制所必需的。路径上的曲率可以由式(8-48)计算。

$$\rho_L(u) = \frac{\dot{x}(u)\ddot{y}(u) - \ddot{x}(u)\dot{y}(u)}{[\dot{x}(u)^2 + \dot{y}(u)^2]^{\frac{3}{2}}}$$
(8-48)

图8-16给出了一组根据相同的起止点位置和不同目标航向角，以平均曲率最小为优化目标计算得到的行驶曲线。

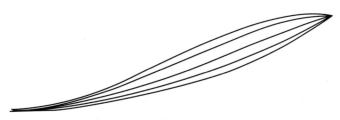

图8-16　行驶曲线计算结果示例

2. 行驶曲线评价

路径评价包含两部分内容：第一部分是对已经生成的行驶曲线进行碰撞分析，除去可能发生碰撞的部分，得到无碰撞的安全行驶曲线；第二部分是根据相应的驾驶策略对处理后的行驶曲线进行评价，得到当前驾驶策略下的一条最优行驶曲线。

（1）碰撞分析

首先根据行驶曲线上每一状态的坐标和航向增加车辆的宽度及长度信息，与构型空间中的障碍物检测结果进行比对，判断在行驶曲线上与障碍物发生碰撞的位置，仅保留此位置以前的行驶曲线。处理后行驶曲线的实际长度便是能够安全行驶的长度。对于具有相同横向位置偏差而预瞄距离不同的行驶曲线,仅保留实际长度最长的一条用于路径评价(图 8-17)。碰撞分析后,在每个横向位置偏差最多仅保留一条完全安全的行驶曲线。无论选择哪条作为待执行路径,都满足避障安全和路径跟踪要求。

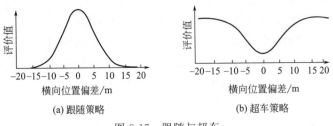

图 8-17　跟随与超车

(2) 基于驾驶策略的行驶曲线选择

车辆面对的环境是一个复杂的不确定动态环境,这需要车辆能够根据环境信息自主判断和选择合适的驾驶策略。典型的驾驶策略包括跟随、超车以及换道等。如图 8-18 所示,当车道内没有动态障碍时,选择跟随策略;当车道内出现动态障碍,如行人或者车辆时,判断车道是否仍然可用。当车道可用时,依然选择跟随策略;而当车道不可用时,则选择换道策略。

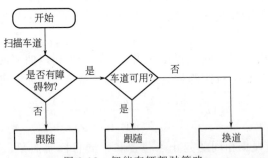

图 8-18　智能车辆驾驶策略

对行驶曲线的评价采用评价函数的方式。评价函数根据相应的驾驶策略,确定不同横向位置偏差的行驶曲线对应的评价值,具有最佳评价结果的行驶曲线将被选为待执行路径。由常规的驾驶知识可知,在跟随策略下,横向位置偏差越小,行驶曲线的评价值越高,见图 8-17(a);而在超车或者换道的驾驶策略下,横向偏差位置越小,行驶曲线评价值越低,见图 8-17(b)。根据驾驶策略确定待执行路径,能够避免由于环境的动态特性造成待执行路径跳变的情况。同时,当驾驶策略变化时,行驶曲线对应的评价值将逐渐地变为新驾驶策略对应的评价值。评价值的平顺变化能够有效地减少不确定动态环境中行驶时方向盘的剧烈变化,而通过调整评价值变化率的大小则可以控制无人驾驶行为切换的延时和平顺性。

(二) 基于车辆动力学约束的速度规划

在车辆行驶过程中合理的纵向规划除了保证车辆的平顺行驶外,还直接影响行驶中的横向稳定性和纵向安全性。横向稳定性指车辆的最大横向加速度不超过预设阈值,而纵向安全性则是指不会因制动距离不足导致与前方障碍物碰撞。基于环境信息的自主局部路径规划与跟踪功能模块确定了车辆当前待执行的路径。本部分首先进行基本的速度规划,然后根据最大横向加速度、最大纵向加减速度等动力学约束对速度规划进行修正,最终确定执行该路径时的实际速度规划结果。以图 8-19 中给定路径为例，初始状态在路径下端点处，而终止状态在上端点处。

1. 基本速度规划

车辆要求在保证足够制动距离的前提下尽可能地高速行驶，一方面考虑到运动规划是局部的，假设每个规划周期规划范围外的环境都是危险的，只有使待执行路径末端车速为零才能保证不会因为制动距离不足而发生正面碰撞；另一方面则需要在待执行路径的其他部分尽可能保持最高速度行驶。基本速度规划程序以给定路径的长度、车辆的初始速度、最大速度、期望加速度和期望减速度作为输入，确定实际的速度-路径长度关系并计算输出给定路径任意位置的基本速度规划值（图 8-20 给出了图 8-19 中某行驶曲线的纵向规划结果）。车辆执行给定路径的速度规划，其基本过程由加速-匀速-减速 3 部分组成。需要注意的是，速度规划在车辆运行过程中不断执行，而每一个控制周期只能执行速度规划最初阶段的结果。因此，速度规划的终止状态为零并不意味着车辆实际移动到该状态时速度会降为零，而是由于车辆移动，终止状态也随之发生变化。车辆在规划路径的实际速度由实时的速度规划结果决定。将给出路径的终止状态速度设置为零的好处在于，上层规划根据实际情况实时调整终止状态，能够方便地实现连续行驶、避障停车和到全局终点位置的停车。当车辆连续行驶时，终点状态随车辆运动不断前移，车辆将一直不会进入减速阶段，而当遇到障碍物或到达任务终点时，上层规划将给出路径的终点固定在障碍物前方或任务终点处，车辆便能够按照速度规划结果，安全顺利地完成制动。

图 8-19 用于速度规划的给定路径

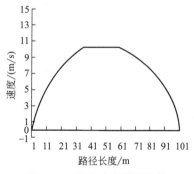
图 8-20 基本速度规划结果

根据输入的不同，实际的速度-路径长度关系可能有若干种变形。如图 8-21(a) 所示，给定路径的长度较短，如距离前方障碍物的距离较近，不足以使车辆加速到最大速度，在规划过程中会使车辆到达一定速度后直接减速到 0，没有匀速阶段；图 8-21(b) 表示车辆初始速度不为 0 的情况，规划使车辆加速到最大速度，经历一段匀速，然后减速至 0。此外，上层规划根据任务调整期望加速度和期望减速度，可以控制车辆在速度变化时的响应特性。

2. 速度规划修正

动力学约束对速度规划的影响主要体现在维持无人驾驶车辆运行过程中的侧向安全性上。行驶过程中，只有对无人驾驶车辆在转弯时的侧向加速度进行限定，才能保证无人驾驶车辆不发生侧滑，甚至侧翻等失稳事故。根据给定路径的曲率信息和侧向加速度要求，能够确定速度-曲率允许空间，限定在给定路径上每一位置的安全速度范围内，对基本速度规划

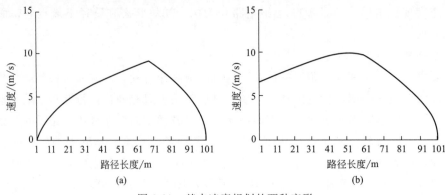

图 8-21 基本速度规划的两种变形

结果进行修正。假设任务要求无人驾驶车辆的最大侧向加速度为 a，路径的曲率为 ρ_L，那么无人驾驶车辆的最大速度可以由 $v = \sqrt{a|\rho_L|}$ 得到。实际行驶过程中的侧向安全性丧失包括侧滑和侧翻两个层次，而发生侧滑需要达到的侧向加速度远远小于发生侧翻所需要达到的侧向加速度。在无人驾驶车辆正常运行过程中需要避免发生侧滑，而此时侧向加速度应保持在 $0.4g$ 以内。在特殊情况下需要车辆尽快运行时，侧向安全性标准则可以降低为不发生侧翻，而此时可以采用更大的侧向加速度。图 8-22 中给出了 $0.2g$ 的侧向加速度限定的速度-曲率空间（虚线以下的部分），修正图 8-20 基本速度规划结果后得到的速度规划结果。

基于模型预测原理进行路径规划，确定车辆的期望路径。图 8-23 中给出了图 8-22 所对应的待执行路径的速度规划。

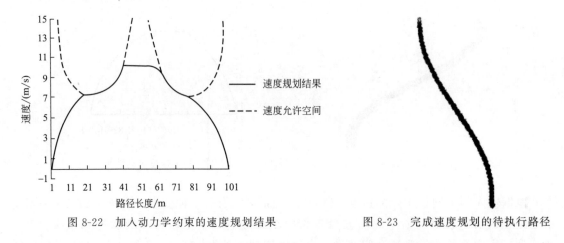

图 8-22 加入动力学约束的速度规划结果　　图 8-23 完成速度规划的待执行路径

第三节　智能车辆状态监测与错误修复机制

一、系统健康状态监测

1. 监控系统的组成结构

为了能对传感器、软件系统等多个智能车辆的运行状态实行在线监控，系统一般采用星形拓扑结构。该系统的网络节点分为协调器节点和终端节点，其中协调器与上位机（即计算机或平板电脑）相连，终端节点嵌入智能车辆。

2.监控系统的通信方式

上位机与下位机（智能车辆）采用无线通信。下位机采集智能车辆的各个硬件工作状态、软件系统运行状态等。上位机与下位机之间的通信方式是上位机首先向下位机发送通信指令，然后接收下位机发送来的车辆运行状态信息。上位机对信息进行保存、显示、修正，并将修正的参数发送到下位机。

二、自适应错误修复机制

智能车辆行为决策过程中，往往因为某些算法参数设置不合理、推理规则不完备等原因导致智能车辆在行为动作中重复出现某些错误并陷入死循环。当然通过人工干预方式能够解决该问题，但通过建立错误修复机制使智能车自主地跳出错误死循环，朝着完成既定任务的方向继续前进，是提高车辆智能化水平的必需。

本着尽可能降低系统复杂性的原则，智能车辆软件系统的正常状态与进入错误修复状态的运行示意如图 8-24 所示。程序正常运行使智能车辆陷入重复错误死循环时，进入错误修复状态，利用自适应错误修复算法产生新的动作序列直至智能车辆成功跳出错误死循环并转入程序正常运行状态。

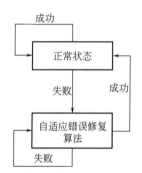

图 8-24 智能车辆软件系统的正常状态与进入错误修复状态的运行示意

如智能车辆在交叉口通行中出现错误状态时，自适应错误修复机制具体做法是：建立专家系统，就智能车辆在交叉口通行中出现的错误状态的表现与成因进行分析、定义与规则描述，制定判断动作失败的标准；研究自适应错误修复算法，对各错误状态的成因进行分类，并相应地制定调整策略，以产生新的动作序列。

第九章

智能车辆人机交互系统

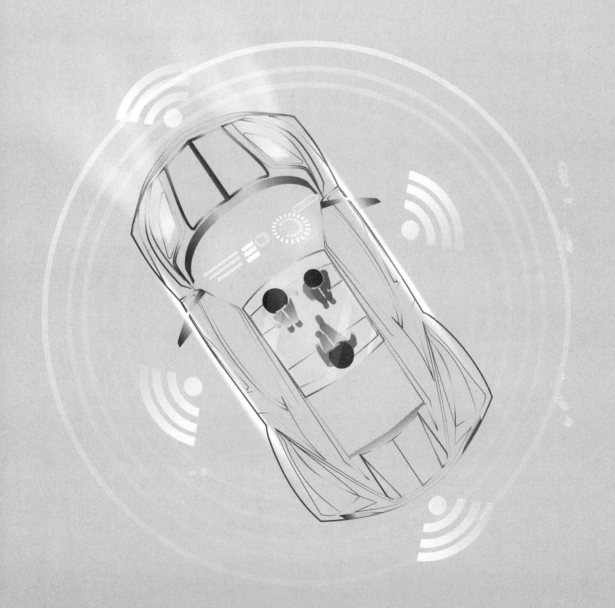

第一节 概 述

一、人机交互的概念

人机交互技术（Human-Computer Interaction Techniques）指通过计算机输入、输出设备，以有效的方式实现人与计算机对话的技术。狭义地讲，人机交互技术主要研究人与计算机之间的信息交换，包括人到计算机和计算机到人的信息交互两部分。人到计算机的信息交互是指人们可以借助键盘、鼠标、操作杆、位置跟踪器、数据手套等设备，用手、脚、声音、姿态和身体的动作、视线甚至脑电波等向计算机传递信息；计算机到人的信息交互是指计算机通过打印机、绘图仪、显示器、头盔式显示器、音箱等输出设备或显示设备给人提供信息。

人机交互技术与认知学、人机工程学、心理学等学科领域有密切的联系。它有两个显著的特点，分别是信息反馈和人的参与性及主动性。信息反馈是指人能够及时地把信息传递给对象，对象能把信息及时地反馈给人，并且使人能够根据反馈的信息做出判断；人的参与性及主动性是指人是交互过程中的参与者，具有接收、判断、决策和操作的权利，同时也是主动的，而不是被动地接收信息。

人机交互过程也需要一定的要素来支持，通过归纳和总结大体分为以下三种要素。

1. 人的要素

人在人机交互过程中是必不可少的要素之一，即不能缺少使用者。在这方面，人的要素主要是用户操作模型。它与用户的特征、喜好等有关，将用户和计算机的各种行为有机地结合起来。

2. 交互设备

人机交互过程中交互设备也是必备要素之一。例如图形、图像输入输出设备，声音、姿势、触觉设备，三维交互设备等。通过对这些交互设备的不断完善，使其在交互过程中达到最佳的状态和效果。

3. 交互软件

交互软件是交互计算机的核心。人-计算机的交互作用是通过用户界面来实现的。软件界面是人机之间的信息界面，从某种意义上讲，它相比于硬件和工作环境更为重要。设计人机交互界面，进行人机分工时，为了充分发挥人机各自的特点，通常采用最大最小原则，即人承担的工作量应尽量少或最少，机器承担的工作量应最大。在最大限度利用机器的同时，充分发挥人的积极因素。人机结合需要充分注意人的主导地位，并有效地保证系统的可靠性和寿命。

人、交互设备、交互软件三个要素是相辅相成、缺一不可的。只有三种要素的要求都达到一定标准，才能真正做到良好、友善的人机交互。车辆人机交互系统是信息化技术发展的产物，它实现了人与车之间的对话功能。车主可通过该系统，轻松把握车辆状态信息（车速、里程、当前位置、车辆保养信息等）、路况信息、定速巡航设置、蓝牙免提设置、空调及音响设置等。

二、人机交互对于智能车辆的意义

作为无人驾驶的关键技术之一，人机交互系统对于智能车辆发展和应用都有着十分重要的作用和意义。

1. 进一步提高智能车辆的可靠性和安全性

发展智能车辆技术的一个主要目的是提高交通系统的效率和安全性。在绝大多数情况下，智能车辆对于问题的反应和处理速度都要比人快，因此其安全性相比于人为控制要高很多。但智能车辆毕竟不是人脑，其算法的复杂程度更无法与人的思维相比，在一些比较复杂、特殊的情况下，例如在通过一些无路或坏路地域时，人们可以方便快速地对智能车辆进行接管控制。

2. 使智能车辆拥有更强的实用性和更加出色的用户体验

能够更好地为用户服务，最大限度地满足人们的需求。智能车辆的设计最终目的是要让其能够为人所用，人永远都是控制和享受服务的主体。优秀的用户体验对于智能车辆而言自然是必不可少的。

3. 大大增强智能车辆的灵活性

优秀的人机交互系统可以使人们随时随地对智能车辆的行为进行干预，使其在处理问题时能够根据实际情况的不同，按照人们的要求采取更加合理的实施方案。

4. 提高智能车辆的任务执行力

人们可以通过人机交互系统，快捷方便地给智能车辆下达任务命令，进行远程控制，实时监控其任务完成情况，并可以随时对目标进行变更和修正，使智能车辆能够更好地应用于智能交通及国防科技领域。

三、人机交互的发展方向

发展人机交互已经成为一种趋势。人机交互将会给社会很多行业带来颠覆性的改变，促进许多新兴行业的兴起，同时也将带来一些巨大的商机和财富。

未来的人机交互技术的发展将主要围绕以下几个方面。

1. 集成化

人机交互将呈现出多样化、多通道交互的特点。桌面和非桌面界面，可见和不可见界面，二维与三维输入，直接与间接操纵，语音、手势、表情、眼动、唇动、头动、肢体姿势、触觉、嗅觉、味觉以及键盘、鼠标等交互手段将集成在一起，是新一代自然、高效的交互技术的一个发展方向。

2. 网络化

无线互联网、移动通信网的快速发展，对人机交互技术提出了更高的要求。新一代的人机交互技术需要考虑在不同设备、不同网络、不同平台之间的无缝过渡和扩展，支持人们通过跨地域的网络（有线与无线、电信网与互联网等）在世界上任何地方用多种简单的自然方式进行人机交互，而且包括支持多个用户之间以协作的方式进行交互。另外，网格技术的发展也为人机交互技术的发展提供了很好的机遇。

3. 智能化

智能化使计算机更好地自动捕捉人的姿态、手势、语音和上下文等信息，了解人的意图，并做出合适的反馈或动作，提高交互活动的自然性和高效性，使人机之间的交互像人人交互一样自然、方便，是交互技术的重要发展方向。

4. 标准化

目前，在人机交互领域，ISO 已正式发布了许多的国际标准，以指导产品设计、测试和可用性评估等。但人机交互标准的设定是一项长期而艰巨的任务，并随着社会需求的变化而不断变化。

第二节　本地交互

一、研究方向

本地交互主要指驾驶者通过车载的交互系统与车辆进行的直接交互。其研究内容涵盖了建模、设计、评估等理论和方法，以及移动计算、虚拟现实等方面的应用研究与开发。本地交互包括六个主要的研究方向。

1. 人机交互界面表示模型与设计方法（Model and Methodology）

一个交互界面的好坏，直接影响到软件开发的成败。友好人机交互界面的开发离不开优质的交互模型与设计方法。因此，研究人机交互界面的表示模型与设计方法，是人机交互的重要研究内容之一。

2. 可用性分析与评估（Usability and Evaluation）

可用性是人机交互系统的重要内容，它关系到人机交互能否达到用户期待的目标，以及实现这一目标的效率与便捷性。人机交互系统的可用性分析与评估的研究主要涉及支持可用性的设计原则和可用性的评估方法等。

3. 多通道交互技术（Multi-Modal）

在多通道交互中，用户可以使用语音、手势、眼神、表情等自然的交互方式与计算机系统进行通信。多通道交互主要研究多通道交互界面的表示模型、多通道交互界面的评估方法以及多通道信息的融合等。其中，多通道整合是多通道用户界面研究的关键点。

4. 认知与智能用户界面（Recognition and Intelligent User Interface）

智能用户界面（Intelligent User Interface，IUI）的最终目标是使人机交互像人人交互一样自然、方便。上下文感知、眼动跟踪、手势识别、三维输入、语音识别、表情识别、手写识别、自然语言理解等都是认知与智能用户界面需要解决的重要问题。

5. 虚拟环境（Virtual Environment）中的人机交互

"以人为本"的、自然和谐的人机交互理论和方法是虚拟现实的主要研究内容之一。通过研究视觉、听觉、触觉等多通道信息融合的理论和方法、协同交互技术以及三维交互技术等，建立具有高度真实感的虚拟环境，使人产生"身临其境"的感觉。

6. 移动界面设计（Mobile and Ubicomp）

移动计算（Mobile Computing）、普适计算（Ubiquitous Computing）等对人机交互技术提出了更高的要求，面向移动应用的界面设计问题已成为人机交互技术研究的一个重要应用领域。针对移动设备的便携性、位置不固定性和计算能力有限性以及无线网络的低带宽、高延迟等诸多的限制，研究移动界面的设计方法，移动界面可用性与评估原则，移动界面导航技术，以及移动界面的实现技术和开发工具，是当前人机交互技术的研究热点。

二、研究现状

目前世界上比较主流的本地人车交互系统主要有以下几种。

1. 奥迪 MMI

奥迪 MMI 全称为 Multi Media Interface，即多媒体交互系统，它包含两个部分：终端操作装置和显示区域。终端操作装置位于换挡杆和中央扶手之间；显示区域包括多媒体交互系统显示屏（位于中控台顶部）和驾驶者信息系统显示屏。在设计方面，两个部分都具有用户友好性和清晰易读性。

多媒体交互系统的终端操作装置具有最佳的操作便利性和清晰的布局，是一个依照人体工程学设计的控制装置，具有非常出色的性能。多媒体交互系统的显示屏安装于驾驶者的直接视线范围之内，它与仪表盘中的驾驶者信息系统显示屏一样，易于读取。显示屏和控制区域分别处于驾驶者能够直接读取和便于操作的位置，确保了道路始终在驾驶者的直接视野之中。

在行驶时，驾驶员信息系统显示屏显示车辆的最新数据以及电话和导航系统的状态信息（视设备而定），也可以读取基本的信息娱乐功能（例如选择无线电台或 CD 曲目）。这意味着大部分的重要信息始终处于驾驶者的直接视野之中。仪表盘显示屏与多媒体交互系统显示屏具有同样的外形风格，通过多功能方向盘上的菜单滚动键也可对其进行操作。由于两个装置的操作原理一致，驾驶者从一个装置转向另一个装置时无须转换思维模式。驾驶者可以继续同样的操作逻辑，空调系统同理。

2. 奔驰 COMMAND

COMMAND 包括显示屏、控制器、功能按钮和电话键区。COMMAND 可操作车内的以下功能：音响功能、导航系统、电话和通信功能、DVD 视频和电视以及各种车辆设置。COMMAND 控制器正前方是四个功能按钮，可以直接控制光盘播放器/收音机、HOME（回家功能）、多方向可调座椅和电话/导航功能。

COMMAND 的优势在于其可以区分该功能是每日使用的（如电台的选择和交通信息的播放），还仅是单次的设置（如系统的设置和低音的设置）。这样做的结果是，会根据功能使用的频繁性来决定操作的先后顺序。菜单是根据项目的相互关联性和使用的频率来进行安排的。当在菜单上进行项选择时，系统会表明需要执行的操作路径。下一次当你再次选择这个菜单时，系统会直接显示该备选项目，这会减少操作的步骤。而在竞争者的同类系统中，日常使用的功能通常位于子菜单中，这就会增加使用者的操作步骤。

3. 宝马 iDrive

"iDrive"就是智能驾驶控制系统"Intelligent-Drive System"的缩写。它是一种全新、简单、安全和方便的未来驾驶概念，属于自动化、信息化驾驶系统的范畴，某些高级轿车和概念车上配备了这项最新的科技新技术。

智能驾驶控制系统 iDrive 的使用节约了设置传统控制装置大量空间，使设计人员可以发挥他们的才智，创新地进行车内设计，使之更加符合人体工程学，使操纵更加便捷，同时仪表板更加简洁。

iDrive 使用起来非常简便。8 个主菜单分别为车内气候、通信（车载电话等）、娱乐（CD/电视等）、导航、信息、宝马服务支持、功能设置和帮助菜单。其中经常使用的前 4 个主菜单可通过圆形旋钮向上下左右四个方向推拉控制器进入。以气候调节为例，3次简单操作就可以调节车内不同位置的温度和气流分布，比如可以设定某个座椅的加热从腰部位置开始（当然，这也归功于宝马的舒适性座椅），而气流是以某种流量按设定的方向吹出。

iDrive具备记忆功能，驾驶者可以把某种设置储存，信息就自动储存在车辆"钥匙"中。宝马7系列的车钥匙是一个智能卡片，进入车辆后将其放入插座内，然后简单地按"启动/熄火"键发动/关闭发动机。另外，该电子钥匙还可自动储存车辆所需维修保养服务的信息数据，使客户可以获得更便捷的服务。但是，宝马在新7系上推出iDrive系统时，由于操作相对较为复杂，曾引起巨大争议。在开车之前要阅读详细的说明书，一些人对此功能并不认同。在后推出的新5系上，宝马的iDrive系统已大大简化，这也使iDrive系统的优势充分发挥出来。

4. 丰田G-BOOK

丰田G-BOOK智能副驾系统于2002年在日本正式发布，由无线网络、数据中心以及车载智能通信技术组成，其最基本的功能可以看作是导航系统功能的延伸和扩展。在功能逐渐扩展后，可为车主提供资讯、救援以及话务员直接服务等多种功能。

丰田G-BOOK有如下7项主要功能：话务员服务、G路径检索、资讯提供、紧急救援、道路救援、防盗追踪、保养通知。

丰田G-BOOK在功能上主要是辅助设定导航、安全保障和资讯服务，没有太多的应用和扩展功能，与通用安吉星车相比显得比较单薄。在安全保障方面，提供了最重要的事故自动报警和防盗追踪，但缺乏远程控制闪灯、解锁车门这些比较实用的功能。同时G-BOOK没有电话拨号和语音控制功能，行车中操作也比较烦琐。

第三节　无线交互

一、短距离无线交互

短距离无线交互是指用户通过手机、平板电脑、专用遥控器等便携式移动设备在一定距离范围内与车辆进行的无线交互。如图9-1所示为无线交互系统的结构示意。

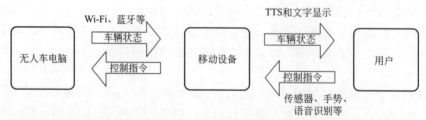

图9-1　无线交互系统的结构示意

（一）主要通信技术对比

目前使用较广泛的近距无线通信技术是蓝牙（Bluetooth）、无线局域网802.11（Wi-Fi）和红外数据传输（IrDA）。同时还有一些具有发展潜力的近距无线技术标准，它们分别是：ZigBee、超宽频（Ultra WideBand）、短距通信（NFC）、WiMedia、GPS、DECT、无线1394和专用无线系统等。它们都有其立足的特点，或基于传输速度、距离、耗电量的特殊要求；或着眼于功能的扩充性；或符合某些单一应用的特别要求；或建立竞争技术的差异化等。但是没有一种技术可以完美到足以满足所有的需求。各种短距离无线通信技术一览表见表 9-1。

表 9-1 各种短距离无线通信技术一览表

项目	协议标准	频率、传输频率、距离等技术指标	应用领域	优点	缺点
RFID	ISO、EPCglobal	利用射频信号和空间耦合（电感或电磁耦合）传输特性实现对被识别物体的自动识别	物流、供应链、身份鉴别、防伪、后勤、动物饲养、追踪和抄表系统	原理简单、操作方便且不易受环境影响，应用范围广	成本高、标准未定
NFC	ISO18092、ECMA340 和 ETSITS102190	采用了双相连接和识别，在 20cm 距离内工作于 13.56MHz 频率	设备连接、实时预定、移动商务、无线交易	简化认证识别过程，使设备间访问更直接、更安全、更清楚	应用规模不大、安全性不高
DSRC	IEEE 802.11p	以 5.9GHz 频段为主，约 10cm 双向通信距离	专用于智能交通运输领域	政府支持，竞争对手少	应用范围窄
蓝牙	IEEE 802.15.1 IEEE 802.15.1a	一般传输距离为 10cm～10m，采用 2.4GHz ISM 频段，数据传输速率为 1Mbit/s，语音编码为 CVSD	无线办公环境、车辆工业、信息、家电、医疗设备、学校教育、工厂自动控制	具有很强的移植性；应用了全球统一的频率设定	成品昂贵，安全性也不高
ZigBee	IEEE 802.15.4	使用 2.4GHz 频率，采用调频技术，基本速率是 250kbit/s，当频率降低到 28kbit/s 时，传输范围可扩大到 134m	计算机外设，消费类电子设备。家庭智能控制。玩具、医护、工控等非常广阔的领域	成本低、功耗小、网络容量大，频段灵活，保密性高，不需要频段申请	传输速率低，有效范围小
Wi-Fi	IEEE 802.11b/a/g	工作频率为 2.4GHz，传输频率为 11Mbit/s，电波覆盖范围为 100m	家庭无线网络以及不便安装电缆的建筑物或场所	可大幅度减少企业的成本，传输速率非常高	设计复杂，设置烦琐
UWB	IEEE 802.15.3a	采用纳秒级的非正弦窄脉冲传输数据，在 10m 以内的范围传输速率可达到 480Mbit/s	家用类设备、终端间的无线连接以及数据传输	抗干扰性强，传输速率极高。宽带极宽、耗电少、保密性好，发送功率小	物理层标准之争仍未解决
TG3c	IEEE 802.15.3c	毫米级波长转换技术，57～64GHz 频段，传输达 2～3Gbit/s	未来数字家庭、网络流媒体及高速无线网关	传输速率极快，兼容其他无线通信科技	新兴技术，成本昂贵

当前，大多数移动设备和计算机支持蓝牙及 Wi-Fi 通信，便于进行无线交互的开发和应用。

蓝牙是一种支持设备短距离通信（一般 10m 内）的无线电技术。能在包括移动电话、PDA、无线耳机、笔记本电脑、相关外设等众多设备之间进行无线信息交换。利用"蓝牙"

技术，能够有效地简化移动通信终端设备之间的通信，也能够成功地简化设备与互联网（Internet）之间的通信，从而使数据传输变得更加迅速高效，为无线通信拓宽道路。蓝牙采用分散式网络结构以及快跳频和短包技术，支持点对点及点对多点通信，工作在全球通用的2.4GHz ISM（即工业、科学、医学）频段。其数据速率为1Mbit/s。采用分时双工况传输方案，实现全双工况传输。

Wi-Fi（Wireless Fidelity，无线高保真）也是一种无线通信协议，正式名称是IEEE 802.11b，与蓝牙一样，同属于短距离无线通信技术，Wi-Fi速率最高可达11Mbit/s。虽然在数据安全性方面比蓝牙技术要差一些，但在电波的覆盖范围方面却略胜一筹，可达100m左右。随着Wi-Fi协议新版本如802.11a和802.11g的先后推出，Wi-Fi的应用将越来越广泛。速度更快的802.11g使用与802.11b相同的正交频分多路复用调制技术。它工作在2.4GHz频段，速率达54Mbit/s。根据最近国际消费电子产品的发展趋势判断，802.11g将有可能被大多数无线网络产品制造商选择作为产品标准。

此外，还有目前专用于智能交通领域的DSRC（专用短程通信技术）。它是一种高效的无线通信技术，它可以实现在特定小区域内（通常为数十米）对高速运动下的移动目标的识别和双向通信，例如车辆的"车-路""车-车"双向通信，实时传输图像、语音和数据信息，将车辆和道路有机连接。DSRC设备的研发是智能交通系统（ITS）研究中的一个重要课题，广泛地应用在不停车收费、出入控制、车队管理、信息服务等领域，并在区域分割功能即小区域内车辆识别、驾驶员识别、路网与车辆之间信息交互等方面具备得天独厚的优势。

迄今为止，DSRC技术比较成熟的两个应用是AVI和ETC。在AVI应用中的DSRC设备属于射频电子标签（RFID），其主要应用在生产线货物标识、海关车辆通关、集装箱自动识别等场合。这些情况下，仅要求AVI设备具有简单的RFID功能。在ETC应用中，早期的系统多采用记账的后付款模式，也仅仅要求ETC设备具有简单的读写功能即可，但随着技术的应用和发展，ETC设备逐渐采用更加灵活、安全和低运营风险的付费方式（例如金融电子钱包），并逐渐制定出一套为之服务的DSRC标准。在高速公路收费，或者在车场管理中，都采用DSRC技术实现不停车快速车道。我国所有的军车自2013年开始，都安装了OBU（车载系统），通过DSRC技术实现车辆身份识别。

（二）应用现状

基于无线交互技术的巨大优势，在很多的车辆系统中都得到了广泛的应用。

1. Car Connect

在美国拉斯维加斯举行的2013 CES展上，美国Delphi车辆电子和运营商Verizon展示了一款新型Car Connect车辆连接设备，这款小型设备支持蓝牙无线连接，可令用户远程监控、操作和跟踪自己的车辆，由插头插入车辆的OBD2接口，支持CDMA数据连接至Verizon的网络。一旦设备安装完成，用户还能在智能设备上下载一款配套的应用软件（当前支持Android与IOS），除了检视车辆的燃油消耗情况、发动机温度和其他参数之外，还会向用户发出发动机有问题的错误码，让用户检查发动机。

2. OnStar

通用旗下的安吉星OnStar是目前中国市场上第一款也是唯一一款车载系统手机应用。安吉星客户端目前支持主流的手机操作系统，如IOS、Android、WindowsMobile、Symbian和BlackBerry。通过安吉星客户端，用户可以完成对车况的检测，了解已行驶里程、剩余油量、胎压等情况；也能够对车辆进行远程控制，实现车门锁的开启关闭，远程启动车辆，提示车辆停放位置等功能；还具有目的地的查询功能，查询后可以将全音控导航发送到车辆上。

二、远距离无线交互

（一）主要的交互方式

目前比较常用的远程无线交互方式有两种：基于互联网的无线交互和 GSM 通信。

1. 基于互联网的无线交互

其终端可以是计算机、手机或者平板电脑等。与近距离的交互方式相比，其优势在于可以不受位置和距离的限制，只要车载终端和用户客户端都在网络覆盖范围内，即可实现用户对车辆的监控；但其稳定性较差，易受网速及网络环境的影响。

实现基于互联网的交互，通常需要建立公网服务器，车载客户端和用户客户端首先登录服务器，之后可以建立两者之间的点对点通信。作为客户端，与服务器常用的通信方式主要有两种：一是 Http 通信；二是 Socket 通信。两者的最大差异在于，Http 连接使用的是"请求-响应"方式，即在请求时建立连接通道，当客户端向服务器发送请求后，服务器端才能向客户端返回数据。而 Socket 通信则是在双方建立起连接后就可以直接进行数据的传输，在连接时可实现信息的主动推送，而不需要每次由客户端向服务器发送请求。

Socket 又称套接字，在程序内部提供了与外界通信的端口，即端口通信。通过建立 Socket 连接，可为通信双方的数据传输提供通道。Socket 的主要特点有数据丢失率低、使用简单且易于移植。主要的 Socket 类型为流套接字（Stream Socket）和数据报套接字（Datagram Socket）。流套接字将 TCP 作为其端对端协议，提供一个可信赖的字节流服务。数据报套接字使用 UDP 协议，提供数据打包发送服务。

UDP 和 TCP 协议的主要区别在于如何实现信息的可靠传递。TCP 协议中包含了专门的传递保证机制，当数据接收方收到发送方传来的信息时，会自动向发送方发出确认消息。发送方只有在接收到该确认消息之后才继续传送其他信息，否则将一直等待直到收到确认信息为止。与 TCP 不同，UDP 协议并不提供数据传送的保证机制。如果在从发送方到接收方的传递过程中出现数据报的丢失，协议本身并不能做出任何检测或提示。因此，通常人们把 UDP 协议称为不可靠的传输协议。但 UDP 具有 TCP 不可比拟的速度优势。虽然 TCP 协议中植入了各种安全保障功能，但是在实际执行的过程中会占用大量的系统资源，无疑使速度受到严重的影响。由于 UDP 排除了信息可靠传递机制，将安全和排序等功能移交给上层应用来完成，极大降低了执行时间，使速度得到了保证。通信时程序可根据文件、数据等对可靠性及实时性的要求选择合适的协议。

2. GSM 通信

通过为计算机加设 GSM 等移动通信模块，使用短信方式进行交互。该交互方式可应用于无线互联网络较差的环境，但实时性差，且交互数据量也比较小。

可以通过客户端自动检测网络的程序设计将两种交互方式进行结合。在网络条件良好的情况下使用基于互联网的交互方式；当网络信号较差时，程序自动切换为短信交互方式。

（二）应用现状

远距离无线交互使智能车系统更加智能化与便捷化。无人驾驶车辆 MIG 与比亚迪的"i"系统都应用了远距离无线交互技术。

1. MIG

德国柏林大学研发的无人驾驶车辆 MIG，除了能够在复杂的城市公路系统中实现无人驾驶外，还拥有智能便利的远程人机交互系统。它可以自动停下来搭载乘客。乘客可以利用平板电脑或智能手机向 MIG 打电话，MIG 通过这些设备中的全球定位系统锁定乘客的方位，然后确定出最佳路线，并告诉乘客何时能到等待地点。此外，人们还可以通过手机对 MIG 进行遥控，实现车辆的转向、加速和制动等。

2. 比亚迪

2011 上海车展，比亚迪正式发布了其智能车载服务系统——"i"系统，其是智能化、信息化、电子化的车载网络平台，能够实现车辆与网络的全面对接，它可以让车主轻松享受安全、行车、资讯服务、娱乐及商旅等服务。

"i"系统由车机服务界面、24h 在线呼叫中心服务、数据中心及服务系统、全国上千家 4S 店的救援服务网络组成。它具有的服务功能，与当下主流的智能服务系统基本相同，其可以使车辆发生碰撞或紧急情况时，第一时间获得来自呼叫中心的帮助和专业的救援。

车主将会定期得到"i"系统就车型所做的全方面体检结果，并得到专业的建议；"i"系统可以监控和定位被盗车辆，并在必要时切断油路，使车辆无法前行，实现防盗功能；"i"系统的一键连通客服中心，可针对车主要去的目的地自动进行导航，还可收录全市的实时路况；车主还可以和自己的朋友组成车队，看到队友们现在的位置，还可以通过"i"系统的网络电话尽情交流。而比亚迪也力图通过"i"系统，让车辆不再是简单的行驶工具，而是成为一个信息的终端，一个用户享受精致服务的平台。

此外，比亚迪还开发了一套遥控系统，并将其配置在速锐车上。速锐车的遥控器，除了普通遥控钥匙的开锁车门按钮之外，还可以像滑盖手机一样滑开钥匙，这时就可以看到启动、转向和前进后退的按钮。所有这些遥控功能在车辆上的实现，都依靠 CAN-BUS 总线的通信和电子控制完成。比如挂挡通过变速器的电子挡把，挡把和变速器没有机械连接（普通自动变速器的 P 挡位下，机电式挡把依然和变速器有着机械连接）；转向则依靠电子助力转向，由电机驱动转向机完成；电子驻车制动也就是电子手刹则负责车辆刹车的解锁和制动。

第四节　脑机交互

脑机交互又称脑机接口（Brain-Computer Interface，BCI），是目前生物医学工程领域中的一个研究热点，它是一种连接大脑和外部设备的实时通信系统。通过 BCI 可以把大脑发出的信息直接转换成能够驱动外部设备的命令，并代替人的肢体或感觉器官实现人与外界的交流以及对外部环境的控制。BCI 技术中的关键问题之一是必须提供一个安全的、可长时间持续的探测或者注射信号的方法。此方法中包含了电极的类型和植入方法、信号的提取特征等。最近 10 年来，随着电子技术、计算机技术等学科的发展，BCI 得到了快速的发展，BCI 系统已逐渐从实验室走进人们的实际生活中来。

一、脑机接口的研究意义

脑机接口（BCI）的研究在理论探索和实际应用中都有很重大的意义。在理论上，BCI 的研究和开发将极大地推动对人脑的认知模式、思维模式和意识形成机制的深入理解，极大地丰富人脑认知科学和神经信息学的内容。并且 BCI 系统对识别中常用的一些特征提取算法和分类算法都是一种挑战，必将会促使特征提取算法和分类算法朝着更智能化的方向发展，促进模式识别理论的发展。在实际应用中，BCI 在某些特殊情况下能完成预定的任务，特别是针对肢体残疾或运动受损这类患者，其通常的信息输出通道神经末梢和肌肉受到一定的损害。如果开发一套 BCI 系统来辅助这类患者的生活，能为患者本人的生活带来方便。对在特殊环境下工作的人员，例如飞行员、宇航员或潜水员来说，可利用 BCI 技术为他们增加一些特殊的操作和控制专用设备的技能。此外，将 BCI 技术引入机器人学科中来，并将其作为人类与机器人的一种交流方式，可以让机器人更智能化地执行人类的命令并为人类提供更好的服务。

二、BCI 的组成

BCI 主要由信号获取模块、信号处理模块、输出设备模块等部分组成。其中信号处理模块包括特征产生和变换算法 2 个子模块，特征产生主要是针对神经元活动信号选取更能反映用户意图那些特征，特征产生模块在一定程度上决定了系统的整体性能；变换算法模块主要是将提取得到的特征映射作为用户实际所需的输出。

三、BCI 的应用

作为一种多学科交叉的新兴通信技术，目前 BCI 的研究大多处于理论和实验室阶段，离实际应用还有一定的差距。但从其性能来看，BCI 系统及其技术将在涉及人脑的各个领域发挥重要的作用，尤其是对于活动能力严重缺失患者的能力恢复和功能训练具有重要意义。目前，对 BCI 应用的研究主要集中在以下几个方面。

1. 交流功能

这类研究的目的是提高语言功能丧失患者与外界的交流能力。一个典型的例子是 Niels Birbaumer 等人研究的思想转换装置（TTD）。该装置由训练和拼写两部分组成，在训练阶段，通过视听反馈和慢波脑电位（SCP）的正向增强完成 SCP 的自动调整；在拼写阶段，训练者用 SCP 对字母或单词进行选择，对不能进行字母或单词选择的患者，可以让他们进行"是"或"否"的选择，以实现其与外部环境的交流。

2. 环境控制

目前，对 BCI 环境控制的研究主要是基于虚拟现实技术。虚拟现实具有相对安全和目标可移动的特点，它能为训练和调整神经系统活动提供一个安全可靠的环境。受试者大脑发出操作命令，这种命令不是由肌肉和外围神经传出并执行，而是由 BCI 系统经过检测、分析和识别相应的脑电信号，确定要进行的操作，然后由输出装备对目标进行控制。

3. 运动功能恢复

由 BCI 系统完成脑电信号的检测和分类识别过程，然后把命令输出给神经假体，完成已经失去功能的外围神经应有的功能，或者把命令信号输出给轮椅上的命令接受系统，完成运动、行走等功能，使四肢完全丧失功能的患者能够在无人照看的情况下自己进行一些简单的活动，或进行功能性的辅助训练。

4. 智能机器人的交互控制

美国国防部曾向外界披露了一项"阿凡达"研究项目，计划在未来实现通过脑机接口操控武器装备，利用意念远程操控"机器战士"，代替士兵在战场上作战，执行作战任务；而在交通领域中，脑机接口可用来实现无人驾驶等技术，通过远程发送脑电控制信号来驾驶车辆、火车、飞机等交通工具，不但可以准确无误地驾驶、飞行，还可以避免交通事故的发生并降低伤亡率。

5. 在其他领域的应用

从理论上讲，只要有神经电参与的通信系统，都可以应用 BCI 技术，如适用于残疾人的无人驾驶车辆，就是把操作过程中脑电信号的一系列变化，由 BCI 系统实时转换成操作命令，达到无人直接驾驶的目的。R. C. Wu 和 S. F. Liang 等人描述了一种基于事件相关电位（ERP）的 BCI 技术在智能交通中的应用，该系统可以模拟驾驶员对不同交通信号或标志的反应程度，从而为交通信号与交通标志的设置提供更加科学的依据。BCI 的初步应用表明：一方面，BCI 可以作为辅助治疗方案用于残疾人，特别是运动功能或语言功能丧失但大脑功能保持完好的患者的运动或语言功能的恢复治疗，以提高患者的生活质量；另一方面，在危险环境中或对人有害的环境中（如粉尘污染严重的车间内），可以用这种系统代替人的肢体完成某些操作。当然，要实现这种应用还需要进行大量的研究工作。

四、BCI 发展现状

BCI 的研究只有大约 20 年的历史，对于这种新型通信技术的研究，目前仍处于理论和实验室研究阶段。BCI 技术的最初研究局限于给身体严重残疾的患者提供一种有效的与外界交流的机制，随着技术的逐步成熟和应用需求的提高出现了应用于拼写、控制指针运动和控制神经假体的各种脑机接口系统，各种信号处理技术也得到了迅速发展。下面是国际上较有影响的一些研究工作。

（一）Wadsworth 中心的研究工作

Wadsworth 中心一直研究如何用从运动感觉皮层测得的 EEG 信号控制指针的一维或二维运动。在如何提高运动的速度和精度上，提出了以下三个方面的改进措施：改进信号的特征选择和信号的转化方法；结合其他信号特征；优化人和接口之间的调整配合。另外，为了便于比较和评估，他们研制了一种 BCI-2000 通用 BCI 系统。该中心与其他研究机构合作，开发了 BCI 的简单应用，并对其应用性能进行了测试研究。

（二）GSU（乔治亚州大学）脑实验室的研究

该实验室致力于 BCI 在现实环境中的应用，探索把通过训练获取的 BCI 技术转化为控制现实环境的方法。目前研究的课题有：用户接口控制参数、主体的训练和生物反馈、创造性表达及应用、辅助交流和环境控制等。

（三）Graz BCI 技术的发展状况

奥地利 Graz 科技大学的 GPfurtscheller 等人进行了一系列基于 ERD 的 BCI 系统的研

究，并实现了 Graz Ⅰ和 Graz Ⅱ两个有代表性的 BCI 系统。Graz-BCI 技术在 BCI 的发展中具有非常重要的地位，其神经生理学基础是肢体的实际运动和想象运动能够在大脑皮层的相同部位产生电位的变化。他们早期的工作主要集中在参数估计方法和对各种分类器的测试研究，目前研究的重点是时域内两种不同的想象运动的分类问题。

（四）高上凯课题组的研究

清华大学高上凯教授的项目组在脑机接口研究中深入分析了稳态视觉诱发电位的特征和提取方法，设计了一种具有高传输速率的基于稳态视觉诱发电位的脑机接口系统。该系统在识别的正确率和信号传输速度方面取得了重大突破，信号传输的速度达到了 68bits/min，平均准确率达到了 87.5%。

五、BCI 存在的问题

经过多年的努力，BCI 的研究取得了不少令人欣慰的成果，但不可否认的是尚处于发展的初期。目前 BCI 系统所能达到的最大通信速率约为 25bits/min，大多数 BCI 仍然处于实验室阶段，大部分测试在正常人中进行，在残疾人中测试较少。BCI 要进入实际应用阶段，还有很多问题等待解决，如：

① 提高 BCI 系统的信息传输率，降低误差率；

② 如何更有效地剔除噪声，获取清晰的脑电信号，寻求有效的信号特征、最优的特征提取和转换算法；

③ 提高用户使用时的自动化程度；

④ 设计出更为合理的学习训练方法，让使用者在尽可能短的时间内最有效地控制其脑电信号特征；

⑤ 降低 BCI 对常规运动和感觉输出通道的依赖程度；

⑥ 增强使用者与 BCI 系统的相互适应性；

⑦ BCI 的开发要注重个性化、多样化，以满足使用者个体的差异和 BCI 应用广泛性的要求；

⑧ 减少电极的数量，降低使用的复杂程度，增强 BCI 系统的稳定性和兼容性；

⑨ 制定出科学的规范，准确客观地评估 BCI 的性能。

第十章

智能车辆发展阶段与应用前景

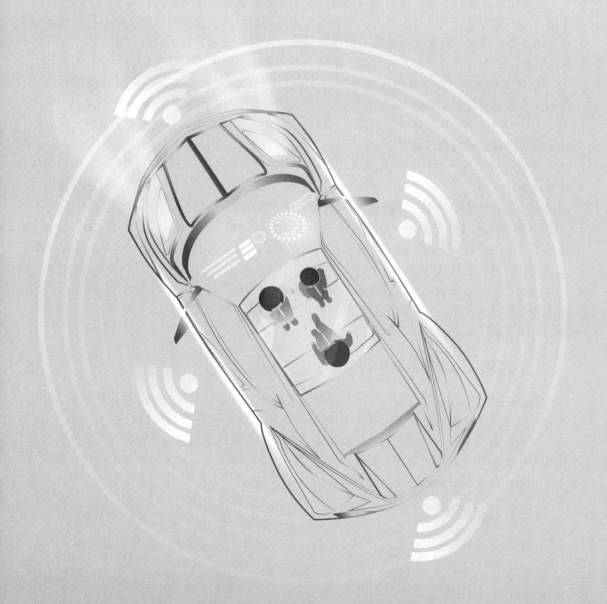

智能车辆从根本上改变了传统的"人-车-路"闭环控制方式，将不受系统控制的驾驶者从该闭环系统中剔除，减少了人为影响因素，由车辆"大脑"实现精确的机器控制，从而大大提高了交通系统的效率和安全性。

智能车辆研究将快速发展，到2025年内国内将有部分智能车辆规模化生产。越来越多的汽车厂商开始加入智能车辆研究队伍中，研究重点是相对比较成熟的车辆辅助驾驶系统。而国内外研究机构的研究重点是智能车辆的完全自主无人驾驶技术。

现代智能车辆以传统车辆工业为基础，现代环境感知技术为依托，新技术革命为动力，以改善人们的生活品质为目标。遵循由低到高、由少到多、由单点到多面、不断集成和上升推进的规律发展。其横向发展离不开各种用途的实际需要，而其纵向发展的生命力在于持续不断的技术创新。

第一节　高速公路行驶

全封闭的高速公路是典型的结构化道路，不仅具备良好的交通标志，且道路上行驶的主体单一，车辆的行驶工况和车辆驾驶操纵行为相对简单，这一特征为智能车辆的行驶创造了良好的条件。因此，将智能车辆第一阶段的目标确定为在高速公路上安全行驶，这不仅符合其发展规律，而且也能充分发挥智能车辆的自身优势。主要原因包括三点。

① 目前智能车辆所涉及的各种感知、决策技术仍然处于初级阶段，所能处理的外部情况和技术成熟程度都比较有限，尚不足以面对复杂多变的外界环境。而高速公路提供了一个相对简单、结构化的外部环境，可以认为是一个简化版智能车辆的行驶环境，是解决无人驾驶基础关键技术的理想环境。

② 在高速公路上实现无人驾驶具有很迫切的实际社会需求。高速公路上的驾驶对于驾驶者枯燥且乏味，极易造成驾驶者的疲劳和注意力分散，是高速公路上车辆事故多发的潜在诱因之一。因此迫切需要一种技术，能够代替驾驶者承担驾驶任务。

③ 国外无人驾驶车辆的应用场所已经给出了良好的启示。目前谷歌公司的无人驾驶车获得了美国一些州的上路牌照，这些州的特点是地广人稀，有发达的高速公路网，可为智能车辆提供高速公路驾驶环境。

因此，将智能车辆技术发展的第一阶段目标确定为在高速公路上的无人驾驶是符合自身技术特征和社会需求的。在高速公路驾驶环境中，智能车辆技术的发展分为高速公路辅助驾驶、自主驾驶、车队协同三个阶段。

一、高速公路辅助驾驶阶段

高速公路辅助驾驶阶段需要解决智能车辆在高速公路上安全行驶所必须的基本要求，主要目标是立足于当前的传感器系统开发相应的算法实现及验证智能车辆的基本功能。主要有：方向盘辅助系统、自适应巡航控制系统、车辆动态障碍探测系统、自动泊车系统、自动切换车道系统、车道巡航系统、路标识别系统、自动防撞系统、车辆行驶状态监控系统、基于电子地图的车辆行驶路径规划和动态导航系统等。

（一）应用前景

回顾目前车辆智能控制技术，基本功能已经在部分车辆上实现，并开发出了相关产品，形成了一定的市场。根据中国智能交通协会 2012 年的年鉴，车辆智能控制技术相关产品的市场总值已经达到 254 亿元，减少交通事故 20%，降低交通事故死亡率 40%，社会效益明显。这些数据充分说明与无人驾驶技术基本功能相关的产品具有良好的应用前景。且车辆智能控制技术将贯穿整个无人驾驶技术的发展过程，并不断完善和进化。

（二）技术手段

鉴于其应用前景，完成无人驾驶车辆高速公路行驶阶段目标的技术手段如下。

① 与车辆智能控制电子产品的制造商达成战略合作。

根据无人驾驶车辆的行驶环境对智能控制产品各项性能的要求，提出对现有产品的改进方案。深入合作，逐步推进，形成功能、性能、可靠性和成本均符合智能车辆总体要求的产品。

② 整合并优化智能车辆装载的传感器系统。

③ 利用多源数据融合技术开发具有容错能力强的目标识别和车辆状态感知系统。

有的智能车辆车载传感器多达三十多个，每秒的数据量均在 5M 字节以上。不同传感器可以同时感知同一目标，并且某一传感器的数据辨识需要其他传感器提供信息进行修正，其中存在着复杂的耦合和冗余关系。因此要求智能车辆的数据分析"大脑"必须要快速、准确地判定车辆的行驶环境和自身状态，为更重要的决策系统提供稳定可靠的数据支持。所以，机器学习和神经网络算法是解决该问题的有效手段，需要采集和整理大量的数据作为训练样本，开发具有自适应能力的求解算法。

④ 开发智能车辆各功能子系统的产品。

智能车辆由各个子功能系统组成，如车道线保持、自动巡航、自动防碰撞等是构成智能车辆的重要组成部分。虽然目前市场上已经有相关的产品，但是这些产品只能称为初步的驾驶辅助产品，其性能尚不能满足智能车辆的控制要求。因此，需要在算法深入研究和充分验证的条件下，形成满足智能车辆高速公路行驶性能需求的子功能产品。一方面这些产品的优良性能与市场上的现有产品相比具有较强的优势，市场潜力和经济效益均较为可观；另一方面，这些子产品的开发目标是直接定位于智能车辆整体技术实现的，为智能车辆的开发奠定基础。而且相关产品直接贯穿智能车辆的整个发展过程，其技术和性能必然得到逐步提升。

⑤ 逐步培养用户对智能车辆的信心。

实际上，大众对智能车辆存在较大顾虑，尤其是行车安全方面，这源于大众对智能车辆了解较少，要使智能车辆被大众接受，还需要继续努力。目前智能车辆辅助驾驶的子功能产品正是承担这个任务的最佳工具。市面上一些车辆已经配备了具有不同用途的智能驾驶辅助设备，随着人们对这些辅助驾驶设备的使用频率的提高，这些设备的功能可靠性也会逐步增高，最终赢得消费大众的欢迎。因此，实现智能车辆的子功能产品在智能车辆的发展过程中起着不可忽视的作用，通过这些辅助驾驶的智能产品提高大众对智能车辆的信心，是十分有效且不可或缺。

（三）技术难点与工作重点

虽然封闭的高速公路是一个相对比较简单的行车环境，但是要完全实现智能车辆的高速公路辅助行驶，还存在较大的困难和以下几个技术难点。

1.高速公路辅助驾驶功能的副作用

由于一些辅助驾驶设备的存在,减轻了驾驶者的工作量,但实际上是降低了对驾驶者的注意力要求和技术要求。因此在行车过程中,就会弱化驾驶者对突发情况和应急处理的能力,这就需要开发其他的设备来避免这种情况,帮助驾驶者处理紧急情况。

2.辅助驾驶功能与驾驶者正常操作的耦合影响问题

由于辅助驾驶功能有限或性能欠佳,客观上可能会成为驾驶者正常行车的干扰因素,这是辅助驾驶功能设备必须努力解决的首要问题。解决的手段要立足于完善的逻辑控制手段和先进的人工智能技术。

3.主要传感器的有效范围有限

高速公路上行车,最明显的特征是车速快,车辆在行驶过程中,必须关注较远距离的道路和障碍目标。而目前市场上传感器的有效探测范围有限,有的传感器虽然有较远的探测距离(如毫米波雷达可达100m),但是在这个距离范围内,测得的信号并不稳定,容易造成目标误判从而引起误动作。

目前关于传感器需要解决的问题有以下几点。

① 视觉传感器摄像头的光圈响应速度需要提高到0.2s范围以内,以解决车辆进出涵洞等光照条件变化突然的场合下的目标识别问题。

② 基于整车运动状态的摄像头动态稳像技术,由于需要观测的距离较远,车身的轻微晃动也会造成获取的远端图像发虚问题,甚至拍摄不到目标图像。解决的途径是利用车身的动态数据调整摄像头的角度,即摄像头自稳定技术和影像的追踪技术。

③ 远距离雷达性能的硬件改进和目标识别算法的优化。高速公路上车辆间隔距离与空中飞行器的间隔距离相比较小,无人驾驶车对雷达数据的要求相比于飞机等对雷达的要求要高许多,因而无人驾驶车需要对雷达数据进行必要的改进,以符合其要求。

二、高速公路自主驾驶阶段

高速公路上智能车辆的自主驾驶,是在智能车辆各个子系统能够稳定有效工作基础上的集中体现。智能车辆必须有一个完善的"大脑"即车辆"大脑",不仅能够管理智能车辆自身的各种设备,而且可以处理智能车辆与外界环境的信息交互。

(一)应用前景

从应用角度上看,高速公路应用的重点将是辅助驾驶系统。这类系统技术已经比较成熟,但对可靠性有较高的要求,因此适合由产品化能力较强的车辆厂商来完成。高速公路环境的完全自动驾驶虽然在实验上已经获得了较大成功,部分系统的自主速度甚至已经超过了150km/h,但是短期内仍无法实现真正的实际应用,主要障碍是高速行驶下系统的可靠性和安全性,受目前的传感器和算法水平制约,该问题短期内很难解决。

高速公路上的智能车辆必须能够利用导航信息、车辆定位信息和车辆运行状态实现动态路径规划和自主决策控制功能,在高速公路上自主完成一定的运输任务。其应用前景将首先体现在高速公路上的货物运输,矿山、工地等固定场所内固定路线的货物运输,高速公路上巡视车的无人驾驶等。之后逐步过渡到客运和轿车的无人驾驶。从经济效益上降低人力成本;从社会效益上降低事故的发生率,提高交通安全保障和效率。

(二)技术难点与工作重点

目前智能车辆试验结果和发展状态反映出当前需要解决的技术难点主要有以下几点。

1. 全局路径规划技术

全局路径规划技术需解决从出发地到目的地之间的路径规划寻优算法,不仅需要考虑用户的特殊需求,如经过地点、休息地点、休息时间等,还需和整个交通网络的交通流量、道路通行信息及高速公路服务信息等实现信息共享,以确定最终行驶路径,并且实现行驶路径的动态调整。

根据目前的技术状态,可以将该过程分为两个阶段:一是立足现有的地图信息,只需获得行驶路径,此阶段主要用于智能车辆的试验运行;二是随着智能交通信息网的建设,逐步增加和完善优化全局路径,最终实现智能车辆的全局路径规划。

2. 局部路径动态规划

局部路径动态规划主要考虑当前车辆状态和周围环境状态,确定当前车辆实现换道、超车、躲避障碍等功能的一段时间内的车辆行驶路径。在此过程中,必须考虑车辆的安全和车辆行驶的平顺程度。该任务是智能车辆必须在完全自主驾驶试验过程中重点解决的一项任务,最终目的是保证车辆行驶的绝对安全。

3. 智能自主决策

智能车辆的自主决策是车辆行驶过程中的"大脑",综合处理车辆的自身状态和周围环境,确定车辆行驶指令的生成,指导车辆的各种动作。

4. 环境识别技术

基于雷达、视觉等传感器系统,利用先进的识别技术开发各种目标的识别算法,做到对车辆周围环境的准确识别。

智能车辆比较适合在路况较好的高速公路上行驶。但在城市、山区等路况复杂的道路,在遇到下雪、大雨、雾霾等极端天气的情况,以及缺乏数据的路段,智能车辆的传感器和数据处理能力还是有限的。在高速公路的试验中,智能车辆在进出高速公路及行车距离太近时,还是需要进行人工干预。目前更倾向于利用无人驾驶技术辅助有人驾驶,弥补人类在反应速度和处理突发事件上能力、经验的不足。

三、高速公路车队协同阶段

随着无人驾驶"车-路"系统体系结构的完善,相关控制、通信、传感、计算等技术越来越成熟。无人驾驶"车-路"系统将车辆组成一列或多列具有共同速度且车间距很小的车队,有效地减少了由人为因素所致的交通事故,增强交通安全性。同时,减少排放和环境污染。

车队协同驾驶成为当前无人驾驶"车-路"系统研究的新热点。车队协同驾驶,旨在兼容道路交通安全与高效的基础上,充分利用道路条件,将若干单车组成跨车道柔性车队,使其能够根据不同交通状况,通过协作的方式完成巡航、跟随、组合与拆分、换道等相关协作策略,简化交通控制的复杂程度,增加交通的可组织性,从而增加交通流量,缓解交通拥堵。

(一)协同驾驶步骤

实现智能车辆在高速公路的协同驾驶分为三个步骤:首先利用半实物仿真技术开展车队协同驾驶研究,主要目标是解决车队协同驾驶中的基本问题和相应策略的试验与验证;其次是车队驾驶的高速公路试验验证阶段，主要目标是在真实条件下，考核并验证车队系统驾驶的性能；最后实现车队在高速公路上的真正协同驾驶。

(二) 技术难点及工作重点

智能车辆车队协同驾驶是智能车辆发展的高级阶段，主要目标是在智能车辆能够完全完成车辆自主驾驶的条件下，在高速公路上完成多辆智能车辆的系统编队行驶，其主要的技术难点有以下三个方面。

1. 车车通信技术

智能"车-路"系统中的通信网络包括广域有线通信网络、无线通信网络、短程无线通信网络和车车通信网络。车车通信技术是车队协同驾驶研究中的关键技术，使车队控制由过去的完全自主驾驶结构逐步经历了单向、双向信息结构，最终发展到结合传感和车载自组网的全方位信息结构。作为车载自组网的核心部分，专用短程通信技术具有大容量、高速率、低延时、范围合理等特点，可以完成在特定小区域内（通常为数十米）对高速运动下移动目标的识别和双向通信，并能实时传输图像、语音和数据信息，实现车路信息交互。随着车车通信技术研究的深入，车队协同驾驶仍需解决通信协议设计、通信延迟、数据传输速率等问题。

2. 车队协同驾驶策略设计与实现

无人驾驶"车-路"系统中关于车辆的协同驾驶策略主要包括巡航、跟随、组合、拆分和换道策略。

巡航策略是指领航车辆可以借助车路信息交互，获得车队所在路段上合适的车速、车间距、车道位置等信息，确保该路段上的车辆畅行无阻。

跟随策略是指车辆可以利用车载传感器和车车通信网络获得前后相邻车辆以及领航车辆的车速、加速度、位移等状态信息，从而组成一列或多列车队，可以增加车流量。跟随策略包括车队的纵向控制和横向控制。纵向控制包括对车辆油门和刹车的控制，使其与前后车保持较小的车间距；横向控制主要对车辆方向盘进行控制，使其不能偏离所在车道。

组合策略是指车辆能够融入前方某一车队中。该策略利用车队间的无线通信网络，获得前方车队传送过来的车道、位置、距离和速度等信息，制定相应的组合路径，等待前方车队为其留出相应的位置，实现车队的组合。

拆分策略是指整个车队能够拆分为两个或两个以上新的车队。该策略通过车队内的无线通信网络，确定车队划分的位置与长度，减小划分位置上车辆的速度，从而改变其与前车保持的车间距，达到可以完成拆分要求的安全车间距离。

换道策略是指欲组合或拆分的车辆获得安全的车间距离后，采用换道策略变换车道，融入或离开车队，从而变更车辆行驶路线。

3. 协同驾驶的系统稳定性

车队协同驾驶系统的稳定性不仅表现在单个车辆稳定性和车队稳定性，也表现在交通流稳定性以及整个交通容量。还需考虑传感器、车车通信等引起的信息延时对系统稳定性的影响。单个车辆稳定性是指车队中的任意车辆都能按照有界的车间距和速度误差，跟踪前一辆车的速度和加速度。车队稳定性是指车间距和车速误差不会随着车队长度的增加而放大并繁衍到整个车队中。交通流稳定性是指影响某个区域车流密度的扰动因素，即该区域的匝道入口或出口不会随着该因素的放大而减少该区域的稳态车流密度和平均车速，只有同时保证车队稳定性和交通流稳定性才能提高交通容量。

目前车队协同驾驶研究主要集中在车队协同驾驶系统架构、协同驾驶任务分解以及具体协同驾驶策略设计等方面。虽然车路通信技术研究较为成熟，已经应用在动态交通诱导和不停车收费（ETC）等先进交通信息管理系统，但是由于驾驶行为多样性和车辆高速移动性，支持车队协同驾驶的车车通信尚处于研究阶段中，相关通信介质和协议还处在试验阶段。同时，考虑到车队协同驾驶系统是一个广义的、分层的分散控制系统，其相关理论与技术仍在不断发展和完善中，利用各种交通仿真与实验技术开展系统测试与验证是非常必要的。

第二节 城市道路的行驶

在以车辆厂商为主导研究车辆辅助驾驶的同时，一些欧洲国家研究人员开始转向了更为复杂的城市环境下智能车辆无人驾驶研究，开拓了一个崭新的研究领域。

与在高速公路环境下研究相比，城市环境下的无人驾驶由于速度较慢，因此更加安全可靠，应用前景更好。短期内，可作为城市大容量公共交通（如地铁等）的一种补充，解决城市区域交通问题，大型活动场所例如公园、校园、工业园、机场等。但是，相对的城市环境也更为复杂，这对环境感知和控制算法提出了更高的要求。智能车辆是室外轮式移动机器人在交通领域的重要应用，它从根本上改变了传统的车辆控制方式，能够极大提高交通系统的效率和安全性。

城市环境中的无人驾驶将成为下一阶段研究的重点。目前这类环境的应用已经进入小范围推广阶段，但其大范围应用仍存在一定的困难。因此要实现智能车辆在城市道路中的安全行驶需要分为两个阶段实现，即城市道路的辅助驾驶阶段和城市道路的无人驾驶阶段。

一、城市道路辅助驾驶阶段

由于城市环境的复杂性和不可预测性，智能车辆城市道路辅助驾驶阶段的应用与高速公路上的无人驾驶应用不同。主要集中在自主泊车、自动跟车、自动防撞、危险情况警示及灯光控制等方面。这些功能要求一般发生在近距离范围内（通常在 10m 之内）和车速较低的行驶情况下，这对实现车辆位姿的精确控制提出了较高要求。

目前，城市道路的智能辅助驾驶相关产品主要依赖车辆前后雷达和车身上安装的传感器，功能单一，精度误差较大，并不能准确描述周围的环境数据。主要原因：一是这些设备的功能不需要对车辆周围的环境进行精确识别；二是所装设的传感器自身精度有限。而要完成真正的辅助驾驶，不仅需要提高精度和算法，还需增加视觉及听觉传感器以提高系统对周围环境的识别能力。

城市道路辅助驾驶需要解决如下几个技术难点。

1. 电子地图

电子地图是智能车辆完成智能决策的基础数据之一。如谷歌公司大力开发电子地图的动力之一，是为了服务于它的智能车辆项目。通过向世界各地派出街景车来开发街景功能，谷歌公司创建出了精确且实时更新数据的地图，目前它拥有世界上最强大的地图技术。我国目前的电子地图在百度、腾讯等公司的大力投入下，已有一定的技术积累，但是与智能车辆在城市环境中行驶的要求还有很大的差距。主要表现在地图的精度不高、数据更新较慢、涉及的交通信息有限，地图信息不足以用于基于地图模板匹配算法的精确定位技术。

2. 定位技术

从技术角度上看，定位技术仍是无人驾驶研究的重点。目前常用的技术包括 GPS 定位技术等，但是 GPS 定位技术存在定位误差较大，通常在空旷地域（一般为 10m 以上）才能达到较高的定位精度，而且在城市环境中信号必然会受到各种建筑物的遮挡，导致信号质量下降，因此 GPS 定位技术基本不能用于车辆的精确定位。早期高速公路研究中，由于环境结构化程度较高，几乎所有的系统都采用了视觉导航方式。在城市环境中，视觉方法仍然受到了较大的关注。而且为了提高定位精度，谷歌公司在利用详细的街景地图实现车辆的精确定位上给出了一个非常值得借鉴的方法，其定位精度可以达到厘米级，能够满足智能车辆在城市环境中的定位要求，但是难点在于街景地图数据的建立和基于视觉的模板匹配定位技术。

3. 障碍检测

城市环境条件下，车辆周围的环境异常复杂，行人、路障、机动车、自行车等均是无人驾驶车需要考虑和识别的目标，需要依靠先进的算法才能够精确识别，从而保证行驶安全。目前常用的避障传感器包括激光雷达、微波雷达、视觉传感器、超声传感器等。如在高速公路环境下，由于车速较快，通常选用检测距离较大的微波雷达；在城市中，由于环境复杂，通常选用检测角度较大的激光雷达。超声传感器由于检测距离较短，通常安装在车身两侧，作为侧向障碍的识别工具。

纵观城市道路下辅助驾驶设备产品的发展，在城市环境中已经有了一定范围的应用。随着设备性能的提高，必将使城市道路的辅助驾驶设备能够形成较大的市场。

二、城市道路无人驾驶阶段

城市道路环境下的智能车辆无人驾驶是解决城市交通拥堵和提高交通安全的有效措施之一。主要应用前景为无人驾驶出租车、无人驾驶公交车、城市智能交通系统、特殊人群的交通代步工具等。

城市道路智能车辆辅助驾驶是无人驾驶的基础，但智能车辆无人驾驶作为一种新型的出行方式，还需要一些其他相关技术的支持，例如：车辆调度，用于动态规划和协调系统中的多辆无人驾驶车辆；通信系统，用于保证车辆和中央控制系统之间的通信以及车辆间的通信；人机交互系统，用于乘客呼叫车辆和使用车辆。

城市道路环境下，智能车辆需要处理的环境信息复杂，且车与车、车与人的间距非常小，涉及如下关键问题。

1. 车辆位姿控制

车辆位姿控制是智能车辆研究的一个核心问题，需要精确实现车辆的纵向控制、横向控制、纵横向集成控制技术等。主要包括速度控制（油门及刹车控制）、方向控制等。

对于纵向控制，为降低设计难度，将控制目标置于不同层次下加以解决。上位控制器根据车载信息、行驶环境信息和驾驶者的设定输出使车辆按期望的安全状态行驶所需要的期望加速度（或车速），主要解决系统的跟踪性、安全性、驾驶者特性、燃油经济性、交通流及队列稳定性等问题;下位控制器通过对节气门开度和制动压力的控制,使车辆的实际加速度(或车速)按期望的动态特性跟踪期望值来加速,主要解决车辆纵向动力学系统存在的非线性特性及建模过程中存在不确定性等问题。主要采用滑模控制、H_∞控制、参数自适应控制和智能控制四种方法进行解决。

对车辆横向运动控制系统设计,一般与纵向控制相同,将控制目标分成不同层次进行解决。上位控制器根据车载信息、行车环境信息等输出期望的方向盘转角和方向盘转角速度,使车辆按期望的安全状态行驶;下位控制器通过对转向电机的控制,使执行机构转角和转角速度按期望的动态特性跟踪期望值。针对车辆横向模型存在不确定性的问题,主要采用PID控制、神经网络、滑模控制、H_∞控制、参数自适应控制和智能控制等方法进行解决。

通过分析驾驶者的驾驶行为发现,车体控制是一个典型的预瞄控制行为。驾驶者找到当前道路环境下的预瞄点,根据预瞄点控制车辆的行为,采用模糊PID、专家PID、神经网络PID等算法确定车辆的控制命令。车辆的纵向、侧向控制误差应在20cm以内,方向控制误差应在5°以内,才能保证车辆在城市道路中的正常行驶。

2. 决策与规划系统

在智能车辆辅助驾驶阶段,车辆的交通安全仍然由驾驶者负责。而完全的自主驾驶必须要由智能化程度很高的决策系统完成。决策与规划技术是要求智能车辆不依赖外界指令和设备支持,仅仅依靠自身的传感器和计算资源完成决策与规划的技术。决策与规划技术将提升车辆的智能化水平,提高智能车辆对不确定的行驶环境和动态变化道路的适应能力,使智能车辆能够融入车辆的使用环境中,该技术主要应用于智能车辆的自主控制。决策与规划技术主要包括驾驶者特性研究、面向交通要素的多约束行为规划、基于驾驶者特性的决策规则生成机制和行为规划、基于车辆动力学特性的轨迹规划、多目标协调的路径规划和在智能车辆中的轨迹优化技术。决策与规划技术是提高车辆危险辨识能力、提供报警策略和决定控制时机、降低行车风险、实现车辆智能化控制的关键技术。此外,随着系统规模的不断扩大和智能车辆数量的增多,如何有效地利用车间通信和多车协调来降低事故发生率和提高交通系统效率,也是今后无人驾驶研究的一个重要问题。

3. 行人及行人的行为识别

在城市道路上,智能车辆必须能够准确识别行人并且准确预估行人的动作行为。但是由于行人行走的随意性和不确定性,使这种识别异常困难,解决的手段是采用短距离雷达和视觉联合识别,并利用神经网络技术构建一般行人的行为模型,作为智能车辆完成行为决策的主要依据。

城市道路的智能车辆无人驾驶真正走入人们的生活还需要一定时间的努力。预计在今后一段时间内会有一些试验、试用车辆出现。

第三节 非结构化道路行驶

有些道路,如乡村公路、土路等,在结构上符合道路的特征,但由于缺少车道线等道路标志,故无法采用检测车道线的方法进行识别。这类道路被统称为非结构化道路。对于这类道路,可以采用基于机器学习的道路检测算法(图10-1)。

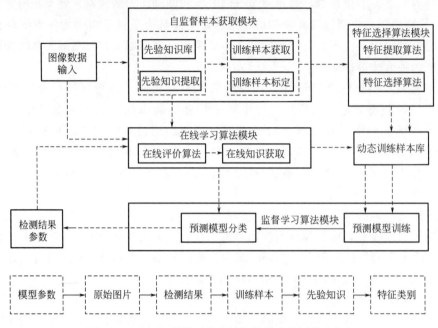

图 10-1 基于机器学习的非结构化道路检测算法框架

1. 自监督样本获取模块

自监督样本获取模块由两个子模块组成。第一个子模块包括先验知识库和先验知识提取两个部分。先验知识库中存放了离线标定的数据。由于这些数据不会随着智能车辆的行驶环境变化而发生改变,因此被称为先验知识。先验知识提取部分主要通过对先验知识的量化计算,提取一些具有高概率服从某一类别属性的样本点作为训练样本。第二个子模块包括训练样本获取和训练样本标定两个部分,主要负责将每个训练样本赋予不同的类别属性,同时根据其所属某一类别的概率值,赋予不同的权重系数,然后将这些训练样本和相应的权重系数送入特征选择算法模块进行特征提取和特征选择操作。

2. 特征选择算法模块

特征选择算法模块包括两个算法部分:特征提取算法和特征选择算法。特征提取算法通过图像处理技术,从图像中提取每个训练样本点的纹理特征以及颜色特征等。这些特征可能冗余地表达了每个样本点的特征属性。因此,特征选择算法实际上就是去除冗余信息的过程。特征选择算法选择出具有较强分类能力的图像特征后,将这些训练样本和选择出的图像特征输出到动态训练样本库中。

3. 监督学习算法模块

监督学习算法模块包括预测模型训练和预测模型分类两个部分。预测模型训练部分,通过动态样本库中给出的训练样本和特征类别,训练出一个预测模型。训练的方法通常有神经网络、支持向量机等;预测模型分类部分主要负责对整幅图片进行分类,通过学习到的模型,对图片中的每个像素进行类别划分(道路点和非道路点)。

4. 在线学习算法模块

在线学习算法模块的作用是通过在线的方式对预测模型进行补充和修正,使其能够适应环境变化所造成的分类决策面的偏移。它是通过在线评价算法和在线知识获取两个部分完成的。在线评价算法利用先验知识对检测结果进行在线评价，而其评价结果反映了预测模型的性能能否适应当前的环境。如果评价结果不满足一定的条件，则激活在线知识获取模块，在线获取那些对预测模型性能的修复和提高有重要作用的样本点（知识），输入动态训练样本库中，参与模型的在线训练。

5. 动态训练样本库

动态训练样本库连接了三个主要的算法模块，其作用是装载监督学习算法所需要的训练样本。当系统初始化时，由自监督学习算法模块提供初始的训练样本；当系统在线运行时，由在线学习算法模块动态实时地对样本库中现有的样本进行更新，由在线评价函数决定监督学习算法是否需要重新训练和更新预测模型。

参 考 文 献

[1] 龚建伟.移动机器人横向与纵向控制方法研究[D].北京：北京理工大学，2002.
[2] 张相洪，龚建伟，陆际联.基于油门与制动的轮式移动机器人纵向速度控制[J].北京理工大学学报，2003，23（1）：62-65.
[3] 高峻蛟，龚建伟，熊光明.轮式机器人横向纵向统一遗传模糊神经网络控制研究[J].计算机测量与控制，2004，12（5）：443-444.
[4] 宋士伟，陈慧岩.基于模糊PID的遥控转向技术[J].车辆技术，2006（2）：17-20.
[5] 赵熙俊.智能车辆横向动力学控制研究[D].北京：北京理工大学，2011.
[6] 权苗苗.具有时间与距离一致性特征的智能车辆速度规划[D].北京：北京理工大学，2014.
[7] 徐威.基于模型预测控制的智能车辆运动规划与控制算法研究[D].北京：北京理工大学，2014.
[8] Utkin V. Variable Structure Systems with Sliding Modes [J]. IEEE Transactions on Automatic Control，1977，22（2）：212-222.
[9] Ackermann J，Utkin V. Sliding Mode Control Design Based on Ackennann1 s Formula [J]. IEEE Transactions on Automatic Control，1998，43（2）：234-237.
[10] Slotine J J E，Li W P. Applied Nonlinear Control [M]. New Jersey：Prentice Hall，1991.
[11] Kanellakopoulos I，Kokotovic P V，Morse A S. Systematic Design of Adaptive Controllers for Feedback Linearizable Systems [J]. IEEE Transactions on Automatic Control，1991，36（11）：1241-1253.
[12] Keviczky T，Falcone P，Borrelli F，et al. Predictive Control Approach to Autonomous Vehicle Steering [C]. American Control Conference，Minneapolis，June 14-16，2006：4670-4675.
[13] Hiraoka T，Nishihara O，Kumamoto H. Automatic Path-tracking Controller of a Four-wheel Steering Vehicle [J]. Vehicle System Dynamics，2009，47（10）：1205-1227.
[14] Broggi A，Bertozzi M，Fascioli A，et al. The ARGO Autonomous Vehicle's Vision and Control Systems [J]. International Journal of Intelligent Controland Systems，1999，3（4）：409-441.
[15] 姜岩，龚建伟，熊光明，等.基于运动微分约束的无人车辆纵横向协同规划算法的研究[J].自动化学报，2013，39（12）：2012-2020.
[16] 姜岩，赵熙俊，龚建伟，等.简单城市环境下地面无人驾驶系统的设计研究[J].机械工程学报，2012，48（20）：103-112.
[17] 耿以才.基于动态人工势场法无人驾驶车辆路径规划研究[D].上海：上海工程技术大学，2016.
[18] 任吉伟.自主车辆超车控制方法研究[D].大连：大连海事大学，2017.
[19] 陈浩.基于机器视觉的田间道路搬运车局部路径规划与跟踪研究[D].重庆：西南大学，2017.
[20] 王海生.基于图像的自寻迹切割机器人路径规划研究[D].长春：长春工业大学，2014.
[21] 余烁.汽车车道保持系统控制算法研究[D].长春：吉林大学，2018.
[22] 刘果.无人驾驶汽车转向控制方法及研究[D].重庆：重庆交通大学，2017.
[23] 陈慧岩.无人驾驶汽车概论[M].北京：北京理工大学出版社，2014.
[24] 崔胜民.智能网联汽车新技术[M].北京：化学工业出版社，2016.
[25] Dalal，Navneet，Triggs，et al. Histograms of Oriented Gradients for Human Detection [C]. IEEE Computer Society Conference on Computer Vision and Pattern Recognition. IEEE，2005：886-893.
[26] Benenson R，Mathias M，Timofte R，et al. Pedestrian detection at 100 frames per second [C]. IEEE Conference on Computer Vision and Pattern Recognition. IEEE Computer Society，2012：2903-2910.
[27] 王家凡，罗大庸.交通流微观仿真中的换道模型[J].系统工程，2004，22（3）：92-95.
[28] 刘钰.轮式移动机器人滑模轨迹跟踪控制研究[J].金陵科技学院学报，2009，25（3）：35-38.
[29] 刘小明，郑淑晖，蒋新春.基于动态重复博弈的车辆换道模型[J].公路交通科技，2008，25（6）：120-125.
[30] 王飞雄，刘伟铭.基于模糊推理的换车道模型[J].交通信息与安全，2010，28（2）：84-87.
[31] 关羽，穆岩，杨小宝.微观交通仿真中换道模型的研究综述[J].交通信息与安全，2008，26（5）：66-68.